読みなおす日本史

禅宗の歴史

今枝愛真

吉川弘文館

はしがき

いまや欧米においても静かな禅ブームがおこりつつあるといわれているが、かつて十八年前、著者は第二次世界大戦に学徒出陣の一人として中国にわたり、南京や漢口に赴任する途すがら、黄河や楊子江の河畔に立って、あの巨大な中国の宋元明にわたる文化の一翼をになった禅に思いをはせ、その日本とのつながりに深い感銘をおぼえ、やがて、それが禅宗研究への一契機となったことはいまだに忘れがたいものがある。そののち研究は牛歩のごとく、内心まことに忸怩たるものがあるが、禅宗が内外においてとみに注目され、アメリカのビート禅のようなものまで生んでいる折から、禅宗の歩みについて、あらたな見解のもとにまとめてみることも意義なしとしないとおもわれたので、すすめられるままに筆を執ったわけである。

あたらしきものが生まれるたびに過去の姿全体をかえていくように、禅宗の興起によって、これまでの日本人の文化や生活などに大きな変化をおよぼした。しかし、禅宗と一口にいっても、そのたどった道はながくとおい。のみならず、一日なさざれば一日くらわずという唐の百丈懐海の言葉でも知られるように、そこには坐禅を中心としたきびしい試練による自力の宗教としての伝統が存在する。

このような禅が、従来の旧仏教にかわって、なぜ日本にさかえるようになったのか、そしてどのような発展過程をたどって日本の社会の中に浸透してゆき、また政治や社会基盤とどのような関連をもつにいたったかなどという問題に注目しながら、奈良平安時代における禅の黎明から鎌倉禅の勃興、それをついだ室町時代における五山派の成立、また五山派に対して林下を形成した曹洞宗や大徳妙心系臨済禅の擡頭、ついで戦国の動乱をへて白隠などによる近代的大衆禅への脱皮とその発展、さらに現代につながる禅宗のあゆみを、従来の見方にとらわれずに、あらたに系統をたてて整理し、あわせて各派のもつニュアンスをとらえることにつとめた。なお、テクストクリティークの過程については一一しるさなかったが、私なりの見解によって取捨選択したつもりである。

おわりに、論文その他において、つねに御誘掖にあずかった玉村竹二氏、また図版について御厚情をあおいだ畏友中村渓男氏に深甚の謝意を表したい。

昭和三十七年七月

今枝愛真

目　次

第四章　林下の形成と展開

第一章　奈良平安時代禅宗の伝来

1　中国禅宗の興起

禅宗というのは、内観自省《じしょう》によっておのれの心性の本源を見究めようとする、坐禅修行を基本とする宗派で、仏心宗とも達磨《だるま》宗ともいわれる。その源をさかのぼると、禅はインドに発する思想であるが、これが中国に伝わったのは、後漢のころからといわれる。ついで、北魏にインドから渡来した、菩提達磨によって、現実的な行を中心とする禅の系統が伝えられ、そののち慧可《えか》・僧璨《そうさん》・道信・弘忍《ぐにん》とうけつがれた。弘忍の頃から、坐禅修行を主とした集団組織化が進み、つぎの六祖慧能《えのう》のときになって、これまでのように山中にとどまることなく、ひろく市井にひろがるようになり、世俗との接触が目立つようになった。この時代の禅は、主として楞伽《りょうが》経によって支えられていたといわれる。やがて、唐代になると、頓悟を説く慧能の派と、漸悟をとく神秀《じんしゅう》の派にわかれ、派閥化の傾向があらわれ、慧能・神秀の両学派は、それぞれ南宗・北宗という教団をつくるようになった。しかし、北宗は数代でほろびてしまったので、南宗の慧能の系統だけがのこった。その結果、慧能系の頓悟禅が中国禅宗界をおおい、その門下から南岳懐譲《えじょう》・青原行思《ぎょうし》・荷沢神会《かたくじんね》などの逸材が出た。さらに、南岳下から馬祖道一がでて、洪州宗《こうしゅうしゅう》がおこり、その弟子に百丈懐海《はじょうえかい》があらわれて、禅生活の基本的な規範といわれる百丈清規《しんぎ》をつくって、禅宗教団の機構を整えるにいたった。一方、神会《じんね》によって荷沢宗《かたくしゅう》がはじめられ、また、青原のもとからは石頭希遷がでるなど、いくつかの禅の宗派がとなえられるようになった。

それらのうち、南岳・青原の両派は、とくに隆盛におもむき、南岳の系統からは、臨済と潙仰《いぎょう》の二宗を、青原下からは、曹洞・雲門・法眼《ほうげん》の三宗を生じた。以上の五宗を五家《ごけ》とよび、臨済宗の分派である黄竜《おうりょう》・楊岐《ようぎ》の二派を加えて、七宗という。しかしながら、これらは日本の曹洞宗や臨済宗のように教団として分立しているのではなく、ただ宗風の違いから区別されていたにすぎない。

このの ち中国禅宗界では、臨済・雲門の二宗が栄えたが、宋以後になると、臨済宗がひとり隆盛となり、同宗の根本経典とされる『碧巌録《へきがんろく》』をあらわした、楊岐《ようぎ》派の円悟克勤《こくごん》の門人から、大慧宗杲《だいえそうこう》・虎丘紹隆《くきゅうじょうりゅう》の二人が出るに及んで、臨済宗は、ひろく天下に蔓延し、大陸禅の隆盛をまねくにいたっている。今日われわれが考えている禅宗、つまり、公案《こうあん》によって参禅工夫する禅風ができ上ったのは、まさしくこのころからのことである。こののち先ず、大慧の門派が優勢を占め、中国士大夫《しだいふ》の間にひろがったが、やがて士大夫社会の影響をつよくうけて、貴族化してしまった。ついで、虎丘《くきゅう》派の全盛期がおとずれ、虎丘紹隆の法孫にあたる密庵咸傑《みったんかんけつ》の門下から、松源崇岳《すうがく》・破庵《ほあん》祖先・曹源道生《どうしょう》の三傑、ついで松源派から虚堂智愚《きどうちぐ》・古林清茂《くりんせいむ》・月江正印《しょういん》、破庵派から無準師範《ぶしゅんしばん》・雪岩祖欽・中峰明本《みんぽん》など、傑出した人材が多数輩出して、大いに公案禅を鼓吹《こすい》し、やがて、これら大慧・虎丘両派の人々が、わが中世禅林に大きな影響をおよぼすようになったのである。

2　唐朝禅の摂取

一説によると、推古朝に達磨が日本に渡来し、大和の片岡で聖徳太子と相見《しょうけん》した、と伝えられているが、もとよりそれは単なる説話の域を出ないであろう。したがって、最初にわが国に禅宗を伝えた人としては、飛鳥朝の白雉《はくち》四年（六五三）遣唐使に従って中国にわたり、『西遊記』で有名な玄奘三蔵の門に投じて、唯識《ゆいしき》を学んできた元興寺の道昭《どうしょう》に指を屈しなければならないであろう。すなわち、道昭（六二九〜七〇〇）は三蔵法師のすすめで、相州隆化寺の慧満《えまん》について唐朝の禅を学び、法相・成実の両宗とともに禅をつたえた人で、大和の元興寺の東南隅に、わが国最初の禅院をいとなみ、修禅道場とした。『正倉院文書』によると、このほかにも何々禅院という名称がしばしばみられるが、これらもさきの元興寺の禅院とほぼ同種のものであったとおもわれる。なお、『正倉院文書』のなかには、『坐禅三昧経』などの禅関係の典籍がしばしばみうけられるから、当時すでにいくつかの禅籍が諸宗の経典類とともに将来され、禅についてもかなり知られるようになっていたとみてよいのではなかろうか。

道昭についで、禅をつたえた人に唐僧の道璿《どうせん》がある。道璿（七〇二～七六〇）は主として律をまなんだ人であるが、天台華厳などにも通じ、神秀の弟子である嵩山《すうざん》の普寂についで北宗禅をもきわめ、在唐中の日本僧普照・栄睿のすすめによって、天平八年（七三六）夏、菩提仙那とともに来日し、大和の大安寺の禅院において戒律をひろめるかたわら、坐禅観法をこととし、天平宝字四年に寂した。『大安寺資財帳』によると、同寺の境内に堂一口、僧房六口、廡廊一条、甲倉一口からなる禅院があったと記されており、おそらく、これは道璿によってはじめられたものであろう。

また、行表（七二二～七九七）は、大和高宮の人で、大安寺の道璿について戒律と禅をまなび、のちに門人である最澄（伝教大師）に禅をつたえた人として注目される。

こののち、平安初期になると、最澄（七六七～八二二）が出て、禅法を行なっている。いうまでもなく、最澄は天台宗の祖伝教大師であるが、行表から北宗禅をうけ、また入唐して、唐興県の翛然からも牛頭《ごず》宗の禅をつたえている。衆知のように、天台宗は、すでに中国において禅宗ときわめて密接な関係があり、坐禅観法が重要視されていたのであるから、最澄が禅法を学んだのも当然で、その将来目録のなかにも禅宗関係の書が数点みえている。このほか、入唐して天台をうけた道邃・行満らにも台禅兼修の傾向がみられる。

つぎに、無象静照の『興禅記』によると、空海が『禅宗秘法記』をあらわし、禅の流れをくんでいることを述べているとし、また東寺に興禅の碑銘があったよしを記しており、空海も禅宗を伝来した一人にあげられることもあるが、事実秘法記なる書も残存しないし、将来目録の中にも禅籍らしいものがまったくみあたらないので、あきらかではない。しかし、通宗的な意味で禅をまなんだということは考えられないことではない。（『興禅記』については五五頁を参照されたい。）

ついで、嵯峨天皇のころ、慧萼《えがく》が入唐して、禅僧を招くために、国書を馬祖道一の弟子塩官斉安国師に呈したので、国師は義空をしてこれに応じさせた。そこで義空は、法弟の道昉《どうぼう》をともない、慧萼と一緒に来日し、勅によって、東寺の西院に住した。こののち義空はしばしば宮中に禅要をとき、また檀林皇后の帰依をうけて、嵯峨天皇の離宮のあとに建てられた嵯峨の檀林寺に住したが、止まること数年にして、中国に帰ってしまった。慧萼は中国蘇州の開元寺の契元に依頼して、義空の事蹟をつくってもらい、日本国首伝禅宗記と題して、碑に刻んで、羅生門の傍にたてたといわれる。このように、義空らの来日によって、わが国に唐朝の本格的な禅がはじめて将来されたのであったが、当時の仏教界はいまだ唐朝禅を十分受容しつづけるところまで進んでいなかったのであろう。

円仁（七九二〜八六二）。いうまでもなく、円仁は四代天台座主であるが、承和五年（八三八）に入唐しており、そのときの巡礼記によると、各地で中国の禅僧と交渉をもったことがしられる。なかでも、節度副使判官蕭慶中にあい、禅をまなんで、その法をついでいる。その『入唐新求聖教目録』をみると、『六祖法宝檀経』をはじめ、『証道歌』『曹渓宝林伝』などの禅宗関係の経典が数多くみられるのであって、これらの将来禅籍および禅法はそのまま叡山にもち込まれ、のちには、その遺志をうけて、叡山に赤山禅院がつくられ、師のつたえた禅法はここを中心に伝承されて、鎌倉時代にいたっている。

空海の甥で、五代目の天台座主となった円珍（八一四～八九一）も、仁寿三年（八五三）に入唐し、天安二年（八五八）に帰国したとき、将来した経典類を三井寺の唐院におさめたが、そのなかに『六祖法宝檀経』をはじめ多くの禅籍が含まれている。

ついで、瓦屋能光（～九三三頃）が唐にわたり、洞山良价の門に参じて、その法をついでいる。したがって、曹洞宗の法系をついだ最初の人である。のち天復年中のはじめ蜀におもむき、永泰軍節度使禄虔扆にまねかれて、碧渓坊をひらき、道俗の帰依をあつめたが、明宗の長興年間にかの地で寂した。諸宗の人々が寓宗的な意味で禅をもたらしたのとくらべると、その活躍振りは大いに注目に値する。

3　宋朝禅の流入

以上のように、唐朝禅はつぎつぎに伝来されたのであるが、いずれも断続的につたえられたものか、あるいは寓示的なものであって、それぞれ相互間に関連性がなかったので、禅宗として定着することがなかった。一方、唐朝禅も唐朝の滅亡とともに衰退してしまい、これまでの主として楞伽・金剛・般若などの経典によっていた翻訳的雰囲気を脱却していない唐朝禅にかわって、北宋の興隆とともに、従来地方に展開していた禅宗諸派が、中国の日常生活と結びついて、仏殿をたて、本尊を礼拝し、諷《ふ》経《ぎん》回向するなど、一般仏教と接近した中国的色彩の濃い独立の宗教となって擡頭してきた。こうして、一定の清規《しんぎ》を基準にした集団生活をし、公案問答による日用の工夫に重きをおいた実践的修行形態が成立し、とくに宋の南遷後は臨済禅がさかえて、禅宗の代表的門派を形成するにいたっている。このように、中国禅は、教外別伝不立文字をモットーとした中国特有の思想的産物として再生されたのである。したがって、一般に見すごされているが、かの唐朝禅と宋朝風の禅宗とは全く異質のもので、截然と区別して考える必要がある。平安末期以後にわが国につたえられたのは、こうした中国に同化した新しい宋朝禅の諸派であった。

このような宋朝禅を、わが国に初めて伝来させたのは、三論宗の高僧奝然《ちょうねん》（～一〇一六）である。奝然は、近年京都の釈迦堂でその遺物が発見されたことによって学界の話題となった人であるが、はじめ東大寺にまなび、永観元年（九八三）に宋にわたり、太宗にめされて、紫衣および法済大師の諡号を賜わり、その間太平興国禅寺に寄住するなど、したしく新興の宋朝禅の宗風に接し、永延元年（九八七）大蔵経などをもって帰国した。ついで、禅宗を天下に宣揚することを朝廷に奏請したのである。ところが、朝廷では禅宗宣布についての古今の例を諸宗の人々にたずねたところ、不分明のよしを申し立てたので、奝然の要請はついにうけいれられなかった。このように、奝然は北宋禅を眼のあたりにみて、わが国にも移植しようと試みたことがしられるが、その伝承系統についてはいまだ明らかでない。しかし、その禅宗宣布の奏請は、日本禅宗史にとって、まさに画期的な事件であったといわなければならないであろう。

このののち約二百年間は、禅宗の伝来について全く不明であるが、後三条天皇のとき、入宋して『参天台五台山記』をあらわした成尋や、寂昭などの入宋者が相つぎ、また中国の商人などの来日もかなりみられたので、当代中国宗教界の主流をなしていた禅宗は種々のケースで、わが国につたえられたとおもわれ、したがって、宋朝禅についても次第に理解されていったであろう。

この間、中国では宋の南遷が行なわれたが、やがて、再び禅宗が盛んにつたえられるようになった。南宋禅の伝来者としては、まず平安末期に入宋した覚阿《かくあ》をあげなければならない。すなわち、中国の商人から禅宗がさかんな中国の事情をきいた叡山の覚阿は、承安元年（一一七一）に法弟金慶とともに宋にわたり、杭州霊隠寺《りんにんじ》に住していた楊岐派の瞎堂慧遠《かつどうえおん》について参禅し、長蘆江畔に鼓の音をきいて忽然と悟り、その法をついだ。安元元年（一一七五）以前に帰国し、高倉天皇に召されて禅要をといたが、のち深山にかくれ、その終わるところをしらない。不幸にして、その法系は後につたわらなかったとみえ、その影響らしいものをほとんど残していないが、『嘉泰普燈録』という中国の代表的な僧伝にその伝記がみえており、中国の禅籍に伝記が記された最初の日本人として大いに注目される。

なお、このころ、平重盛は黄金三千両をおくり、うち二千両を天子に、千両を径山《きんざん》の拙庵《せったん》徳光に、五百町の田地を径山に寄進し、拙庵から偈頌を贈られたとつたえられている。

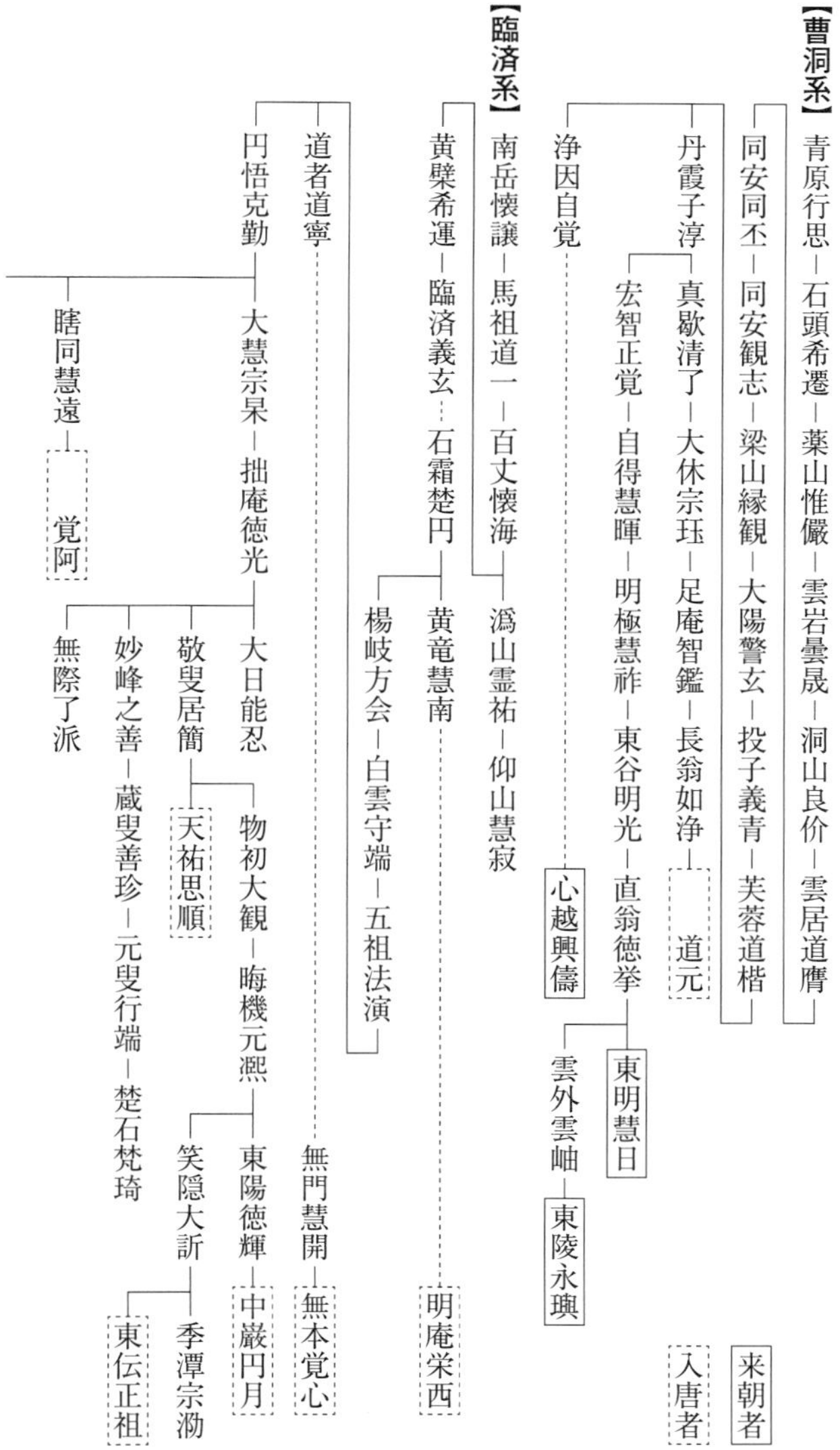

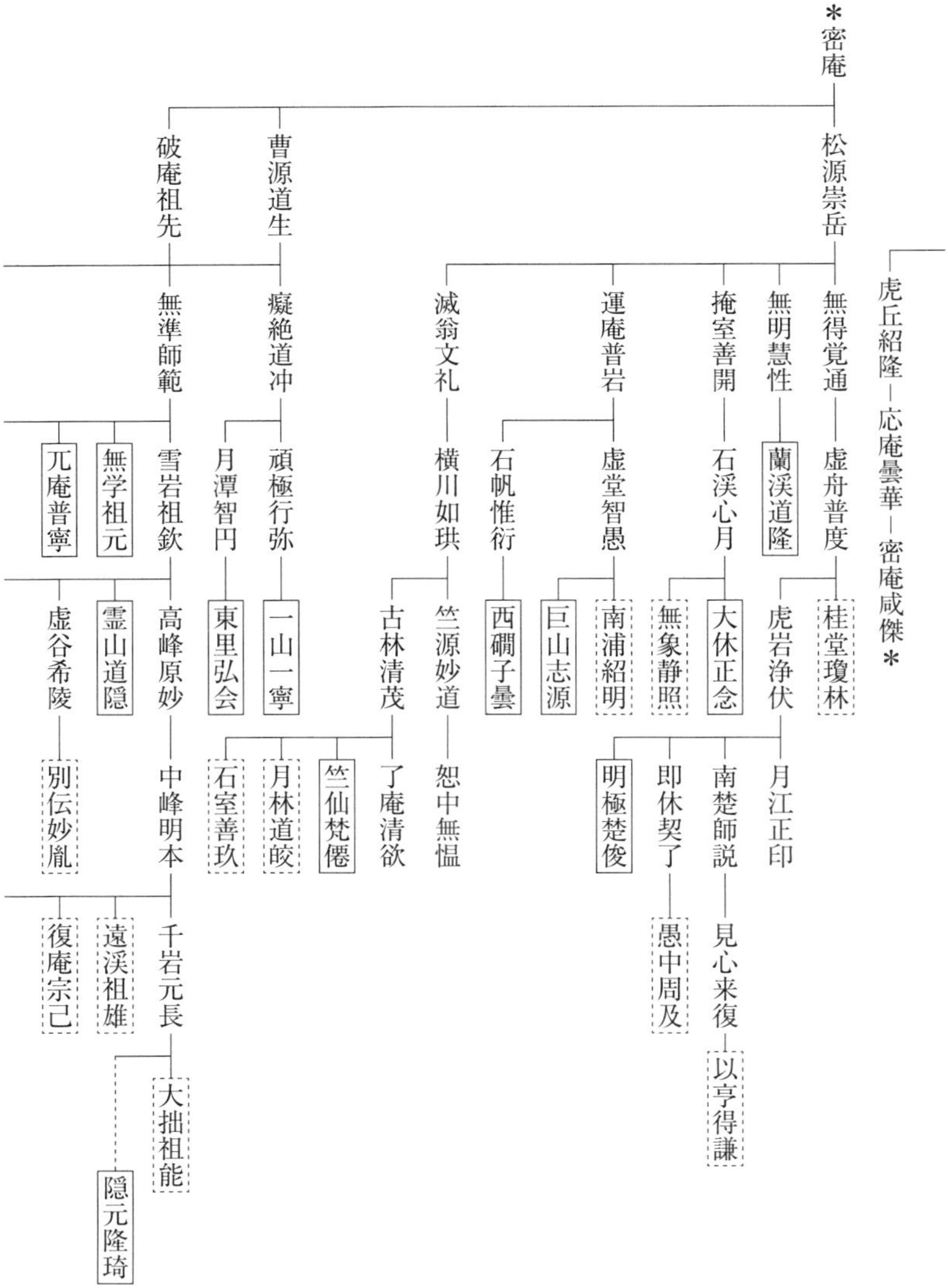
＊密庵
虎丘紹隆―応庵曇華―密庵咸傑＊
松源崇岳
曹源道生
破庵祖先
無得覚通
無明慧性
掩室善開
運庵普岩
滅翁文礼
凝絶道冲
無準師範
虚舟普度
蘭渓道隆
石渓心月
虚堂智愚
石帆惟衍
横川如珙
頑極行弥
月潭智円
雪岩祖欽
無学祖元
兀庵普寧
桂堂瓊林
虎岩浄伏
大休正念
無象静照
南浦紹明
巨山志源
西磵子曇
笁源妙道
古林清茂
一山一寧
東里弘会
高峰原妙
霊山道隠
虚谷希陵
月江正印
南楚師説
即休契了
明極楚俊
恕中無慍
了庵清欲
笁仙梵僊
月林道皎
石室善玖
中峰明本
別伝妙胤
見心来復
愚中周及
以亨得謙
千岩元長
遠渓祖雄
復庵宗己
大拙祖能
隠元隆琦

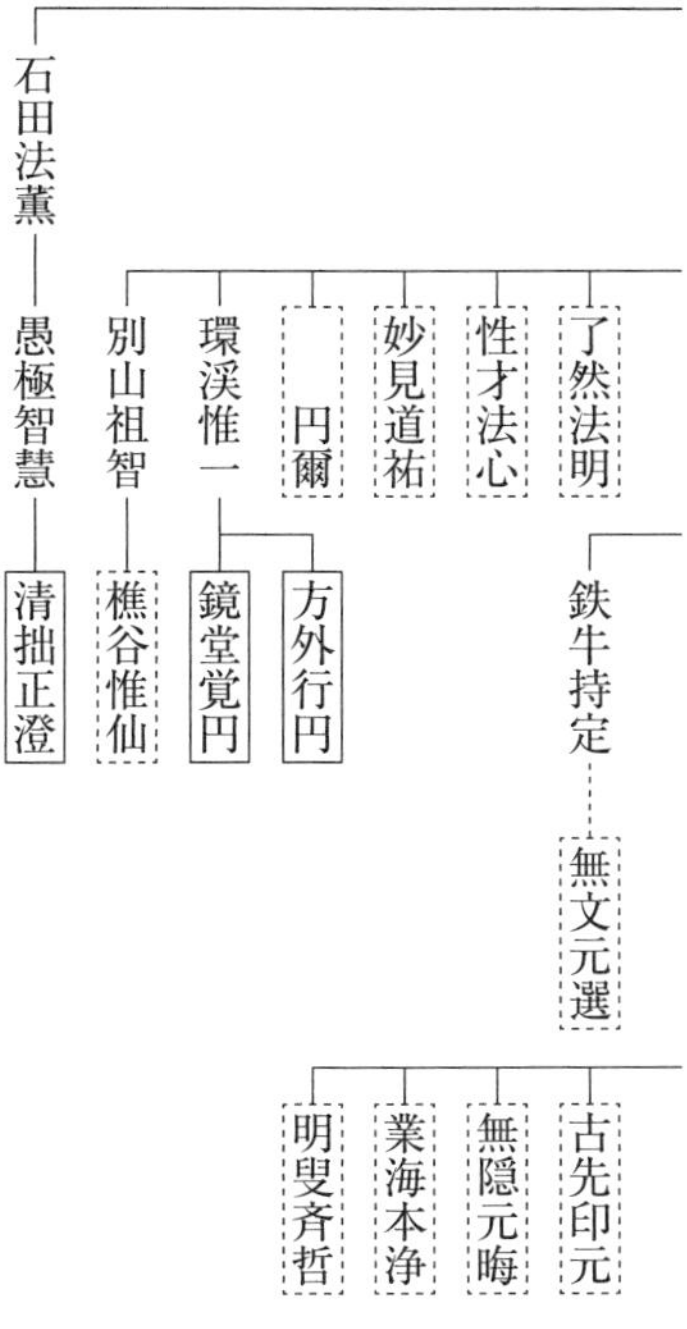

石田法薫
愚極智慧
清拙正澄
別山祖智
樵谷惟仙
環渓惟一
鏡堂覚円
方外行円
円爾
妙見道祐
性才法心
了然法明
鉄牛持定
無文元選
古先印元
無隠元晦
業海本浄
明叟斉哲

第二章　鎌倉時代禅宗の興隆

1　兼修禅の勃興とその系譜

禅宗の初伝者は栄西であるかのようにいう説もあるが、すでにのべてきたように、禅宗は奈良朝以来さまざまな人々によって輸入されたのであって、きわめて多元的であった。また、それぞれ伝来された禅宗も多種多様であったが、いずれも一宗をなすにはいたらなかった。ただ栄西は、その法系が後世までのこった最初の人であるというにすぎないのである。

栄西とほとんど時を同じうして禅宗を宣揚しようとした人に、平景清の叔父といわれる大日房能忍《のうにん》がある。大日房は天台の出身で、さきに将来されていた禅籍によって、禅宗を独学でしり、摂津水田県に三宝寺をたてて禅をとなえていたが、その師承がないことをそしられたので、文治五年（一一八九）弟子の練中・勝弁の二人を宋に遣わし、育王山《いおうざん》の拙庵《せったん》徳光に所悟を呈して、その印可を乞うた。拙庵はその証明として、自賛の頂相《ちんそう》と達磨像をこれに与え、また『潙《い》山《ざん》警策《きょうさく》』をおくったので、その後大日房は無求禅尼の寄進をうけて、これを出版している。おそらく、これはわが国における禅籍開版の嚆矢《こうし》であろう。このようにして、大日房は中国禅宗における当代屈指の大慧宗杲《だいえそうごう》の法をついだので、その名声はとみに揚がり、門下に参集するものが多く、その法をついだ覚晏《かくあん》などは、多武峰《とうのみね》において、さかんに禅を唱えた。後年になって、道元の会下《えか》に投じた孤雲懐弉《えじょう》や、越前波著寺《なみつきでら》の懐鑑《えかん》など、みなその門徒である。浄土宗鎮西派の聖光上人なども、大日房のもとで『宗鏡録《すきょうろく》』の要文を問うているという有様であった。ところが、ある夜、甥の景清が訪ねてきたので、これを歓待するため、酒を買いに弟子を使いにやったところ、景清は自分を官府に密告するのではないかと早合点して、大日房を刺殺してしまったという。『元亨釈書』によると、栄西と大日房が宗義について論争し、大日房が敗れたので、栄西の流派だけが行なわれたというように記しているが、さきにもふれたように、実は大日房の寂後、その門下は道元下に合流してしまったのであって、果たして両者の間に論争があったかどうか疑問である。なお、その門下については、道元門下のところでふれることとしよう。

　このほか、のちにのべるように、栄西・円爾・無本らによって禅宗がつたえられたが、いずれも最初から一宗開立の意志があったわけではなく、既成教団の補強のため禅宗を伝えようとしたものであったことは注意しなければならない。この意味では、西大寺の叡尊、笠置の貞慶、高山寺の明慧、泉涌寺の俊芿などと同系列のものといえよう。大日房などのように、積極的に禅宗を宣布しようとしたのは、むしろ例外であったのである。しかし、栄西らの法孫はその後隆盛となり、その間に禅宗的性格をまし、禅宗の一派としてさかえたので、とくに禅僧として注目されるようになったのである。このような人々の代表者としては何といってもまず栄西をあげなければならないであろう。

黄竜派　栄西《えいさい》（一一四一～一二一五）は備中賀陽《かや》氏の出で、ヨウサイともよまれる。字《あざな》を明庵《みょうあん》といい、別に葉上房の号がある。中国で千光法師と称された。はじめ三井寺の千命・有弁などにつき、延暦寺に天台をまなび、さらに伯耆の大山におもむいて、基好から台密の灌頂などをうけ、葉上流の台密をおこした。ついで仁安三年（一一六八）四月、宋の商船に便乗して中国にわたり、天台山に智者大師の塔を拝し、廬山・阿育王山《あいおうざん》をめぐって、同年秋、天台の章疏《しょうしょ》類をもって、重源らと帰国した。このように栄西は、このとき天台僧として入宋《にっそう》していることがしられる。さらに文治三年、インドに渡ろうと志して再び入宋したが、その目的を果たさず、天台山におもむいて、臨済宗黄竜派《おうりょうは》の虚庵《こあん》懐敞《えじょう》に投じて、その法をつぎ、建久二年（一一九一）に帰国した。その間、天台山万年寺の三門、天童山の千仏閣などの造営を手がけている。『続古今集』に

もろこしに渡りける時、秋の風身にしみける夕、日本にのこりとまれりける母の事など思ひてよめる。

もろこしの梢もさびし日の本のははその紅葉散りやしぬらん

とよんだのは、そのころのことであろう。このようにして、筑前香椎にわが国禅刹の濫觴といわれる報恩寺をひらき、さらに肥前に智恵光寺、博多百堂の旧跡に聖福寺などをはじめた。こうして、智慧第一の法然とともに持律第一の葉上房とならび称されたように、禅戒を正し、禅宗の宣揚につとめたので、他宗の人々のねたみをうけるにいたった。すなわち、箱崎の良弁などは、叡山の衆徒をさそっ

て、禅宗の伝道を停止させるよう朝廷にはたらきかけたので、建久五年、朝廷は栄西や大日房などの禅宗流布を停止させている。栄西が『興禅護国論』などをあらわして、禅宗を盛んにすることは護国につながるものだと論じたのは、まさしくこのときのことである。その結果、栄西は法難をさけて、正治元年（一一九九）鎌倉に下り、頼朝の霊を弔っている。ついで翌年には、北条政子を本願として、源義朝の遺跡に寿福寺をひらき、鎌倉に勢力を扶植したが、さらに建仁二年（一二〇二）には、将軍頼家の帰依をうけて、京都に建仁寺をはじめた。しかし、叡山などの弾圧をおそれ、「真言を面として禅門は内行なりけり」と当時評されたように、表面上は建仁寺を延暦寺末とし、真言止観の二院をおいて、台密禅三宗の兼修道場とし、ひそかに禅の興隆をはかった。けれども、建仁寺の創建がそのまま無事にすむはずがなく、元久二年に畿内に大風があったとき、都人は口々に、近頃栄西が禅宗をとなえ、その徒が大袖の衣で町を歩き、それが沢山の風をふくむので大風になったという流言蜚語までが行なわれ、これが朝廷にもきこえて、栄西は訊問をうけたが、このとき栄西がうまくこれをさばいたので、かえって建仁寺は官寺に陞格することができたとつたえられている。

こののち、栄西は実朝の帰依をうけ、そのまねきによって、しばしば鎌倉におもむき、実朝のために『喫茶養生記』を書いて進呈している。また建永元年（一二〇六）九月には、重源のあとをうけて、東大寺勧進職をつぎ、東大寺の修復にあたり、さらに建保元年（一二一三）にも法勝寺の九重塔を再興している。このように、栄西はすぐれた才略の持主であったが、また名誉心もかなり強い人であったらしく、大師号の宣下を朝廷に申請したところ、叡山衆徒の反対にあって、権僧正の位に任ぜられたにとどまった。このため、賄賂を献じたりして懇望して止まなかったので、公家達からはよく思われなかったらしく、藤原定家などはその著『明月記』のなかで、上人の法にあるまじきことだと非難している。建保三年七月五日、寿福寺で寂した。著書として『興禅護国論』『出家大綱』『日本仏法中興願文』『喫茶養生記』など数多くあげられているが、現存の『興禅護国論』、『日本仏法中興願文』などは、栄西が禅宗初伝者と考えられるようになった近世以後の偽作であることに注意しなければならない。

栄西よりややおくれて禅を伝えた人に、律の中興祖としてしられる俊芿《しゆんじよう》がある。俊芿（一一六六〜一二二七）は我禅房という。別に不可棄法師と称された。肥後の人で、正治元年（一一九九）に宋にわたり、如庵了宏に戒律をまなんだが、天台・浄土をもかね、悉曇《しつたん》にも通じ、また禅を径山の蒙庵元聰にうけて、建暦元年（一二一一）に帰国、泉涌寺《せんにゆうじ》をひらき、奈良の叡尊・忍性らの戒律復興の先駆をなした。のち、栄西にまねかれて建仁寺におり、また『坐禅事儀』をあらわすなど、禅宗をもかねて将来した形跡が濃厚である。安貞元年三月八日寂。

栄西のあと、その一門たる黄竜派の中核をなしたのは、その門弟たる退耕行勇・栄朝・明全などの人々であったが、かれらもまたいずれも禅密兼修の人々であった。行勇（〜一二四一）、はじめ玄信といい、のちに行勇とあらためた。字《あざな》を退耕といい、荘厳房と号した。鶴岡八幡宮の供僧職をつとめ、頼朝・政子らの信望あつく、頼朝が死んだときには、政子の剃髪の戒師をつとめた。のち栄西が鎌倉に下るや、その門に投じ、実朝の帰依をうけ、実朝はしばしば寿福寺に行勇をたずねて仏事法談を行なっている。このため行勇は政治にも嘴をいれるにいたり、実朝にたしなめられたこともあった。実朝が公暁に殺されるや、その冥福を祈るため高野山にのぼり、大蓮房覚知こと秋田城介景盛が禅定院を改めて、金剛三昧院をはじめるや、まねかれて同院第一世となり、同院を兼修禅の道場とした。こののち、政子は同院に多宝塔をいとなんで供養を行なっているところをみると、これらのことは政子の意向によっていたものかともおもわれる。こうして、行勇は政子・泰時らの帰依をうけて、高野と鎌倉を往還し、鎌倉幕府の勢力を背景に、密教の総本山たる高野山を拠点に兼修禅をとなえたが、このように政子らに迎えられたのは禅僧としてよりも、むしろ秘咒加持を行なうための祈禱師としての性格が濃厚であって、栄西の兼密禅からさほど前進したものとはいいがたい。こののち寛喜の頃には、東大寺の大勧進職もつとめているが、延応元年、金剛三昧院をしりぞいて、仁治二年七月十五日、寿福寺で寂した。その弟子に入宋した経験がある大歇《だいけつ》了心がいるが、この人の頃から禅宗的色彩が明確になっていったようである。

行勇と同門の栄朝（〜一二四七）は、上野の人で、釈円房といった。栄西について禅密の奥義をきわめ、新田義季のまねきをうけ、上野世良田《せらだ》の長楽寺をひらいて、台密禅の道場とし、大いに禅教をひろめた。その門下には、円爾・無本・神子栄尊などが参集し、門下は大いににぎわい、当代関東禅の一大中心をなすの観があった。宝治元年九月二十六日寂。

その門からは、長楽二世となった蔵叟朗誉（一一九三～一二七六）がでた。悲願房と称し、禅密をかね、「智行共にならびなき上人にて、末代はありがたき智者」であったと無住もたたえているのみならず、日本の禅林にあきたらずに帰国してしまった兀庵《ごったん》にさえ、「日本国には過分の智者なり」と称されたということが『沙石集』のなかにみえている。おそらく禅行兼備の高僧であったのであろう。建治二年六月四日寂。その門下に寂庵上昭（一二二九～一三一六）がおり、入宋して、虚堂《きどう》・偃渓・介石・簡翁らの諸大老に歴参し、寿福寺に住した。正和五年六月十六日寂。その門から南北朝期に活躍した竜山徳見らの俊秀を出し、建仁寺・寿福寺などを中心に黄竜派の主流を形成するにいたっている。

なお、道元の師匠にあたる明全は、仏樹房と号し、叡山にのぼって明融に参じ、のちに栄西の門に投じた。ついで、貞応二年（一二二三）道元らとともに宋にわたり、かつて栄西の遊んだ太白山天童景徳寺におもむき、楮券千緡をよせて栄西忌をいとなんでいるが、まもなく彼の地で寂した。

【黄竜派】

明庵栄西
- 退耕行勇—大歇了心
- 明全・道珍・永舜・禅慶・玄珍・厳琳・円琳
- 栄朝—蔵叟朗誉—寂庵上昭＊

┌天庵源祐―済翁証救―月庵救円―印叟救海―闡提正具―放牛光林―天錫貲疇

*寂庵
- 一関宗萬―起宗宗冑
- 竜山徳見
  - 一庵一麟
    - 慕哲竜攀
    - 瑞岩竜惺
      - 惟精竜緻
      - 正宗竜統―常庵竜崇―雲峰竜興
    - 江西竜派
    - 九淵竜騤
  - 艸堂林芳
  - 大航慈船
  - 無等以倫―文林寿郁―西庵敬亮―悦岩東悆―和仲東靖―梅仙東逋―利峰東鋭
- 円龕昭覚
- 雲叟慧海―寒潭慧雲―覚庵充本

聖一派　栄西と同様、兼修禅的性格をもった人に、九条道家の外護によって東福寺をひらいた円爾《えんに》がある。円爾（一二〇二～一二八〇）、はじめ諱を弁円といったが、のち円爾と改めた。駿河の人。久能寺に登って、堯弁について出家した。ついで、久能の本寺の三井寺で天台学をおさめ、東大寺で受戒、さらに、上野長楽寺の栄朝、寿福寺の行勇について、禅を学んだ。やがて大陸禅を求めて入宋《にっそう》の志をおこし、博多におもむいたところ、有智山《うちざん》の義学らに害されようとした。しかし、中国の豪商謝国明《しゃこくみん》の庇護をうけて、嘉禎元年（一二三五）、神子栄尊らをともなって入宋し、天童山の癡絶《ちぜつ》をはじめ笑翁・石田・退耕らにつき、ついに径山《きんざん》の無準《ぶじゅん》に投じて、その法をついだ。こうして当代中国禅の主流に接すること数年、仁治二年（一二四一）七月帰国し、大宰府の湛慧《たんね》に招かれて、横岳《よこだけ》の崇福《すうふく》

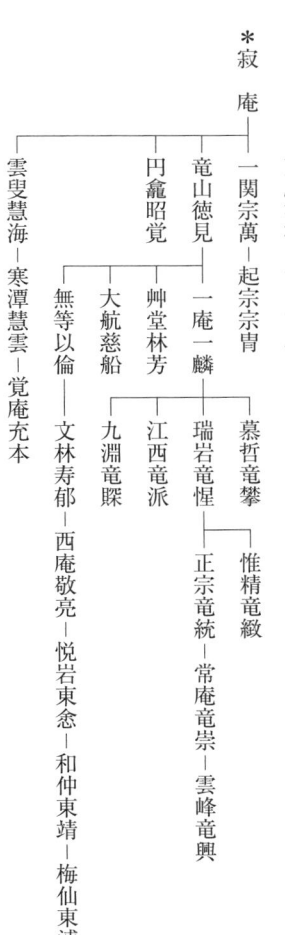

寺《じ》に住した。さらに翌三年秋、謝国明の庇護をうけて博多の承天寺《じようてんじ》をひらいている。ついで翌寛元年には、謝国明らにすすめて、復興のための材木を径山に送っている。

　このようにして、北九州地方における禅宗勢力がにわかに隆盛になってくると、有智山の天台衆徒のねたみをうけ、訴えられて承天寺をこぼたれようとした。ところが、かえって朝廷の庇護をうけて、ことなきをえた。のみならず、湛慧の紹介によって、摂政九条道家・良実父子の知遇をえ、やがて道家は、京都東山の月輪《つきのわの》別荘に、東大・興福両寺の規模をかね、径山に模した大刹を開いて、その開山に円爾を請じたのである。これが東福寺のはじまりで、その豪壮なさまは、大仏殿の造営費だけで三万八千貫文を費したことによっても窺われるように、都人の目をみはらせるのに十分なものがあった。もとより、同寺は禅院本来の七堂伽藍をそなえ、禅宗の祖師たちをまつり、禅宗独特の両班をおいて、全く禅刹としての体裁をそなえていたが、一方ではまた真言八祖や天台六祖の像をかかげ、道家の子である叡山の前僧正慈源を検校にさだめ、伝法灌頂の道場すら設けられていたのであって、まさしく真言・天台・禅三宗の混修的性格をもつ大刹として出発したことが窺われる。しかも、道家は藤原一門の中心人物であって、かねてから旧仏教とのつながりの多い人で、その子には仁和寺門跡の法助をはじめ、天台座主慈源・同慈実・三井長吏行昭・同道智・東寺別当勝信などがあり、旧仏教系の人々と深い関係をもっていた。これと同様に円爾も教宗との関係が多く、『大日経』を講じ、『宗鏡録《すきようろく》』『大明《だいみん》録』などの禅教融合の思想をさかんに説き、宮廷に接近して、後嵯峨・後深草・亀山各上皇などに戒をさずけたのみならず、法相宗の良遍が『真心要訣』をあらわして、円爾の許に送り、その教示を乞い、あるいは、天台座主の慈源をはじめ、東大寺戒壇院円照、京都の回心真空など、当代教宗の巨匠たちが、その蘊奥をさぐろうとして、円爾の門をたたいているのである。このように、その門下には従来の門弟たちだけでなく、教宗の人々も蝟集し、門葉一時に盛況を呈したのであって、円爾の禅風がいかに包容力に富んでいたかがしられるであろう。

しかし、その最大のねらいは禅の挙唱にあったのであって、

坐禅工夫をもって本分の行履《あんり》となし、法喜禅悦を味ひ、聖胎《しょうたい》長養をなし、仏祖不伝の妙に透り。

径山先師（無準）の宗を紹ぐべし。（原漢文）

とのべ、無準の禅をつぐことを主眼としていたことは、栄西の兼修禅より一歩進んだものであったということができよう。このようにして、円爾は顕密禅をきわめ、その門下から数多くのすぐれた門弟を出したので、その門派は大いにさかえ、本朝禅門の隆盛における一時期を画するにいたった。しかも、栄西・道元などの門流が天台真言などの旧仏教の人々からしばしばはげしい迫害をうけたにもかかわらず、内心はともかく、聖一派はほとんど抑圧をうけることなく、京都を中心にますます発展をたどるにいたっている。このことは、円爾は東福寺をはじめ、さらに建仁寺を復興しているが、一方では、勅を奉じて、東大寺の大勧進職をつとめ、文永二年には法成寺の大殿をつくり、天王寺・尊勝寺などの幹事となるなど、旧仏教の復興にも大いに力を貸していたことにも負っているであろう。こ

のようにして、栄西の建仁寺についで東福寺を京都にひらき、鎌倉時代禅宗勃興のうえに大きな足跡を残した。弘安三年十月十七日寂。ついで応長元年十二月二十六日、花園天皇から聖一国師の勅諡号をうけているが、これは大応国師に次いで国師号の二人目にあたる。また、国師の将来した数多くの書籍は寺内の普門院に所蔵され、禅籍経典類の一大宝庫として禅林の間にながく利用されたが、その目録および蔵書の一部が現存されている。その門下には、多くの旧仏教系の人々が合流し、東福寺は兼修禅の一大淵叢をなし、随乗房湛恵をはじめ、慈一房東山湛照・無量房蔵山順空・正智房直翁《じきおう》智《ち》侃《かん》・道願房白雲慧暁《えぎょう》・平等房癡兀大慧《ちこつだいえ》・普門房無関玄悟・本智房正堂俊顕・入円房天桂宗杲・一円房無住道暁・十乗房月船琛海・道空房山叟慧雲・定智房奇山円然や、南山士雲・潜渓処謙・雙峰宗源・無為昭元・十地覚空・鉄牛円心・玉渓慧椿・無外爾然・神子栄尊などの竜象が一時に輩出し、それぞれ東福寺に塔頭《たっちゅう》子院をかまえ、門下の育成にあたったので、聖一派はこれまでにない大門派に発展するにいたった。

　以上によってもあきらかなように、聖一国師の門弟には、郁芳門院の追薦道場であった六条御堂を万寿禅寺に改めた十地のように浄土教からの転宗者もあったが、房号をもったものが多く、これらの人々はほとんど教宗、とくに密教をも兼修した人々であり、円爾にみられたような兼密禅をうけついでいたので、この門派には密教的な雰囲気が汪溢していた。いまその主な流派についてみると、次のごとくである。

東山（一二三一〜一二九一）、諱《いみな》は湛照。天台黒谷の末流と自称した三聖寺の十地覚空のもとで浄土教をまなんだが、のち十地とともに円爾の門下に投じ、その法をついだ。円爾と同門の無学やその門弟の一翁とも交友があったが、のちに禅院としての三聖寺の開山に請ぜられ、万寿寺、ついで東福寺二世となり、伏見天皇の帰依をうけたが、正応四年八月八日、盗賊のために刺殺されて一生をとじた。その門流を三聖門派という。のちに宝覚禅師と諡されている。有名な虎関はその高弟である。このほか、東山下からは、愚直師侃・松嶺智義や南北朝時代の五山学芸の一翼をになった性海霊見・竜泉令淬・檀渓心凉・日田利渉、くだっては安国寺恵瓊として有名な瑤甫慧瓊や竺雲恵心などを出している。

蔵山（一二三三〜一三〇八）、諱は順空。はじめ神子につき、のちに円爾に参じた。さらに蘭渓の名声をきいて関東にあそび、その門下にまなんだが、ついに入宋の志をたて、北条時頼の出資をえて径山におもむき、偃渓・荊叟・准海《わいかい》・西巌・石林らの宗匠に参じ、在宋十年にして帰国した。のち肥後の高城寺をひらき、承天・東福に住した。延慶元年五月九日寂。その派を永明門派という。のちに円鑑禅師と諡された。その門下からは虎関の高弟である大道一以をはじめ同山一鞏・金山明昶・信仲以篤や、画僧の先駆をなした吉山明兆などを出している。

直翁《じきおう》（一二四五〜一三二二）、諱は智侃《ちかん》。足利泰氏の子で、はじめ天台をおさめ、ついで蘭渓に禅をまなんだのち、再度宋にわたり、彼の地で蘭渓の語録を出版し、大川などにもまなんだが、帰国後円爾の門に投じてその法をついだ。大友貞親の帰依をうけて、豊後万寿寺の開山となり、承天・東福に住し、元亨二年四月十六日寂した。仏印禅師と謚されている。その門流である盛光門派からは深山正虎・悟庵智徹などを出している。

南山（一二五四〜一三三五）、諱は士雲。円爾ついで大休・無学に参じ、東福・寿福・円覚・建長などの諸寺に歴住し、建武二年十月七日に寂す。その門派を荘厳門派という。北条高時の帰依をうけた人で、その塔所の荘厳蔵院はもと灌頂道場であったことでもうかがわれるように、この人も兼密的色彩のつよい人である。その門派には乾峰士曇・友山士偲・正堂士顕・東伝士啓・別峰大殊や、『蕉軒日録』の著者季弘大叔などがある。

潜渓（〜一三三〇）諱は処謙。無学・円爾に参じ、東福・南禅に住した・後醍醐天皇は清涼殿に師を召して、灌頂などをうけ、師に普円国師の号を賜わっている。元徳二年五月二日寂。その門派を本成門派といい、五山学芸の代表的な人物である夢岩祖応や日東祖旭がでている。

白雲（一二二八〜一二九七）、諱は慧暁。隠谷子とも号し、叡山に天台を、泉涌寺の月翁智鏡に戒律をうけたが、のち円爾の門に投じてその法をついだ。文永三年（一二六六）宋にわたり、在唐十五年、その間希叟に参じ、帰国に際して希叟の語録を出版している。帰国後東福寺四世となり、永仁五年十二月二十五日に寂し、のち仏照禅師と謚された。はじめは道願房といった。なお、円爾から密教の伝法灌頂をうけており、きわめて密教臭のつよい人であった。聖一門派にはこのような人々が多いが、これらの人人には、道俗教導のために仮名法語をつくったものが多く、白雲もその例にもれず、『夢の記』などをあらわしたことは注目される。その門流である栗棘《りつきょく》門派からは、室町期の五山文学僧東漸健易・岐陽方秀・翱之慧鳳などがでた。

癡兀《ちこつ》（一二二九～一三一二）、諱は大慧《だいえ》。平清盛の遠孫にあたり、はじめ叡山にまなび、のち円爾の門に投じ、伊勢に安養寺などをはじめ、東福寺に住した。正和元年十一月二十二日寂。のち仏通禅師と諡された。師は円爾の講義をきき、さらに私見を加えた『大日経見聞』をあらわすなど、とくに密教に精通し、また『枯木集』『十牛訣』などの仮名法語をのこしている。その門下である大慈門派からは嶺翁寂雲・湖月信鏡・心岳通知・大愚性智・了庵桂悟・笑雲清三などを出している。

無関（一二一二～一二九一）、諱は玄悟。はじめ越後の伯父正円寺寂円についたが、のち長楽寺の栄朝に従い、さらに上洛して円爾に投じ、ついで宋にわたって荊叟・断橋《どんぎょう》などに参じ、在宋十二年にして帰国した。こののち円爾から東福寺二世におされたが、東山にゆずり、弘安四年（一二八一）東福寺三世となった。のちに亀山上皇のまねきにより、もと三井寺の別院であった離宮禅林寺殿を禅院に改めて、禅林禅寺となし、のちの南禅寺の基をひらいた。また、上皇は無関の頂相に賛を記していることなどによってもしられるように、師によって禅宗が宮廷に一層接近したことは、この後の禅宗の発展のうえにきわめて重要な意義をもたらしている。正応四年十二月十二日、南禅寺の完成をまたずに寂したが、のち大明国師と諡《おくりな》された。はじめは普門房といった。その門流の竜吟門派からは、平田慈均・剛中玄柔・太朴玄素・桂庵玄樹・季亭玄厳・文之玄昌などが出ている。

雙峰（一二六三～一三三五）、諱は宗源。円爾をはじめ無学・大休・西礀・一山・寂庵らにまなび、東福・南禅に住した。後宇多法皇にめされて宮中に禅法をとき、生前に禅師号をうけた最初の人で、恒明親王も師に参禅し、師のために洛東に大聖寺をはじめるなど、宮廷との接近をました。元応元年（一三一九）二月の東福寺大殿の炎上に際し、南山らとその復興に尽力している。建武二年十一月二十二日寂。のちに国師号をうけた。その門流の桂昌門派から定山《じょうざん》祖禅をはじめ、古源邵元・与可心交・景南英文などを出している。

無為（～一三一二）、諱は昭元。円爾をはじめ蘭渓・無学にまなび、東福・円覚の諸寺に住した。応長元年五月十六日寂。大智海禅師と謚された。その門派の東光門派からは大陽義冲・無徳至孝・鉄牛景印・愚極礼才などが出ている。

月船（～一三〇八）、諱は琛海。はじめ書写山に入り、栄朝の弟子、栄宗について蓮華院流の密教を、ついで一翁・円爾に禅密をうけた。上野長楽・東福に住したが、亀山上皇から権法眼に任ぜられ、また関東密教の一中心をなしていた日光山の大阿闍梨にもまねかれるなど、密教においても一家をなしていたことがしられる。その門派の正統門派からは、山名氏の出で、山名時氏の帰依をうけた南海宝洲などを出した。

山叟（一二三一～一三〇一）、諱は慧雲。円爾に参じたのち、正嘉二年（一二五八）宋にわたり、聖一国師の法叔断橋や国師と同門の方庵・虚心につき、在宋十一年にして帰国し、伊達政依にまねかれて奥州東昌寺をひらき、また東福などに住し、正安三年七月九日寂した。その門派の正覚門派からは瑞岩曇現・九峰韶奏などが出ている。

無外、諱は爾然。円爾に参じ、白雲らと在宋していたことがあり、足利満氏のひらいた三河実相寺の事実上の開山である。応通禅師と謚された。その門派の正法門派からは今川了俊の師である一峰明一などを出している。

奇山、諱は円然。円爾の甥にあたり、その法をついで普門寺に住した。その門下に雲章一慶などがある。はじめは定智房といった。

天桂（〜一三三二）、諱は宗昊。奇山の甥にあたり、円爾に参じ、入元後東福寺に住し、元弘二年八月二十七日寂した。その門派の大雄門派から一峰通玄が出ている。

神子（一一九五〜一二七二）、諱は栄尊。俊寛とともに鬼界島に流された平康頼の子で、栄西の弟子厳琳・栄朝に参じたが、さらに円爾らと宋にわたり、無準に参じ、帰国後肥前万寿寺に住し、文永九年十二月二十八日寂した。

無伝（一二二六〜一三三五）、諱は聖禅《しょうぜん》。入宋して荊叟などに参じ、帰国して大休に従ったが、のち駿河清見寺をひらき、建武二年正月初めに寂した。

無住（一二二六〜一三一二）、諱は道暁。鎌倉の武将梶原源太の叔父といわれ、常陸・鎌倉に幸円・法身らにまなび、さらに長楽寺の蔵叟に参じ、また三井寺の実道に天台止観を、奈良におもむいて戒律、さらに密教や法相学をおさめ、ついに円爾について灌頂をうけ、禅をまなぶなど、各宗に遊学したが、とくに禅密兼修の色彩がつよかった。のちに尾張の長母寺や伊勢桑名の蓮華寺などをひらき、正和元年十月十日に寂した。大円国師と諡されている。『沙石集』『雑談集』『妻鏡』『聖財集』などの仮名法語類の作者として知られ、自ら林下の貧子をもって任じ、しきりに禅教一致を説いた。法華経の文句をもちいて作った謡曲万歳楽は、いまにつたわる三河万歳のはじまりであるとされている。聖一門下では必ずしも一流人物ではなかったが、その著作によって注目されるようになった人である。はじめは一円房といった。このほか、玉渓門下の天得門派からは無夢一清が出ている。

このように、聖一派は東福寺および諸塔頭を基点として、全国的に展開し、五山禅林の最大門派を形成し、のちにのべるように、十刹十ヵ寺、諸山五十数ヵ寺を擁し、五山禅林の主流の一としてながくさかえるにいたっている。

【聖一派】

円爾
- 東山湛照
  - 虎関師錬
    - 檀渓心涼—江月 千—月泉祥洵
    - 性海霊見—明江聖悟—中川永原—厳陽聖香—旭昇慧桑—允芳慧菊
      - 竺雲慧心—瑤甫慧瓊
    - 竜泉令淬—在先希譲
      - 愚渓知至—邵外令英—月建令諸—作成令偉—高岳令松
        - 汝源令見—剛外令柔
    - 無比単況
    - 日田利渉—謙岩原冲
  - 西浦師曇
  - 五峰師頊
  - 東岩曇春
- 耕叟仙原
- 高叟円尊
- 東洲至道
- 応準円然

十地覚空―愚直師侃―起山師振
　　　　　　　　　―浦雲師棟―理中光則―斯立光幢―芳卿光隣
正堂俊顕
無住道暁―松嶺智義―処月―南堂処薫……茂彦善叢
蔵山順空―固山一鞏―鐘谷利聞―劫初利什
　　　　―大道一以―金山明昶・吉山明兆・大全一雅
　　　　―字堂慶卍―大蔭明樹―信仲以篤
　　　　―息庵知止―業仲明紹―快庵祖騮―甘沢宗霖
古策円禅
湛慧
直翁智侃―深山正虎・悟庵智徹・自聞正聡・豊山正義・不肯正受・東震正誉
天桂宗昊―一峰通玄―元亨通泉
南山士雲―乾峰士曇―寰中長齢―石窓長珉―伝宗長派―勝剛長柔
　　　　　　　　　―霊岳法穆―別峰大殊―雲関大恰
　　　　　　　　　―登叔法庸―竹庵大縁―季弘大叔
　　　　―鑑翁士昭
　　　　―東伝士啓
　　　　―西源景師・日峰士東
　　　　―友山士偲
　　　　―正堂士顕―南宗士綱
　　　　―卍庵士顔―竜門長原
奇山円然―雲章一慶
鉄牛円心
曇瑞道慧―高庵芝丘
神子栄尊

- 潜渓処謙
  - 夢岩祖応—少室通量—存耕祖黙
  - 桂岩子昌—日東祖旭
  - 竜谷広雲—哲岩祖濬—華丘建冑
- 済遍
- 白雲慧暁
  - 玉田祖濬—千岩友俊—和翁令春—琴江令薫
  - 竺山至源—秀峰尤奇
  - 通叟至休—華峰僧一—東漸建易
  - 虚室希白—春山守元—霊源性浚—岐陽方秀
    - 象先会玄
    - 翱之慧鳳
    - 春江守潮—自悦守懌—彭叔守仙
- 癡兀大慧
  - 傑山寂雄—南明寂詢—心岳通知—起竜永春
  - 嶺翁寂雲
    - 大海寂弘—大愚性智—大疑宝信—了庵桂悟
    - 天外寂晴
      - 岐峰慧周
        - 天順道祐—厳伯通噩—笑雲清三
        - 笑岳慧誾—孝仲光純—一韓智翃
      - 了堂慧安
- 無関玄悟
  - 自然居士
  - 道山玄晟—平田慈均
    - 方田玄圭—景蒲玄忻—桂庵玄樹—鄂渚玄棣—一翁玄心
      - 文之玄昌
    - 一源会統
  - 釣叟玄江—太朴玄素
  - 玉山玄提—剛中玄柔—季亭玄厳
- 雙峰宗源
  - 洞天源深—与可心交
  - 定山祖禅

古源邵元
大方源用―景南英文
無為昭元―大陽義冲―振岩芝玉―字山義篆―大翁礼円―平川礼浚―愚極礼才
　　　　―無徳至孝―可廬祖然―大素方中―惟精見進
　　　　―鉄牛景印・無涯禅海・日山参巳
鈍翁慧聡―玉渓慧椿―無夢一清
月船琛海―桃源了勤―南海宝洲
山叟慧雲―霊鋒慧剣―九峰韶奏
　　　　―瑞岩曇現
無外爾然――一峰明一・可庵円慧

法燈派　栄西や円爾と似て兼密禅の巨匠に無本がある。ただ、この人は前二者がいずれも天台系の出身であったのに対して、元来真言密教の出であった点がとくに注目される。無本（一二〇七～一二九八）、諱は覚心、心地房と号した。信州の人で、はじめ戸隠山にまなんだが、東大寺戒壇院で具足戒をうけ、高野山にのぼって、伝法院主覚仏・正智院道範らから密教をうけ、さらに金剛三昧院の行勇について葉上流の台密禅をまなび、ついで延応元年行勇にしたがって寿福寺に寓し、また道元に参じて菩薩戒をうけている。こののち長楽寺の栄朝にまみえたが、さらに寿福寺の蔵叟に参じ、ついで上京して、隠棲生活を守っていた勝林寺の天祐思順にもつくなど、諸知識の間を遍参遊方した。さらに、聖一国師のすすめによって、建長元年（一二四九）覚儀・観明らをともなって宋にわたったが、すでに無準は寂していたので、癡絶・荊叟・無門などの諸師の門に参じ、無門恵開《むもんえかい》の法をついで、建長六年に帰国し、金剛三昧院によっていた。ときに紀伊由良荘地頭葛山景倫は無本に帰依して、旧主実朝の菩提をとむらうために西方寺をたて、師を開山に請じた。これがのちの興国寺である。弘安四年亀山上皇にめされて草河の勝林寺に住し、宮中に禅をといた。そののち紀伊の国造もその帰依者となったが、弘安八年、内大臣花山院師継は北山の別第を禅院にあらためて妙光寺とし、師を請じてその開山とした。永仁六年十月十三日寂。亀山上皇から法燈禅師、後醍醐天皇から円明国師の号をうけた。その行状や無本がつくった誓度院規式によると、四時の坐禅のほか、千手・不動・愛染などの真言密教の修法を定めていることでも明らかなように、純粋の真言行事をもうけついでおり、密教的色彩がきわめて濃厚である。著作に『法燈法語』『坐禅儀』『遺芳録』などがある。その派を法燈《ほっとう》派とよび、門弟には高山・孤峰をはじめ、花山院家出身の無住思賢や東海竺源・恭翁運良・孤山至遠などがあり、由良の興国寺を本拠にして建仁寺などに出住するものが多く、そのほか山城の妙光、出雲の雲樹、和泉の大雄、美濃の正法、甲斐の向岳などの諸寺をはじめ、かなりの勢力をもつにいたった。

高山（一二六六～一三四三）、諱は慈照。菅原道真の後裔で、はじめ天台をまなび、のち無本をはじめ白雲・南浦・高峰・寂庵・西礀・一山に歴参したのち、興国・京都万寿・建仁に住した。康永二年十二月二十五日寂。のちに広済禅師と諡された。かつて、足利直義にめされて祈雨を行ない、また河内の楠木正成にまねかれて楞伽寺をひらいている。門弟に大歇・約庵らがある。大歇、諱は勇健、高山・東海・雪村・峰翁・孤峰らに参じ、興国に住した。至徳三年九月四日寂。祈雨などの密教的秘咒を行ない、その門徒は輻湊した。約庵は、諱を徳久といい、高山についたのち、入元して了庵清欲に参じ、嘉興府の円通寺に住し、彼の地で洪武九年九月二十四日寂した。

しかし、この派で最もあらわれたのは、孤峰（一二七一～一三六一）、諱は覚明《かくみょう》である。天台を学んだのち、無本に参じ、さらに了然法明にまみえ、応長元年春入元して、中峰をはじめ無見・断崖・雲外・古林を歴訪し、帰国後、洞門の瑩山に参じて菩薩戒血脈をうけた。のち出雲雲樹・和泉大雄の両寺をひらき、後醍醐・後村上両天皇に法をとき、三光国済国師と特賜された。正平十六年五月二十四日寂。門弟に抜隊《ばっすい》・慈雲・古剣・聖徒がある。抜隊（一三二七～一三八七）、諱は得勝。はじめ明極《みんき》下の得瓊、ついで肯山・復庵・孤峰や峰翁の弟子の道全庵主、さらに洞門の峨山らに参じ、得瓊の山居思想をうけついで、つねに転々と山中に庵居し、ついに甲斐の守護武田信成の帰依をうけて、塩山に向岳庵をひらいた。至徳四年二月二十日寂。著作に『和泥合水』という仮名法語がある。聖徒明麟の弟子には、『畊雲千首』などをあらわした南朝方の歌人花山院長親があり、のち禅僧となり、子晋明魏といった。

このように、法燈派の人々は五山叢林のみならず、主として地方伝播につとめたが、派祖以来禅密兼修によって密教的色彩が濃厚であり、また無本が道元に参じた因縁によって、曹洞系の永平門徒とも深い関係をもっていることが注目されるが、とくに南北朝以後は、孤峰をはじめとして南朝との関係が密接であったことは、この派の特色としてみのがすことができない。

【法燈派】

- 無本覚心
  - 孤峰覚明
    - 抜隊得勝—俊翁令山
    - 慈雲妙意
    - 聖徒明麟
      - 伯厳殊楞—利渉守湊
      - 子晋明魏
    - 古剣智訥
  - 無住思賢
  - 無伴智洞
  - 東海竺源
    - 無伝普伝
    - 在庵普在—日岩一光—九鼎竺重
    - 仲立一鷗
  - 高山慈照—大歇勇建・正仲彦貞・約庵徳久・可山懐允
  - 恭翁運良—絶岩運奇・蔵海無尽・桂岩運芳
  - 嫩桂正栄—信仲自敬—梅隠祐常
  - 孤山至遠—自南聖薫

2　純粋禅の興隆とその系譜

このように、従来の旧仏教との習合によって公武の間に迎えられたのが、鎌倉初期禅宗の趨勢であるが、それらのなかにあって、純粋な宋朝禅をつたえながら、中国の禅風を純粋に保とうとして隠逸生活をいとなむ人々も、まれではなかった。たとえば、さきにのべた大日房能忍や、曹洞禅を伝えた仏法房道元はじめ、草河勝林寺の真観房天祐思順・桂堂瓊林《けいりん》、山城妙見堂の道祐、博多の悟空敬念《きょうねん》、信濃の樵谷《しょうこく》惟僊《いせん》、奥羽の了然《りょうねん》法明、悟空にまなんだ賀茂の東岩慧安《えあん》などがそれであり、このほかにもこのような傾向をもった人々がかなりいたと思われるが、道元のほかはほとんどその系脈が後世まで永続しなかったので、その行状さえはっきりしないものが多い。なお、道元については後章でふれるから、ここでは省略しよう。

まず、天祐、諱は思順。別に真観房と号した。はじめ天台をまなび、入宋して北磵居簡の門に投じ、その法をついで帰国したが、洛東草河に勝林寺をはじめて隠棲し、中国伝来の宋朝風の純粋禅を堅持しつづけたので、その門下はさして発展することなくして終わった。

桂堂、諱は瓊林。文永年中に宋にわたり、虚舟普度についてその法をついだ。帰国後、勝林寺の天祐の理想主義的な思想をしたい、そのあとをついで同寺に住している。桂堂は中国で虚舟の語録の編者の一人に加わったばかりでなく、わが国においても、『人天眼目《にんでんげんもく》』『虚舟録』などを出版しており、五山版の先駆をなしたものとして注目される。

道祐、博多の人、嘉禎年間に宋におもむき、無準に参じてその法をついだ。寛元三年夏帰国したが、兼修禅の汪溢する時流をきらって、洛北の妙見堂に隠遁生活をいとなみ、宋朝風の純粋禅をまもりつづけた。建長八年二月五日寂。

その法をついだ悟空（一二一七〜一二七二）は、諱を敬念《きようねん》という。大宰府の人で、はじめ承天に円爾に参じ、寛元年中入宋して無準の門に投じたが、帰国後中央に出ずに終わった。文永九年十月八日寂。

樵谷、諱は惟僊。建長末年に宋にわたり、虚堂・偃渓・石朋・簡翁・別山・物初《もつしよ》などの諸師につき、無準の弟子別山祖智の法をついだ。帰国後、信州別所に安楽寺をひらいている。この人もまた中央から遠ざかり、宋朝禅を維持していた一人である。

以上のように、覚阿・栄西以来の初期禅宗教団においては、純粋禅はいまださしてきわ立った進展をみることができず、兼修禅的なものが禅宗の主流を占めていたのであるが、やがて徐々ではあったが、京都・鎌倉を中心に純粋禅の勢力を伸張し、その後の禅宗発展の礎地がきずかれていったのである。ただ、このように禅宗が勃興するまでにはかなりの日月を要したことは事実で、このことは当時の禅宗に対する理解には一定の限界があったということによっているとおもわれる。すなわち、一般に禅は鎌倉武士によって受容されたとみなされているが、実際には当時の武家社会が異国趣味ゆたかな新宗教をそうたやすく摂取できるはずのものではなかった。事実、北条氏も泰時の頃までは禅宗、とくに純粋禅との交渉はほとんどなく、他の教宗との混修的なものとして禅をとりあげていたにすぎなかったのであり、その後においても、禅宗を十分咀嚼しえたのは、時頼・時宗など一部上層の武士階級たちにとどまったのである。これら支配者の地位にのぼった人々は、たまたま公家階級に対して自らの文化的扮飾を求めていた矢先でもあったから、旧仏教復興の気運にともなって移入紹介された禅宗にその望みを託するにいたったものであろう。しかも、貴族化していない中国禅は、これら鎌倉武士の生活心情にきわめて合致したものと感ぜられたのであろう。このようにして、鎌倉武士は一層禅宗に接近していったのであるが、一方、禅宗自体もあいつぐ入唐者によって純粋禅の色彩が明確化し、武士たちも宋朝風の純粋禅を理解し、これを積極的に請来するまでに向上するにいたったのである。やがて、このような実情が中国においても理解され、ついには、中国禅宗界の大立者が来朝することとなった。こうした情勢の下に、はじめて来日したのが蘭渓で、これまでもっぱら兼修禅によっていた鎌倉武士は、ここにはじめて中国の純粋禅の真価を見出し、すすんで中国の禅僧を招請しようとしたので、こののち兀庵《ごったん》・大休・無学などの名僧が相ついで渡来し、鎌倉は宋朝禅の一大淵叢をなすにいたったのである。しかも、これらの人々は、いずれも中国屈指の名尊宿であったから、その感化力には絶大なものがあり、したがって、その門下からは幾多のすぐれた禅傑を輩出したばかりでなく、時頼・時宗をはじめ武士の間にも多くの禅宗信奉者を育成することができたのである。

大覚派 蘭渓（一二一三〜一二七八）は、諱を道隆という。西蜀の人で、はじめ教学をおさめたが、のち禅を無準・癡絶・北磵らにまなび、ついに無明慧性に参じてその法をついだ。寛元四年（一二四六）北条時頼の招聘をうけ、旧知の間柄であった明観律師月翁智鏡をたよって、弟子義翁紹仁・竜江応宣らとともに博多に上陸し、勝福寺をはじめ、博多円覚寺によった。ついで、宝治元年京都にのぼり、月翁の住していた泉涌寺来迎院に一時寄寓したが、さらに時頼のまねきをうけて鎌倉に下り、寿福寺に寓し、ついで常楽寺に入った。ここに純粋な宋朝禅がはじめて鎌倉に定着するにいたり、やがて寿福寺を中心とする葉上流の兼修禅を圧して、宋朝禅の一大淵叢をなすにいたった。このようにして、新鮮な純粋禅を探求する人々が蝟集し、たちまちにして常楽寺は狭くなったので、時頼は大禅苑の建立を思いたち、小袋《こぶくろ》坂刑場のあとに禅寺をいとなんだ。やがて建長五年（一二五三）冬、中国の径山を模した大禅刹の完成をみるにいたり、地名の小袋と年号の建長にちなんで、巨福山建長寺となづけられた。

ここに、参徒二百有余の大叢林が現出し、この後の鎌倉禅の一大中心をなすにいたったのである。ところで、蘭渓ははじめのうちは再び中国に帰る考えでいたが、「在家菩薩」とよばれた時頼らの熱心な引止策にほだされて、帰国を思いとどまっている。こうして、『野守鏡』にも「禅宗の諸国に流布することは、関東に建長寺を建てられしゆへなり」といっているように、蘭渓の来朝によって正式な宋朝風の禅院作法が流布されるようになったが、蘭渓はあらたに来日した兀庵に建長の席をゆずり、自らは北条氏のすすめで上京し、建仁寺に住している。その間、後嵯峨上皇に召されて、宮中に禅を説いたとされている。こうして、これまで兼修禅の道場であった建仁寺に純粋な宋朝禅が入ったことは、京都における宋朝禅の発展の上に一時期を画したものといえよう。こののち、時宗のまねきをうけて鎌倉にかえり、禅興寺をひらき、建長寺に再住したが、流言によって、或は甲斐に、或は奥州に配流された。その後許されて寿福寺に住し、さらに時宗は蘭渓のために禅寺をたてようとし、のちの円覚寺の地を相定したが、その成るをまたずに、弘安元年七月二十四日寂した。その塔所を西来庵という。ついで時宗の奏上によって大覚禅師と謚された。これはわが国における禅師号のはじまりである。語録に『大覚禅師語録』がある。

このように、蘭渓は純粋禅を身をもって宣揚し、建長寺の規式を定めて、

参禅弁道はただ此の生死の大事を了せんがためなり。あに沐浴放暇の日たりとも、すなわち情を恣にして、懶慢なるべけんや。(原漢文)

といい、きわめて厳格な修禅生活を唱導し、もしもこれを犯すものがあれば、寺から放ち、あるいは二斤の灯油のもえつきるまで坐禅をつづけさせるなど、中国禅林の修行形態をそのまま移植しようとしたので、宋朝風の本格的な坐禅作法が一時に流布されるようになった。その教化は三十余年のながきにおよび、よく鎌倉武士をして宋朝禅に接近せしめ、かなりの効果をあげるとともに、その門下で

ある大覚派からは、約翁徳倹をはじめ桃渓徳悟・林叟徳瓊・無隠円範・桑田道海・葦航道然などの名だたる禅傑を出し、建長寺を中心に大いにさかえ、鎌倉禅林はもとより、関東・中部・奥羽の各地方にその禅化をおよぼし、この後の鎌倉禅最盛期の基礎をきずいた功績はきわめて大きい。もとより、三十三歳の若さで来日したこともあって、当代中国では必ずしも第一級の人物ではなかったようであるが、北条氏を接化し、純粋禅の処女地に宋朝禅をひろめ、後世におよぼした影響は絶大であったといわなければならないであろう。

大覚門下の第一人者である約翁（一二四四～一三一九）は、諱を徳倹という。鎌倉の人で、蘭渓に侍し、のち東大寺に受戒し、さらに宋にわたって寂窓・石帆・虚舟・蔵叟・簡翁・覚庵らの諸師に参じ、晦機・一山らと交わり、在宋八年にして帰国し、禅興・建仁・建長、さらに後宇多上皇にめされて、一山についで南禅に住し、元応二年五月十九日に寂した。後宇多上皇のあつい帰依をうけ、召されて禅要を説き、生前に仏燈大光国師と特賜された。その門から寂室元光をはじめ、月窓元暁・太虚元寿・南嶺子越・秀山元中などを出し、法孫に松嶺道秀・仲方円伊・月心慶円・履仲元礼や心華元棣・桂林徳昌・柏舟宗趙などがある。

桃渓（一二六三～一三二九）、諱は徳悟。はじめ密教の灌頂をうけたが、のちに蘭渓の門に投じ、ついで宋にわたって頑極《がんぎょく》についたが、弘安二年春、無学と同船して帰国し、無学が建長に住するや、その首座をつとめてこれを補佐している。あるいは北条氏の意をうけて、その来日に与ったのではなかろうか。そののち聖福・円覚に住した。徳治元年十二月六日寂。宏覚禅師と諡された。門下に象外禅鑑などがいる。

このほか、大覚門下には林叟・無隠・桑田・葦航らがある。林叟、諱は徳瓊、千葉氏出身で、蘭渓に参じ、禅興・寿福に住した。諡号覚照禅師。

無隠（一二三〇〜一三〇七）、諱は円範。紀州の人、入宋して帰国後、建仁・円覚・建長に歴住し、徳治二年十月十三日寂した。覚雄禅師と諡された。門弟に棊山賢仙・雲山智越などがある。

桑田（〜一三〇九）、諱は道海。はじめ教学をおさめたが、のち蘭渓についてその法をつぎ、東勝・浄智・禅興に住し、延慶二年五月八日寂した。智覚禅師と諡さる。

葦航（一二一九〜一三〇一）、諱は道然。信濃の人、蘭渓・無学に従い、建長に住したが、正安三年十月六日寂した。大興禅師と諡された。門下に実翁聡秀などがいる。

明窓（〜一三一八）、諱は宗鑑。蘭渓の法をついで、建仁に住し、文保二年七月二十日寂した。明覚禅師と諡さる。

若訥《じやくとつ》（一二一七〜一二九三）、諱は宏弁。はじめ天台をまなび、のち蘭渓についてその法をついだ。肥前の円通寺をひらき、永仁元年十二月二十七日寂している。

癡鈍（〜一三〇一）、諱は空性。大和の二階堂氏の出で、建仁・建長に住し、正安三年六月二十八日寂した。月峰、諱は了然のごときは、もと大学博士であったが、のち蘭渓の門に投じ、その法をついでいる。無絃徳韶は公家の出身で、浄智寺に住した。

玉山（〜一三三四）、諱は徳璇。信濃の人で、蘭渓・無学に従い、建長に住したが、建武元年十月十八日寂した。仏覚禅師と諡された。

このように、大覚派は建長寺を中心にして、聖一派につぐ勢力をもつ門派に成長したが、のちにのべる仏光派の夢窓が室町幕府に接近して、門派の発展をはかるというようなことがなかったので、南北朝以後には飛躍的発展をみるにはいたらなかった。

【大覚派】

- 蘭渓道隆
  - 約翁徳倹
    - 寂室元光
      - 弥天永釈
      - 霊仲禅英
        - 傑岩禅偉―柏舟宗趙
        - 和甫斉忍―桂林徳昌―鉄叟景秀
      - 松嶺道秀―嘉隠道賛
      - 越渓秀格―密山聖厳
    - 霊叟太古
    - 方涯元圭
    - 月窓元暁
    - 柏岩可禅―頑石曇生―子瑜元瑾―心華元棣
    - 南嶺子越
      - 仲方円伊―雲荘徳慶
      - 履仲元礼
    - 太虚元寿
    - 月翁元規―月心慶円
    - 秀山元中―大方元恢―寰中元志
  - 竜江応宣
  - 宝山　鉄
  - 徳英
  - 不退徳温
  - 虚庵祐円
  - 寂恵
  - 月峰了然
  - 無絃徳韶

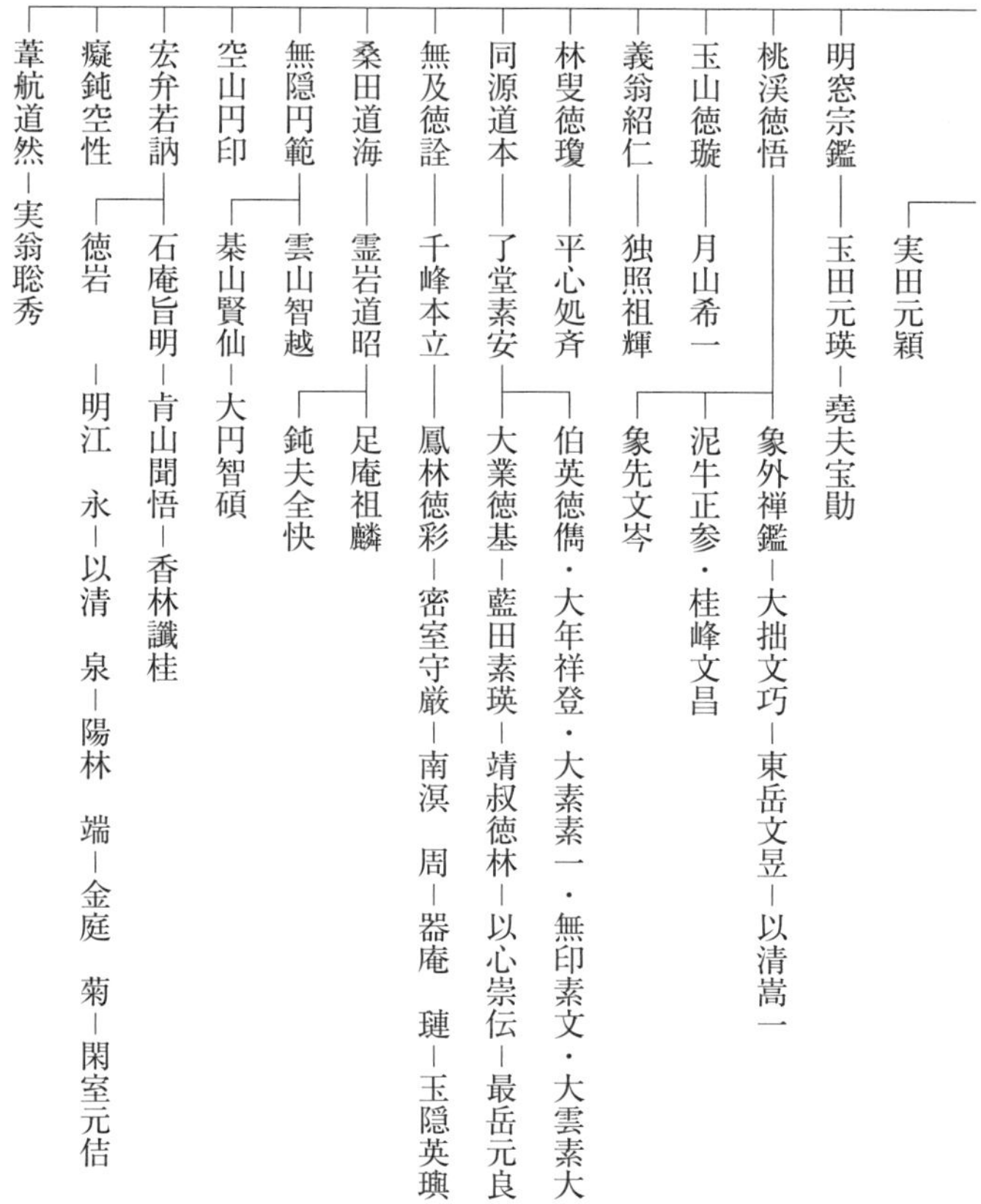

宗覚派　蘭渓についで、兀庵《ごったん》が来日した。兀庵（一一九七～一二七六）、諱は普寧。四川の人で、

はじめ儒学をおさめ、ついで教宗にまなんだが、ついに禅に帰し、癡絶、ついで無準についてその法をついだ。別山・断橋・西岩らとともに無準門下の四哲とよばれ、慶元府の霊巌、常州の南禅福聖寺などに住して教化を布いていたが、時頼のまねきによって、外憂内患の宋土をはなれて、文応元年(一二六〇)新天地を求めて来朝した。無準下の同門である円爾が聖福・東福寺において厚くこれをもてなし、旧交をあたためているところをみると、あるいは円爾あたりの勧請があったのではなかろうか。こののち時頼のまねきにより建長寺に入ったが、ときに本尊の地蔵菩薩は仏である自分より下の菩薩位であるからというので、ついに仏殿を礼拝しなかったとつたえられている。気慨にとんだ禅風の一端をつたえたこの挿話は、真言天台の祈禱礼拝になれた人々の目には鮮烈な印象をあたえたことであろう。こののち時頼は禅者としてよりすぐれていた兀庵について、真剣に参禅問法するにいたり、公務の暇をみて、しばしばその門を叩いて弁道工夫をつみ、弘長二年十月十六日朝、ついに豁然と大悟し、印可をうけている。しかし、その格調高い禅風のよき理解者であった時頼の死後、妄言綺語によって世縁のおとしいれるところに遭うなどのこともあり、時宗もいまだ幼少で、信頼のおける信奉者もえられなかったからであろうか、わが国における禅化をあきらめ、在留わずか六年にして帰国してしまったのである。一部には円爾や悟空のように理解をよせたものもあったが、兀庵のような当代一流の禅者には、当時の日本禅宗の受容段階にあきたらず、嫌気がさしたというのが根本原因であろう。のち兀庵は婺州の雙林、温州の江心・竜翔などの諸寺に住し、元の至元十三年十一月二十四日に寂した。このように、兀庵の在日期間はわずか数年にすぎなかったが、中国一流の禅匠にまのあたりに接したことは、この後の禅宗発展にとってきわめて有意義であったといえよう。のちに宗覚禅師の号をおくられ、門下からは東岩・南洲などがでている。

東岩（一二二五～一二七七）、諱は慧安《えあん》。播磨の人、書写山に入って天台をおさめたが、泉涌寺に律をまなび、宋にわたろうとして博多におもむき、悟空に参じ、のち兀庵についてその法をついだ。一条今出川に正伝護国禅寺をはじめたが、純粋禅を鼓吹したので、叡山の衆徒のために焼かれてしまった。蒙古襲来のとき、「末の世の末の末まで我が国は万《よろず》の国にすぐれたる国」と詠じたことは有名である。建治三年十一月三日寂。のちに宏覚禅師と謚された。法弟の南洲は諱を宏海といい、入宋して諸名藍を歴遊したが、帰国後兀庵の法をついだ。のち真応禅師と勅謚された。このほか兀庵下の宗覚派には天外志高などが出たが、兀庵がはやく帰国してしまったため、さほど大門派には成長しなかった。

〔宗覚派〕

兀庵普寧─┬─南洲宏海─天外志高
　　　　　└─東巌慧安・大夢祖意・景用

仏源派　兀庵が帰国して五年目に、大休が来日している。大休（一二一五～一二八九）、諱は正《しょう》念《ねん》。温州永嘉郡の人。はじめ東谷妙光についたが、諸国を遊学したのち、径山の石渓《しっけい》心月の門に投じて、その法をついだ。文永六年（一二六九）四月、北条時宗の招きをうけ、商船にのって来朝した。この四年前に同門の無象が帰朝しているので、おそらくはその推薦によって時宗の招請状がだされるにいたったものであろう。来日するや、蘭渓の厚遇をうけ、時宗に招かれて禅興・建長・寿福・円覚に住し、浄智寺開山に請ぜられた。正応二年十一月晦日寂。のちに仏源禅師と謚されたので、その門派を仏源派という。『大休和尚語録』がある。蘭渓や後述の無学にくらべて、その門下は大門派をなすにいたらなかったので、とかく過少評価されがちであるが、その語録や筆致などからみると、きわめて洗錬された高度の学識の持主であったことがうかがわれ、蘭渓らと親交をむすび、二十余年のながきにわたって宋朝風の純粋禅の宣揚に尽粋するかたわら、鎌倉武士の教化にあたり、時宗とその兄弟、とくに時宗の弟宗政と密接な交渉をもち、その三周忌にあたって、宗政の子師時が浄智寺をひらいているほどであって、鎌倉武士にあたえた感化には特筆すべきものがあったとおもわれる。その門下に大川道通・鉄庵道生・秋澗道泉・嶮崖巧安があり、さらに室町時代には無涯仁浩・惟忠通恕・之庵道貫、傑翁是英、下って奇文禅才や竜派禅珠がでている。

大休と同門の無象《むしょう》（一二三四〜一三〇六）、諱を静照《じょうしょう》という。はじめ聖一国師に参じたが、建長四年（一二五二）宋にわたり、径山《きんざん》の石渓《しっけい》についてその法をついだ。そのほか横川《わんせん》・虚舟・虚堂《きどう》らの尊宿にまなび、在宋十四年にして文永二年に帰国した。正安元年貞時は師を浄智寺に請住させるにあたり、同寺を五山に列している。徳治元年五月十五日寂。のちに法海禅師と諡された。鎌倉武士に禅化を布いたが、蘭渓・大休、ついで来日した無学と親交があり、その教化を助けた功績は大で、言語に不便を感じたこれら中国僧にとって欠くことのできない存在であった。語録のほかに『興禅記』一篇がある。これは叡山衆徒が禅の隆昌をねたみ、文永九年頃朝廷に訴えて、蘭渓を弾圧しようとしたときに、朝廷に奉った駁論であるが、文章の格調や修辞など、同時代の他のものに較べて平板であるばかりでなく、蘭渓が生存中であるのに、死後に贈られた禅師号の大覚を用い、無学祖元はまだ来日していないのに、大覚・兀庵・大休と来朝者として併記している点など、明らかな矛盾である。おそらく近世以降の興禅気運にともなって偽撰されたものであろう。

【仏源派】

- 大休正念
  - 大川道通―梅林霊竹
  - 鉄庵道生
    - 無涯仁浩―惟忠通恕
      - 実夫殊的
      - 合浦永琮―東岫永遼―古岳永淳―玉峰永宋―顕令通憲
    - 石麟仁球―大方　宙―梅嶺礼忍
  - 東方通川
  - 秋澗道泉―之庵道貫―傑翁是英―石橋禅梁―殷賢禅彭―叔悦禅懌―奇文禅才―竜派禅珠
  - 嶮崖巧安―容山可允―大円興伊

無象静照―大林善育―大中善益・廷用文珪

このころ中国禅宗の松源派では、蘭渓・大休のほか、西礀・巨山《こざん》などが相ついで来朝した。西礀はのちに一山と共に再度来日しているので、のちにのべるが、巨山、諱は志源という。虚堂智愚の法をついで、同門の日本人南浦の手引によって文永年間に来朝している。

仏光派　ついで宋室が滅び、元朝になるや、北条時宗のまねきによって、無学が鏡堂にともなわれて来日している。無学（一二二六〜一二八六）、諱は祖元、別に子元といい、宋の明州の人で、はじめ叔父の物初《もつしよ》大観にさそわれて浄慈《じんず》の北礀にしたがったが、のちに径山の無準の門に投じ、さらに石渓・物初・偃渓らにまみえ、台州の真如、雁山の能仁寺《のうにんじ》などに住した。たまたま蒙古兵が能仁寺に侵入し、大刀をぎして師にせまるや、珍重す大元三尺の剣、電光影裏に春風を斬ると吟じてことなきをえたという逸話は人口に膾炙しているところで、こののち、天童山の環渓のもとに首座《しゆそ》をつとめていた。たまたま、時宗は蘭渓なきあとに中国の名尊宿を招聘しようとして、蘭渓の弟子の無及徳詮と宗英を中国に遣わした。これは鎌倉幕府がおこなった公的招聘の最初で、このとき時宗がおくった招請状がいまに円覚寺につたえられている。こうして幕府が招聘しようとしたのは、当時天童山の住持をつとめていた無準下の高足環渓惟一であったが、円爾や兀庵と無準下の同門であった環渓はすでに八十歳の高齢に達していたので、その辞退によって、その会下《えか》で首座をつとめ、また環渓の法弟である無学を身代りにあて、門弟の鏡堂覚円をこれに同行させた。こうして弘安二年（一二七九）六月、無学は鏡堂や入唐僧の桃渓らをともなって来日するにいたったのである。このように、無学の来朝は時宗の招請によっているが、あたかも中国では宋室滅亡直後であって、いまだ元朝の統治は不安定な状態におかれていたので、これを避けようとしたという一面もあったとおもわれるが、また、これよりさき、日本から帰国した古澗□泉などから時頼の臨終の話などについて聞きつたえて、日本禅宗の状況に通じていたこともあって、日本に対してあこがれをもつようになっていたということもあろう。やがて同年八月、時宗のまねきをうけて建長寺に住し、ついで弘安五年には、時宗は円覚寺をひらいて無学をその開山とした。こうして、無学は二、三年のつもりで来日したようであるが、このの ち時宗のすすめもあって、終生日本にとどまる決心をし、北条氏一門をはじめ数多の鎌倉武士の教化に専念するにいたったのである。弘安九年九月三日、建長寺で寂した。仏光禅師と諡され、のちに後光厳天皇から円満常照国師と追号された。その門下を仏光派といい、弟子には高峰顕日・規庵祖円などの逸材があり、高峰下から後の五山派の主流をなした夢窓とその門下が出ている。数多い法語類によってもあきらかなように、すぐれた学識ばかりでなく、教育者としての天分をもち、自らも「老婆禅」といっているように、懇切な教化を布いたので、その教化はわが禅宗移植史のうえにもっとも大きな足跡をのこすにいたっている。

無学とともに来朝した鏡堂（一二四四～一三〇六）は、諱を覚円という。蜀の人で、詩仙の白玉蟾の後裔にあたり、環渓の法をついだ。来日後時宗などの尊崇をうけ、建長・円覚・建仁・南禅などに住し、徳治元年九月二十六日寂した。大円禅師と諡され、門下に無雲義天がいる。

すでにみたように、鎌倉時代に入宋して、無準の法をついだ人に円爾や妙見堂の道祐、了然法明などがあるが、このほか無準下に法心房がある。字は性才、商船にのって入宋し、無準についてその法をつぎ、帰国後松島に円福寺、すなわちのちの瑞巌寺をひらき、奥州地方に禅化を布いている。真壁平四郎と同一人だとの説もあるが、あきらかでない。

無学の門弟には、高峰、規庵をはじめ一翁院豪・雲屋慧輪や新田教氏の子見山崇喜など多いが、なかでも一翁はその長老格にあたる。一翁（一二一〇～一二八一）、諱は院豪。径山の無準の名声をきいて、寛元二年（一二四四）宋にわたり、無準に参じたが、言語に不便を感じて一旦帰国した。のち再び入宋して無準に参じようと考えていたが果たさなかった。たまたま兀庵が来日するや、その門を叩き、さらに老軀をいとわず、来朝した無学の門に投じてその法をついだ。世良田の長楽寺に住し、開山栄朝以来黄竜派であった同寺を再興し、北関東における純粋禅の根本道場とした。弘安四年八月二十一日寂。のち円明仏演禅師と諡された。

規庵（一二六一～一三一三）諱は祖円。信州の人、浄妙寺の竜江、ついで無学の門に投じ、さらに無関・無本に参じて、無学の法をついだ。無関が亀山上皇の帰依をうけて禅林寺をひらいた後をうけて、寺門の造営をとげ、瑞竜山南禅寺とあらためた。正和二年四月二日寂。のちに後醍醐天皇から南院国師と諡された。これまで京都の禅林の中核は建仁・東福などであったが、これらはみな兼修禅に蔽われていた。ところが、南禅寺の剏立は皇室の積極的外護によったため、南都北嶺などの旧仏教側の圧迫もうけることなく、ここに宋朝風の純粋禅による一大道場が京都にはじめて出来上がったわけで、この後の京都禅林における純粋禅の発展のうえにきわめて重要な意義をもつにいたっている。

しかし、無学門下の第一人者はなんといっても高峰顕日であろう。高峰（一二四一〜一三一六）、諱は顕日。後嵯峨天皇の皇子で、はじめ聖一国師の門に入り、ついで兀庵の門にまなんだが、一翁のひきあわせで無学に参じてその法をついだ。そののち旧仏教系、おそらくは修験の道場であった下野那須の雲岩寺を禅にあらためてその開山となり、東国における禅宗の教線拡張の基礎をきずいている。ついで浄妙・万寿・建長に歴住し、正和五年十二月二十日寂した。のち仏国禅師、さらに応供広済国師と諡された。当時筑前横岳《よこだけ》の崇福寺にいた南浦とともに天下の二甘露門と称され、その門下である仏国派は活況を呈した。その出自といい、人物といい、おそらく無学は高峰をその後継者に考えていたのであろう。その門下からは、この後の禅宗の代表的存在となった夢窓をはじめ、雲岩寺をついだ太平妙準や元翁本元・天岸慧広・此山妙在・無礙妙謙などの俊足を多数輩出し、大覚派とならんで、建長・円覚を中心にして鎌倉末期の関東禅林の主流を形成するにいたっている。

【仏光派】

- 無学祖元
  - 規庵祖円
    - 蒙山智明
      - 南仲景周
      - 東山崇忍
    - 悦堂本喜
    - 鏡空浄心・瑞岩　光・源翁全帰
  - 一翁院豪
  - 見山崇喜

- 高峰顕日
  - 夢窓疎石＊
  - 元翁本元
  - 此山妙在―続芳以蒸―九峰以成
    - 春沢永恩
    - 雪嶺永瑾―三益永因
    - 東輝永杲―文渓永忠―英甫永雄
  - 太平妙準
    - 芳庭法菊・無二法一・中山法穎
    - 大喜法忻―偉仙方裔・日峰法朝・一渓方聞
  - 可翁妙悦
  - 大同妙喆
  - 天岸慧広―在中広衍
  - 天庵妙受
  - 枢翁妙環
    - 大嶽妙積
    - 大綱帰整―学海帰才
  - 玉峰妙圭―南溟殊鵬―璣叟圭璇―堅中圭密
  - 特峰妙奇
  - 真空妙応―南峰妙譲
  - 空室妙空―少室慶芳
  - 無礙妙謙―天鑑存円―久庵僧可
- 大用慧湛
- 不昧一真
- 建翁慧鼎
- 桂潤清輝
- 雄峰奇英
- 頓庵契愚
- 無著如大尼
- 白雲慧崇
  - 古庭子訓
- 雲屋慧輪
  - 龍峰宏雲
  - 天澤宏潤
- 太古世源
  - 明徹光琮―九峰信虔
  - 帰山光一

【無準下】

無準─┬─環渓惟一─┬─方外行円
　　　│　　　　　└─鏡堂覚円─無雲義天─月堂円心─伯師祖稜─喜足嘍─┬─春育椿─有自瑞承
　　　│　　　　　　　　　　　　　　　　　　　　　　　　　　　　　　　　└─祖渓徳濬
　　　├─妙見道祐─悟空敬念
　　　└─雪岩祖欽─霊山道隠─石屏子介・芝岩徳香・天岸祥麟

一山派　ついで、無学の来朝より十八年おくれて正安元年（一二九九）に一山が元の外交使節としてきている。一山《いっさん》（一二四七〜一三一七）、諱は一寧。宋の台州の人、はじめ無等恵融に参じ、のち戒律・天台などをまなんだが、さらに簡翁・蔵叟・東叟・寂窓・環渓・横川らにつき、頑極行《がんぎよくぎよう》弥《み》の法をついだ。元朝は文永弘安の日本遠征に失敗したのにかんがみ、平和交渉によって日本との関係を有利に運ぼうと計画し、一代の名僧一山を正使としておくり、属国になるように勧誘しようとした。そこで、一山に妙慈弘済大師の号をあたえ、江浙釈教総統に任じ、さきに日本から帰国していた西礀子曇や、一山の甥でその弟子となった石梁仁恭らとともに、国書を付して来日させたのである。ときに執権貞時は一山らに間牒としての疑いをよせ、その処遇になやみ、一時伊豆の修禅寺に幽閉したが、のちに許されて、一山は建長寺に入寺した。すでに無学・大休などのなきあとであったので、貞時は一山に帰依し、しきりに禅法を問うているのみならず、亀山・後宇多両上皇の帰依をもうけるにいたった。とくに後宇多上皇の帰依は並々ならぬものがあり、その懇請をうけて南禅寺三世となり、こののち上皇は一山について参禅工夫をかさね、あたかも司南の車をえたようだとのべている。文保元年十月二十四日南禅寺に寂し、翌日国師号が贈られた。『一山国師語録』がある。

このように、一山の南禅入寺によって、中国の純粋禅が皇室や公家階級のなかに浸透するにいたり、南禅を中心とした宋朝風の純粋禅が京都禅林において一段と発展をとげたことは、禅宗史全体のうえで見逃すことのできない意義があった。しかも一山は禅学はもとより、儒教百家、稗官小説、さらに郷談俚語にいたるまで精通し、その教養はきわめて高度の洗錬されたものであったから、そのあたえた影響は絶大で、その教化はひろく道俗にわたったが、その門人には高峰をはじめ夢窓・虎関・雪村・葦航・桃渓・鏡堂など各派えりぬきの門生がつらなり、とくに夢窓や虎関・雪村などはその鉗鎚をうけて、ともに五山禅林の代表的人物として活躍した人々であるだけに、一山の五山派におよぼした先駆者としての影響はまことに大きく、この後の禅宗の動向を決定するうえにきわめて重要な存在であったといわなければならない。その門下からは雪村はじめ、室町時代の五山派にあって活躍した雲渓支山・大清宗渭や、太白真玄・南江宗沅・叔英宗播・万里集九・季瓊真蘂・亀泉集証などを出し、夢窓派と接近して、かなり栄えるにいたった。

西磵（一二四九～一三〇六）、諱は子曇。台州の人で、石帆《しっぽん》惟衍についてその法をつぎ、文永八年時宗の招聘をうけて来日したが、弘安元年一旦中国にかえり、環渓・雲峯らに参じた。たまたま一山の来日にあたり、その案内者として再来し、貞時の厚遇をうけて、円覚・建長に住し、徳治元年十二月二十八日寂した。のち大通禅師と諡された。後宇多上皇に禅要をとき、法話を献じている。弟子に嵩山居中・明岩正因らがあるが、一山の陰にかくれて、さして大門派には成長しなかった。嵩山（一二七七〜一三四五）、諱は居中、建長の西磵についてその法をついだ。延慶元年、文保二年の再度にわたって入元し、元亨三年に帰国して、建長・円覚・南禅などに住した。貞和元年二月六日寂。大本禅師と諡された。

【一山派】

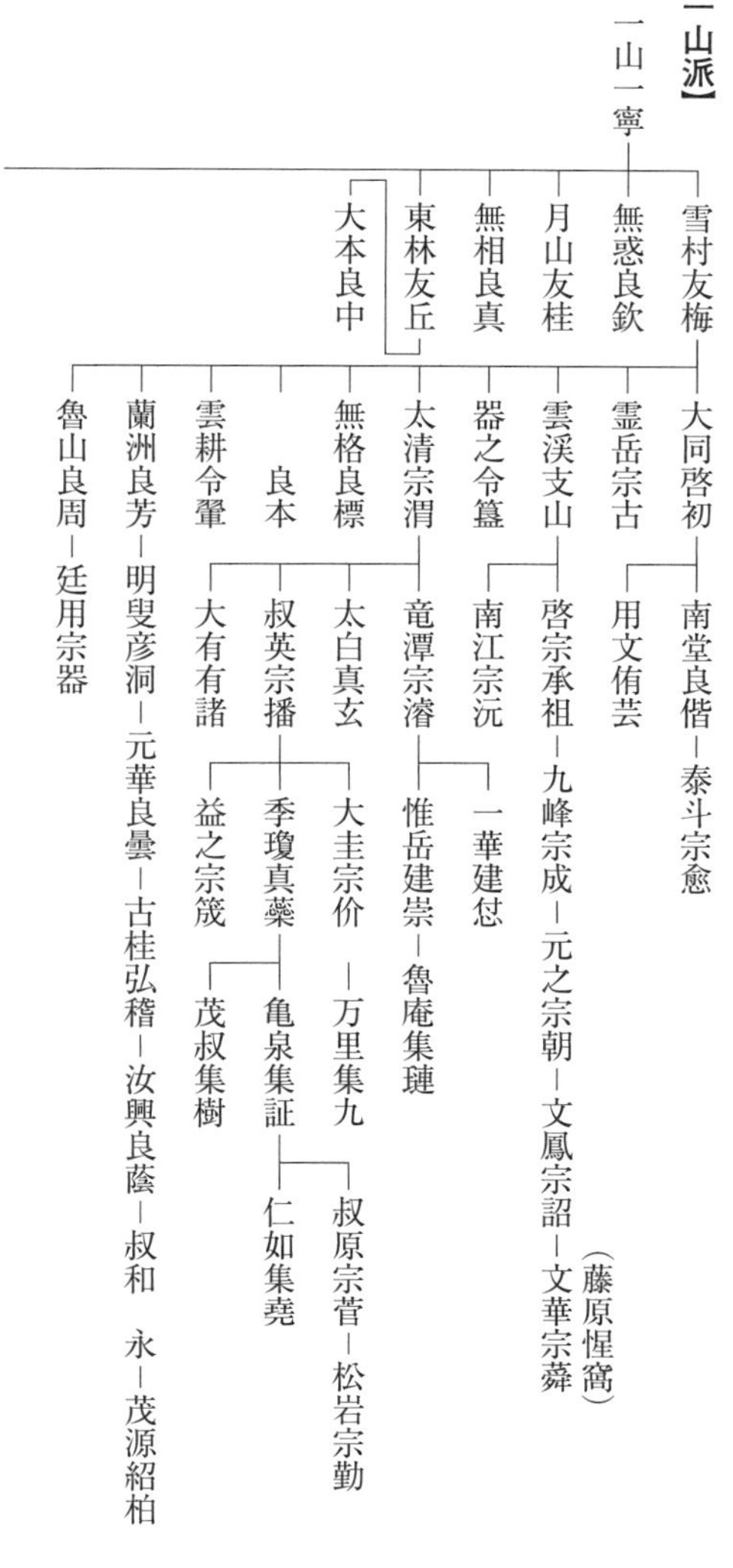

無著良縁―相山良永
石梁仁恭―竺芳祖裔―虚室祖白―朴堂祖淳―廷瑞祖兆―河清祖瀏
聞渓良聡―天柱　済―天隠竜沢

【大通派】
西礀子曇―嵩山居中―少林桂萼―大用全用
　　　　　　　　　―宝山浮玉
　　　　―明岩正因・畊雲克原

一山の来日のあと、貞時のまねきによって、東明《とうみょう》慧日《えにち》や東里弘会《こうえ》が来朝し、さらに霊山《りんざん》・清拙・明極《みんき》・竺仙らが来日し、その後ずっとおくれて南北朝には最後の来朝者として東陵永璵《えいよ》がきている。東里、諱は弘会、明州の人で、癡絶道冲の門弟月潭智円の法をつぎ、延慶元年（一三〇八）に来朝して、禅興・建長に住したが、一門派を形成するにはいたらなかった。

宏智派　中世の曹洞教団には、道元系の教団のほかに、五山派のなかにあって一時隆昌をみた宏智《わんし》派という一派があった。この派は延慶二年（一三〇九）、中国の宏智正覚五代の法孫である東明《とうみょう》慧日《えにち》によってわが国につたえられ、観応二年（一三五一）にもその法叔の東陵《とうりょう》永璵《えいよ》が来朝している。東明（一二七二〜一三四〇）は直翁《じきおう》徳挙の法をつぎ、北条貞時の招聘をうけて渡来し、鎌倉の禅興・円覚・建長などの諸五山に歴住し、円覚寺に白雲庵をかまえて隠棲の地となし、暦応三年十月四日に寂した。語録に『東明和尚語録』がある。一山をはじめ明極・清拙・竺仙らと親交があり、貞時は師について参禅弁道につとめ、禅の奥義をきわめた。その会下からは不聞・別源らを打ち出し、のちに大慧派の法をついだ中巌も師の門生の一人である。東陵（〜一三六五）は東明の法兄である雲外の法をつぎ、最後の来朝僧としてきたり、夢窓にまねかれて天竜、ついで南禅に住した。貞治四年五月六日寂。著作に『璵東陵日本録』がある。この派の人々は円覚寺白雲庵、ついで建仁寺洞春庵などを本拠にして、五山に進出し、越前弘祥寺をはじめ肥後・尾張・武蔵などの地方にもかなり教線をひろげ、弘祥寺などは十刹に加えられているほどである。したがって、この派からは別源円旨・不聞契聞《ふもんかいもん》・東白円曙・少林如春をはじめ、数多くの入唐者を輩出し、五山においても中国通としてきこえた人々が多かった。その伝来した宗風は、永平下のものとは全く異なり、当代中国臨済宗の一方の旗頭であった古林清茂《くりんせいむ》などの金剛幢下一派の流れをうけついだものであったから、その影響をうけて、この派の人人には、『南遊東帰集』をあらわした別源や語録のある不聞をはじめ『洞裏春風集』の著者玉岡如金、『釈門排韻』の功甫洞丹、『驢雪集』の驢雪鷹灞、『越雪集』の元方正楞、『花上集』の選者文挙契選などのように、文芸趣味の汪溢した人々が多かった。なお、この派の発展のうえでみのがせないのは、その外護者たちで、当初は北条氏一門の厚遇をうけていたが、そののち、斯波・朝倉氏、さらには二条・飛鳥井などの公家の外護もうけるにいたっている。とりわけ朝倉氏との関係が深く、とくに朝倉高景の子紫岩如琳がこの派に入門して、別源の弟子となってからは、同族出身者が相つぎ、洞春庵と弘祥寺を中心に一種の同族的結合をなし、朝倉氏が斯波氏に代わって擡頭してからは、一層めざましい発展をとげ、天文年間にはその最盛期をきずいている。このように、宏智派は五山派に伍して展開していたので、貴族化して宗風に固定化の傾向もみられたが、その背後にあった朝倉氏が、中世末ににわかに勃興した戦国大名の一人であったから、他の五山派がほとんど衰頽の一途をたどろうとしていたときに、かえって異例の宗勢擡頭をみたのであった。したがって、もしも朝倉氏にして上洛に成功していたならば、あるいはその後の禅宗の覇者たりえたかもしれなかったのであるが、不幸にして、天正二年（一五七四）朝倉氏が信長のために雄図むなしく滅亡してしまったので、とみに衰えてしまい、あわれ、この一派の風流韻事についてとく人もない。

【宏智派】

- 東明慧日
  - 別源円旨
    - 玉岡如金
      - 大仙　竺 ― 東林如春
        - 驢雪鷹灞 ― 元方正楞
        - 長松乗彭
      - 愚谷契智
    - 起潜如竜
    - 紫岩如琳 ― 器成　璉 ― 桃渓　悟 ― 功甫洞丹 ― 雲巣洞仙
  - 雲外雲岫
    - 東陵永璵
  - 東白円曙
  - 月篷円見
  - 少林如春
  - 太虚契充
  - 不聞契聞
    - 済川　舟
    - 無外円方
      - 徳標純清
      - 蒙庵志聡

霊山《りんざん》（一二五五～一三二五）、諱は道隠、杭州の人で、無準の門弟雪岩祖欽の法をついだ。元応のはじめ来日し、北条高時に遇せられて建長寺などに住し、正中二年三月二日寂した。のち仏慧禅師と諡された。

このように、中国の禅匠が相ついで来日したのは、もとより日本からの招請にもよるが、一面においては、中国禅林における宗派間の派閥的対立や政治事情、とくに異民族の侵入などの社会不安による亡命ということもあったようである。このため、日本を宗教伝導の安住地と考え、進んで来朝し、鎌倉、さらに京都において宋朝風の純粋禅を宣揚した結果、旧来の兼修禅の各門派も、それらの影響をうけて次第に純粋禅の色彩をましていった。しかも一方では、入唐留学僧が相つぎ、とくに嘉元徳治年間を境に、鎌倉末期にかけて入元者が激増し、これらわが禅林においてえらばれた俊英たちは、竜山の在支四十六年をはじめとして、長期にわたって中国に遊学するものが多かったので、かの地において中国禅をまのあたりに見聞し、なかには雪村・東洲・竜山・太初・無我など中国の禅刹に住するものも出るなど、十分咀嚼したうえで帰り、やがてわが禅林の主導者として活躍したから、その影響には刮目すべきものがあった。このようにして、中国諸禅僧の渡来と、さらに多数の入唐者の帰朝によって、わが禅林の宗教活動はいやがうえにも活況を呈し、その内容も中国にさして劣らない充実したものとなったのである。やがてこのようなわが禅林の実情が中国にしられるにいたり、入元僧との交誼とその勧誘にほだされて、中国の錚々たる人々が日本にやってくるようになったが、こうした人に清拙・明極・竺仙などの名僧があった。

大鑑派　清拙（一二七四〜一三三九）、諱は正澄《しょうちょう》。福州連江の劉氏の出で、中国松源派の代表的人物である月江正印の弟にあたり、はじめ伯父の月潭に、ついで愚極智恵についてその法をついだ。のち虎岩・東岩・月庭・虚谷《ひょく》・晦機らに参じ、古林《くりん》・東嶼・竺田・断江・沢山などの一代の竜象と親交をむすび、松江の真浄寺などに住し、すでに中国でも屈指の名匠とされていたが、日本からの招請によって、嘉暦元年（一三二六）弟子の永錤らをともない、寂室・古先・明叟・無隠・石室らとともに来朝し、高時に請ぜられて建長に住し、ついで浄智・円覚・建仁・南禅の諸刹にのぼった。その間、清規の元祖とされた百丈懐海をまつる百丈忌をはじめて行ない、当時中国で流布していた沢山弌咸の『禅林備用清規』を講じ、さらに日本の禅宗に即した『大鑑清規』を撰述するなど、中国禅林の諸規式の移植につとめ、わが禅林の規矩をととのえた功績は逸することができないものがある。やがてこれが日本の習俗と折衷されて小笠原流礼法にまで発展したのである。なお、清拙は信濃の守護小笠原貞宗にまねかれて開善寺をひらいたほか、足利尊氏・直義をはじめ土岐頼貞・同頼遠、同頼康・大友直庵など多くの武人を教化し、暦応二年正月十七日寂した。のちに大鑑禅師と諡されたので、その門下を大鑑派といい、門弟に天境霊致・独芳清曇や、日本で『勅修百丈清規』をはじめて出版した古鏡明千などがあり、さらに室町時代の五山学芸の泰斗となった村庵、すなわち希世霊彦や天与清啓・玄圃霊三がこの派からでている。

【大鑑派】

清拙正澄─┬─天境霊致─斯文正宣─希世霊彦─┬─芳園霊郁─春芳霊光─玄圃霊三
　　　　　│　　　　　　　　　　　　　　　└─南陽智鳳
　　　　　├─古鏡明千
　　　　　├─独芳清曇
　　　　　├─独峰清巍
　　　　　└─大翁清淳─伯元清禅─天与清啓─月甫清光

金剛幢下 ついで清拙の来朝三年後の元徳元年（一三二九）には、雪村・天岸・物外《もつがい》・月林らにともなわれて明極《みんき》・竺仙が来日している。このころになると、鎌倉武士も中国禅宗の事情に精通するようになっていたので、中国の禅僧を招くにも十分に撰択している。すなわち、このころの中国では貴族化していた松源派の人々が活躍しており、古林清茂《くりんせいむ》の一派である金剛幢下の人々や明極などが目立っており、入元したわが禅僧達はほとんどのものが、一度はそれらの門下に参ずるという風であったので、やがてその中心人物である明極や竺仙を招請するにいたったのである。どの程度に公的な計画であったかはあきらかでないが、驚くべきことには、古林下の第一人者であった了庵清欲をも招こうとした形跡さえある。あるいは竺仙はその代わりに来朝したのであったかもしれないが、ともあれ、こうして中国禅宗のもっとも中心的存在であった明極・竺仙が同時に来日したということは、わが禅宗史のうえで特筆すべきことであったといわなければならない。

明極と竺仙　明極《みんき》（一二六二～一三三六）、諱は楚俊。明州慶元昌国の黄氏の出で、竹窓・横川らに参じ、虎岩浄伏の法をついだ。月江正印の法弟にあたる。金陵の奉聖や瑞巌・普慈などの諸寺に住し、すでに松源派の一方の雄であったが、日本からの招聘をうけて、元徳元年六月、竺仙らをともなって来日し、高時の請により建長に入り、ついで南禅・建仁にも住し、本格的な中国禅を鼓吹した。その間後醍醐天皇はあつく帰依して禅法を問い、仏日燄慧禅師の号をたまわった。建武三年九月二十七日寂。在留八年で早くも寂したので、その門葉は大をなすにはいたらなかったが、その門派からは室町中期の代表的五山文学僧である惟肖得巌などが出ている。

竺仙（一二九二～一三四八）、諱は梵僊。自ら来来禅子と号した。明州の人で、別流・瑞雲、さらに晦機・雲外・景元・東嶼・止巌・中峯などの諸老についたが、のち古林の門に投じてその法をついだ。明極にしたがって来日し、その建長に住するや首座《しゅそ》をつとめ、のち浄妙・浄智・南禅・建長などに住し、貞和四年七月十六日に寂した。その門から若狭高成寺をひらいた大年法延や尊氏の季子である椿庭海寿を出したが、竺仙について特に注目すべきことは、花園上皇はじめ足利直義、大友直庵・氏泰父子など公武の間にひろく支持者を獲得して、同門の石室・月林はもとより、その門生たる雪村・竜山・古先・天岸・友山・鉄牛・平田・中巌・不聞・別源・東白・別伝・霊江ら当代の代表的禅僧らとともに一種独特の文雅の友社を形成した点で、その高雅な学芸はさきの一山についで、宋元文化移植における総決算的な存在としてきわめて重要な意義をもち、同時にこの後に流行した五山文学隆昌の端緒をなし、禅林発展の方向を決定づけたことはみのがすことができないであろう。

竺仙と古林下の同門で、一緒に帰国した月林（一二九三〜一三五一）、諱は道皎は、別に独歩叟・円明叟などと称した。もと妙暁といったが、これは高峰門下であたえられた法名であろう。道元と同じく久我家の出で、はじめ平泉寺で教学をおさめたが、のち高峰の門に投じ、その寂後さらに大徳寺の宗峰に参じた。そののち禅宗に造詣のふかかった花園上皇の帰依をうけ、入宋にあたり、上皇からいまは退位後で思うにまかせないが、後日必ず国師号をあたえようと約束され、あるいはまた「此上人は明眼の宗師なり。当世無雙、朕殊に之に帰仰す。此の間連に宗旨を談ず」（原漢文）とまでその宸記にしるされている。いかに月林が秀れた禅僧であったかがわかるであろう。こうして元亨二年（一三二二）春元にわたり、古林に参じてその法をついだ。元の文宗から仏慧知鑑大師の号をおくられているように、すでに中国禅林でも高く評価されていたが、元徳元年明極・竺仙と同行して帰国し、梅津の領主清景の帰依をうけて、天台寺院を改めて長福禅寺とし、その開山となり、観応二年二月二十五日に寂した。後光厳天皇から普光大幢国師と諡された。同じく竺仙と同門の石室（一二九四〜一三八九）は諱を善玖という。文保二年（一三一八）に古先・無涯・明叟・復庵。無隠らと入元し、古林に参じてその法をつぎ、明極。竺仙と帰国し、京都万寿・天竜・円覚・建長に住し、武蔵平林寺をひらいた。康応元年九月二十五日寂。

【金剛幢下】

- 了庵清欲―椿庭海寿・雲夢裔澤・海晏・裔達・裔雲・裔翔・裔訓・裔綱・裔賢
- 竺仙梵僊―大年法延
- 月林道皎
  - ―月庵紹清―雲竜清嶽―用章如憲―観叟元壮―寿林元彭―梅谷元保―梅印元冲
  - ―歇堂思休・明岩肯哲
  - ―簡翁思敬―古雲清遇―心関清通
- 石室善玖

【焔恵派】

- 明極楚俊
  - ―艸堂得芳―惟肖得巌―無二得乗―希杲
  - ―竺堂円瞿・不昧興志・懶牛希融・教外得蔵・春谷永蘭・愚渓得哲・得瓊
- 即休契了―愚中周及
  - ―千畝周竹　桂岩周昌
  - ―宗綱慧統・一笑禅慶

こののち、しばらくは来朝者が跡を絶していたが、観応二年に足利直義のまねきにより、東陵永璵が一連の招聘の最後の来朝者としてきている。こののちも、元末明初の名僧とうたわれた松源派の恕中無慍《むおん》が義満にまねかれたようであるが、来日するにはいたらなかった。なお、以上の一連の来朝者のほかにも、元朝が愚渓如智《によち》を日本に遣わそうとしたことがあったらしい。ともあれ、このように中国一流の禅僧が陸続と来日したので、わが禅林もきわめて水準の高いものとなったことは想像に難くないであろう。

禅宗と公武社会　では、このような発展をしめした当代禅宗は、公武社会に果たしてどのように受け容れられたであろうか。この点に関しては、従来からもいわれてきたように、実際に中国伝来の新宗教たる宋朝禅を把握し、これを十分に理解しえたものは、わずかに上層部の限られた人人にとどまったのであって、一般的にはなお旧来の真言・天台・浄土などのものが支配的であったということは認めなければならないであろう。したがって、禅宗信奉者といわれる人々でも、ほとんどのものは、一方では旧来の仏教寺院との関係を持続しながら、同時に鎌倉幕府にならって、禅宗と関係するという信仰形態がとられ、旧来の仏教から離脱してしまい、禅宗に心酔するところまでにいたらなかった場合が普通であった。このように、一般社会における宗教としての禅は、一部の人々に支えられた禅宗教団自体の発展よりややおくれて、徐々に公武の間に浸透していったが、この間に北条時頼・時宗・貞時などの歴代執権をはじめとして、二階堂貞藤・足利貞氏・上杉憲房・土肥某・小田治久・金刺満貞・宇都宮貞綱・小山某・南部某・伊達行朝・饗庭氏直・小笠原貞宗・山名時氏・赤松則祐・多々良重弘・細川師氏・同顕氏・河野通治・越智盛氏・宗像某・大友貞親・同貞宗・菊池武房・同武光・伊集院某・島津氏などの守護階級をはじめとする武家社会や九条道家をはじめとする公家階級などの大檀越を獲得し、鎌倉末期にいたるころには全国的に教線を拡張していたのである。とくに足利直義や大友貞宗などは代表的な禅宗信奉者で、貞宗のごときは直庵《じきあん》居士と号し、中国帰りの新知識を積極的に外護し、本格的に禅宗を理解した人で、すでに自ら禅僧気取りでさえあったほどである。こうして禅宗各派は、それぞれ有力な外護者層を獲得し、鎌倉京都を中心にそれぞれ別個の発展をとげ、鎌倉仏教における主導権を掌中におさめてしまったのであるが、概して鎌倉幕府の禅宗摂取の仕方には計画性があまりみられず、日本の禅宗発展の段階に応じて宋朝禅を輸入していったので、鎌倉京都を中心に五山制度をも移植したが、個人的な関係はともかくとして、各門派間における連結はあまり密接ではなかった。ところが、足利氏による室町幕府の誕生によって、禅宗の本拠も鎌倉から京都に移行し、のちにのべるように、安国寺を各国に設置し、五山制度を整備充実するなど、幕府が積極的に禅宗を統制し、体系的に整えようとした保護政策を推進したと同時に、禅宗側においても夢窓が登場し、幕府のこれらの政策に同調したので、夢窓派を中核として、いわゆる五山各派の連合による五山派が形成されるにいたったのである。このような素地は鎌倉幕府の設定した五山制度などにもなかったわけではないが、室町幕府、とくに禅宗信奉者であった足利直義によってその基礎がひらかれ、やがて義満の代にいたって五山の諸機構が完成されるにいたったのである。

第三章　五山派の展開

1　叢林と林下

以上みてきたように、鎌倉時代の禅宗は、宋元にわたった人々によって移入されたものと、来朝者によって将来されたものとの二系統に大別することができる。このうち、前者には、臨済系の栄西を祖とする黄竜派、円爾を祖とする聖一派、無本を祖とする法燈派などのように、教宗との兼修禅的傾向のつよいもののほか、道元を宗祖と仰ぐ曹洞宗永平下や南浦を祖とする臨済系の大応派などがあった。これらのうち、曹洞および大応派は当初から宋朝風の純粋禅をまもって、ほとんどのものが地方的展開を進めていた宗派で、これらについては後でのべたいとおもう。つぎに、後者である、来朝者によって伝来された禅宗諸派には、蘭渓を派祖とする大覚派、無学の仏光派、大休の仏源派、一山の一山派、清拙の大鑑派、竺仙などによってつたえられた古林派（金剛幢下）などの臨済系諸派と、東明を派祖とし、東陵などによってもつたえられた曹洞系の宏智派などの諸派がふくまれている。

以上の諸派のうち、室町時代になると、曹洞系の永平下と大応派をのぞいては、室町幕府の統制のもとに、仏光派からでた夢窓派などを中心として、主として五山の官寺によって中央にさかえたが、それら各門派の複合体を総称して、一般に五山派、もしくは五山叢林という。また略して五山、あるいは叢林とも称される。この五山派は室町初期以後、夢窓派と聖一派の二大門流を主軸に各派の集合によって大門派を形成し、室町後期にいたるまで、禅宗主流派として目覚しい発展をとげている。一方このような五山派に対して、地方伝播が主力をなした諸派のことを林下とよび、これには、永平下の曹洞系や大応派、さらには復庵・遠渓などによってつたえられた中峰派、もしくは幻住派があった。南北朝以後の禅林は、このような叢林と林下の二大潮流によって形成され、まず五山派の隆昌、ついでその黄金時代をまねき、さらに室町後半期からは林下の擡頭というケースをたどったのであるが、われわれはまず五山派の根幹をなした諸機構についてみる必要があろう。

2　五山機構の確立

安国寺の設置　室町初期五山の中心人物は夢窓であった。夢窓は尊氏らにすすめて、暦応二年に天竜寺をひらいたが、同寺はのちに南禅・建仁・東福とならんで五山に加えられ、夢窓派およびその門徒の拠点として、臨川寺とともに同派の中心を形成するにいたっている。したがって、足利義満によって相国寺が建立されるにいたるまでは、夢窓派のもっとも中心的存在であったが、五山派全体にとって、より重要な役割を果したのは、天竜寺の剏立に先だっておこなわれた安国寺の設置であろう。すなわち、尊氏・直義兄弟は、夢窓のすすめによって、元弘以来の戦死者の霊をとむらうために、各国に一寺一塔の建立の大願をおこした。その立案はすでに建武四年ごろからはじめられ、翌五年から貞和年間にかけて実施されている。こうして、一寺一塔は六十六国二島にわたって設置され、康永四年二月六日の光厳上皇の院宣によって、それぞれ安国寺・利生塔という称号があたえられたが、利生塔については、旧仏教系の大刹に設立するという方針がはじめにたてられたらしく、ごく一部のものが禅刹に設けられたのを除いては、ほとんどのものが真言・天台・律などの大寺院に造立されている。現存するものがないので、その大きさなどについてはあきらかではないが、五重塔であったことは事実で、従来の塔を利生塔に指定したという場合もみられるが、新たに造立されたものが比較的に多かったようである。これに対して、安国寺の方は武家の御教書によって、すべて五山派の禅寺にかぎって設定され、しかもそれらはいずれも各国守護の菩提所である有力禅院であったから、幕府および守護の外護のもとに、それぞれ各国における五山派の拠点として、その地方展開における一大布石ともなったのであって、五山派の発展に一時期を画したものというべきであろう。そして、これまでの説では、安国寺・利生塔は天平期の国分寺にならって設けられたというように考えられているが、設定の推進者であった直義らが依拠しようとしたのは、国分寺ではなくして、安国禅寺は北宋のすえに徽宗が州毎にひらいた天寧禅寺、あるいは南宋の高宗が父徽宗の追善のために各州にたてた報恩光孝禅寺であり、また利生塔の方は、有名なインドの阿育王《アショカ》のはじめた八万四千塔や中国の仏舎利信仰に一時期を画した隋の文帝がつくった舎利塔などにその範を見出したものとおもわれる。このように、尊氏・直義らが各国に寺塔を設置したのは、単に中国の模倣ということだけではなかったであろう。そこには、元弘以来の戦没者の追善供養のためという名目によって、膨張した足利政権の勢力分野のなかにおける民心慰撫のほかに、各国の治安維持に資しようとした社会政策的な面があったことは想像に難くない。さらにまた、寺塔の建立は、その地方が室町幕府の統治下にあるということを誇示し、土地領有の標章ともなるものであったから、これらの寺塔の設置によって、各国守護の勢力範囲の保持にも役立てようとしたとおもわれる。すなわち、各国寺塔の檀越はほとんど守護であったので、守護の連合に依存していた室町初期政権は、各国守護の檀那寺である禅刹を安国寺に指定し、利生塔を設けることによって、各国寺塔を統制し、さらにこれを通じて幕府の威信を宣揚し、間接的に守護領国内の治安維持と統制に役立てようとした政治的配慮があったものとみられる。のみならず、寺塔に城郭をきずき、警固人をおいて、幕府の軍事上の前進拠点にしていたのである。このように、安国寺・利生塔は足利氏の勢力扶植という政治的な意味をもつとともに、すでにのべたように、五山派の地方発展の布石ともなったのであって、政治的にも宗教的にもきわめて重要な意義をもっていたと考えられる。ところが、その推進者の直義が兄尊氏と不和となり、失脚して鎌倉に下り、ついで尊氏が死去してしまってからは、安国寺・利生塔設立の趣旨が忘れられ、ついに義満が将軍職をつぐころにはほとんど有名無実のものとなってしまっていた。しかも、この頃にはすでに宗教界における五山派の勢力が圧倒的となっていたので、義満は安国寺・利生塔はそのままとし、これに代わるものとして、従来からもあった五山制度を充実し、これを保護する政策を強化するにいたったのである。したがって、上述の安国寺のほとんどはそのまま十刹ないし諸山に移行されているのである。

安国寺一覧表

五畿内		
山城	安国北禅寺	旧京都四条街北大宮西（廃）
大和	安国寺	未詳
河内	安国正覚寺	旧橘島　八尾市竜華（廃）
和泉	安国寺	旧八田荘、堺市家原寺町（廃）
摂津	安国光雲寺	旧難波天王寺芝（廃）
東海道		
伊賀	安国平等寺	三重県上野市三田（廃）
伊勢	安国神賛寺	四日市市西日野（廃）
志摩	安国寺	三重県志摩郡磯部町沓掛
尾張	安国寺	未詳
三河	安国寺	愛知県額田郡幸田町坂崎
遠江	安国貞永寺	静岡県小笠郡大東町大坂
駿河	安国承元寺	清水市興津承元寺町
伊豆	安国寺	未詳
甲斐	安国寺	山梨県東八代郡中道町心経寺
相模	安国寺	鎌倉山内（廃）
武蔵	安国寺	未詳
安房	安国寺	千葉県鴨川市北風原
上総	安国寺	千葉県富津市佐貫町
下総	安国寺	古河市（廃）
常陸	安国寺	茨城県西茨城郡岩間町上郷
東山道		
近江	安国金剛天寧寺	滋賀県近江八幡市金剛寺町

美濃　安国寺　岐阜県揖斐郡池田町小寺
飛騨　安国寺《少林》　岐阜県吉城郡国府町西門前
信濃　安国寺　長野県茅野町宮川町安国寺
上野　安国寺　高崎市通町。もと箕輪か。
下野　安国寺　未詳
陸奥　安国寺《東昌》　もと福島県伊達郡桑折、現在仙台市二日町区通町
出羽　安国寺　山形県東村山郡山辺町大寺

北陸道

若狭　安国寺《高成》　福井県小浜市青井
越前　安国寺《長楽》　未詳
越中　安国寺　未詳
越後　安国寺　上越市東雲町（廃）
能登　安国寺　未詳
加賀　安国寺《崇聖》　未詳
佐渡　安国寺　新潟県佐渡郡畑野

山陰道

丹波　安国寺《光福》　京都府綾部市安国寺町
丹後　安国寺　宮津市秋月（廃）
但馬　安国寺　兵庫県出石郡但東町相田
因幡　安国寺《禅永》　未詳
伯耆　安国寺　米子市寺町。もと大寺村。
出雲　安国寺《円通》　松江市竹矢町
石見　安国寺《福園》　島根県浜田市上府町
隠岐　安国寺　島根県隠岐郡海士町海士

山陽道

播磨　安国寺　兵庫県加東郡東条町新定
美作　安国寺　津山市神戸
備前　安国寺　西大寺市鉄地蔵院
備中　安国寺　賀陽郡（廃）
備後　安国寺　広島県福山市鞆町
安芸　安国寺　広島市牛田町新山不動院か。
周防　安国寺　未詳
長門　安国寺《東隆》　宇部市厚東区棚井

南海道

紀伊　安国寺　和歌山県那賀郡打田町極楽寺

淡路　安国（福厳）寺　兵庫県三原郡三原町大久保（廃）
伊予　安国寺　愛媛県温泉郡川内町則之内
讃岐　安国寺　香川県綾歌郡宇多津町長興寺（廃）
阿波　安国（補陀）寺　徳島県板野郡土成町秋月
土佐　未詳

西海道

筑前　安国（景福）寺　福岡県山田市下山田
筑後　安国寺　久留米市山川町
豊前　安国（天目）寺　福岡県田川郡赤池町上野興国寺
豊後　安国寺　大分県東国東郡国東町
肥前　安国（大光）寺　佐賀県神埼郡神埼町城原
肥後　安国（寿勝）寺　宇土市古保里町（廃）
日向　安国寺　宮崎県日南市（廃）
大隅　安国寺　鹿児島県始良郡加治木町反土（廃）
薩摩　安国寺　鹿児島県川内市中郷（廃）
壱岐　安国（海印）寺　長崎県壱岐郡蘆辺町深江
対馬　安国寺　長崎県上県郡上県町佐護（廃）

すでに鎌倉期の禅宗のところでもふれたように、五山制度は鎌倉末期にわが禅宗にとりいれられたが、この制度ができたのは宋代のことである。すなわち、宋の南遷頃から江南地方の禅宗の中心をなしていたのは臨済禅であるが、このころ禅宗は宮廷や士大夫の社会との関係が深まり、それにつれて、一般社会の諸制度が禅林のなかにさかんにとりいれられるようになっていた。このような風潮を反映したもっとも代表的なものの一つがこの五山・十刹・諸山の三段階からなる官寺制度にほかならず、南宋の寧宗のときに、史弥遠《しみおん》の奏上によって、インドの聖蹟である鹿苑・祇園などの五精舎と、頂塔・牙塔などの十塔所にならって設けられたものだといわれ、径山をはじめ五つの五山と十ヵ寺の十刹、さらにこれについで、諸山に甲たる甲刹《かっさつ》、あるいは諸山《しょざん》ともいわれる寺格の三十五ヵ寺が設定された。これにともなって、禅僧の法階も一定化されて、ながい修行生活のあと、侍者から書記などの位をへて首座《しゅそ》に達し、公府から官寺に住する資格の免許状である公帖《こうじょう》、もしくは公文《くもん》をうけて、はじめて官寺の最下位である諸山に出世することができ、ついで、かならず十刹をへて五山に昇住するように規定されたものである。

五　山　このような五山制度がわが国に移植されるようになったのは鎌倉末期であるが、実際にその機構が整えられたのは室町幕府になってからのことである。すなわち、官寺制度の成立は禅宗の伝来からは大部後のことで、嘉元年間以後彼我禅僧の往来が激増し、一山はじめ清拙・明極・竺仙らが来朝した時代にあたり、まず正安元年（一二九九）五月ごろ、執権貞時によって浄智寺が五山に列せられているのが初見で、ついで延慶三年（一三一〇）には建長・円覚・寿福の鎌倉禅院が五山に列していたのであるから、これら鎌倉の諸刹が鎌倉末期には五山を称していたことは明らかであるが、どの程度官寺的性格を帯びていたかはつまびらかではない。しかし、延慶元年十二月二十二日の太政官符によって、建長・円覚両寺が定額寺に加えられているから、すでに幕府ばかりでなく、公家方からも官刹として是認されていたことがしられる。このように、当初五山は鎌倉だけに限られていたが、建武中興の業成るにおよび、元弘三年（一三三三）十月一日、後醍醐天皇との特別な関係によって、宗峰の大徳寺は一躍五山の一に列せられ、ついで翌年正月二十六日には、天皇は開剏以来大覚寺統と深い関係にあった南禅寺を五山第一にし、同月二十八日には、さらに大徳を南禅と同格にする旨の綸旨を出している。このようにして、あらたに京都に五山がはじめて設置され、ついで建武年間には、このほか建仁・東福も五山に列せられていた。東福などは、諸方の門派から住持を公選する十方住持制をとるべき官寺でありながら、開山聖一国師の門流だけが住する門徒寺を固執したため、一時五山から除かれようとしたが、虎関や雙峰のはたらきによって事なきをえたという一幕もあった。このの ち、中興の挫折によって室町幕府が樹立されたが、夢窓のすすめによって、尊氏は後醍醐天皇の冥福をいのるために天龍寺を剏建し、やがて直義によって同寺も五山に列せられた。すなわち、暦応四年（一三四一）五月十二日の院宣を仰いで、同年八月二十三日、五山第一建長・南禅　第二円覚・天龍　第三寿福　第四建仁　第五東福　準五山浄智と評定された。この直義の改定によって、五山は五ヵ寺にかぎられるという中国伝来の原則が破棄され、五山はただ寺格をあらわすものとなった。ついで、延文三年（一三五八）九月二日、もしくはその後まもなく、義詮によって再び改制されて、五山第一建長・南禅　第二円覚・天龍　第三寿福　第四建仁　第五東福・浄智・浄妙・万寿（京都）の十ヵ寺が五山に定められ、あらたに浄妙・万寿の二寺が加えられた。こののち、永和三年（一三七七）八月十日に臨川寺が五山に列せられ、管領細川頼之は昵懇の間柄であった龍湫周沢をこれに住せしめようとした。ところが、同寺が五山になると、これまで夢窓門派だけの門徒寺であった同寺の特権をすてなければならず、さらにはまた、夢窓派の主流をなしていた春屋・古剣などの一派は、同じ夢窓派ではあるが、対立関係にあった頼之と親しい龍湫などに同寺をあけわたすに忍びなかったということもあって、古剣の主唱で、朋党連署して、これに反対した。その結果、頼之の失脚となり、古剣らの要求がいれられて、臨川寺は十刹位に復している。その後永徳二年（一三八二）、義満によって相国寺が剏立されるにおよんで、義堂の意見によって、至徳三年（一三八六）七月十日、南禅寺を五山の上に昇格させ、五山之上南禅　五山第一天龍・建長　第二相国・円覚　第三建仁・寿福　第四東福・浄智　第五万寿・浄妙と決定した。従来の五山は鎌倉五山が基準となっていたが、ここに京都側が優位にたった五山位次がはじめて成立し、こののち応永八年（一四〇一）三月五日、義満は天龍寺と交替に相国寺を五山第一位に上げたが、その死後まもなくして、応永十七年（一四一〇）二月二十八日にはもとの五山位次に復され、この位次が五山の基準として後世にいたるまでながく踏襲されている。

十　刹

つぎに、十刹の発生については明確をかいているが、元弘四年（一三三四）正月二十六日に五山第一に昇格されるまでの南禅は十刹位であったことがしられるから、十刹も五山と同様に鎌倉末期に存在していたとみられる。このほか、建武年間には、浄妙・豊後万寿などが十刹に列せられており、ついで暦応四年八月二十三日には、足利直義によって、第一浄妙　第二禅興　第三聖福　第四京都万寿　第五東勝　第六鎌倉万寿　第七長楽　第八真如　第九京都安国　第十豊後万寿の十ヵ寺が設定された。これらのうち、安国寺はこのときはじめて十刹に列せられたのであるが、他の何ヵ寺かはこのとき以前、おそらくは建武の五山改定のころにはすでに加えられていたものとおもわれる。

ついで、延文三年九月二日頃に五山とともに、第一禅興　第二聖福　第三鎌倉万寿　第四（東勝か）第五長楽　第六真如　第七京都安国　第八豊後万寿　第九清見　第十臨川と改定され、ほぼ東西対等の列位ができあがった。こののち、永和三年八月十日、義満は臨川寺を五山とし、春屋・古剣らの反対にあって再び十刹に下げたことはすでにのべたとおりであるが、ついで九月八日、義満は足利氏の菩提寺である等持寺を十刹第一としたものの、同二十一日にははやくも沙汰止みとなっている。また、永和五年正月二十二日ごろに真如寺が十刹第一に列している。このように、これまでのいきさつを無視した義満の性急な改革は必ずしも順調にはこばなかったようであるが、のちにのべるように、康暦元年に天下僧録の制度ができて、禅林統制が安定するや、義満は再び十刹の大改造を実施している。すなわち、康暦二年（一三八〇）正月二十六日頃、第一等持　第二禅興　第三聖福　第四東勝　第五鎌倉万寿　第六長楽　第七真如　第八京都万寿　第九豊後万寿　第十清見の十刹と、臨川・宝幢・鎌倉瑞泉・普門・宝林・伊豆国清の準十刹、あわせて十六ヵ寺が評定された。このようにして、再び等持寺が十刹首位となり、あらたに準十刹が設けられたが、夢窓派の寺院が等持寺をはじめ五ヵ寺含まれていることが注目される。なお、五山と同様に、十刹もこのとき十ヵ寺の定数にかぎらない寺格として再生されたのであるが、このように一旦その定数がやぶられると、地方の有力禅院が競って十刹に昇格しようとした結果、こののち十刹の数は時をおって増大していった。しかし、なおしばらくの間は位次に変動がみられ、永徳二年（一三八二）四月晦日には義満は関東・京都にそれぞれ東西の十刹を設ける案を僧録の春屋と議し、あやまって等持寺を諸山に下したので、同寺住持義堂からの異議申立てをうけ、再び十刹にもどしている。ついで、五月七日にも臨川寺を首位とした位次を議定したが、臨川・等持・普門のほかはつまびらかでない。さらに翌三年五月二十二日に播磨宝林、至徳二年二月に宝幢寺が十刹に加えられるなど、なお動揺がつづいたが、至徳三年七月十日、第一等持　第二臨川　夢三真如　第四安国　第五宝幢　第六普門　第七広覚　第八妙光　第九大徳　第十龍翔の京十刹と関東十刹が決定されている。このときの関東十刹についてはつまびらかでないが、おそらくは禅興・瑞泉・東勝・万寿・大慶・興聖・東漸・善福・法泉・長楽の十ヵ寺であろうとおもわれる。このち、永享三年（一四三一）九月十日には、十方住持制を原則とする十刹に列していることは開山宗峰の素意にそむくという理由で、大徳寺がもとのように宗峰門徒だけの弁道所、つまり私寺であることを願いでたので、幕府もこれをみとめ、官寺の列からはずされ、同じ理由で大徳寺末の龍翔寺もこのとき十刹から除かれたようである。しかし、そのほかは先述の京都関東両十刹がこの後の十刹位次の基本として存続され、次第に増加の一途をたどり、文明末年ごろには、

等持寺（山城）　臨川寺（山城）　禅興寺（相模）　聖福寺（筑前）　東勝寺（相模）　万寿寺（相模）　長楽寺（上野）　真如寺（山城）　安国寺（京都）

万寿寺（豊後）　清見寺（駿河）　定林寺（美濃）　宝幢寺（山城）　崇禅寺（出羽）　瑞泉寺（相模）　普門寺（山城）　広覚寺（山城）　大徳寺（山城）

妙光寺（山城）　宝林寺（播磨）　国清寺（伊豆）　興国寺（紀伊）　承天寺（筑前）　乗福寺（周防）　光孝寺（伯耆）　天寧寺（備後）　円福寺（陸奥）

興聖寺陸奥　雲岩寺下野　善福寺相模　東光寺相模　弘祥寺越前　興化寺越中　安国寺丹波　能仁寺下野　光明寺出羽
法雲寺播磨　崇福寺筑前　興徳寺陸奥　米山寺越後　海会寺和泉　開善寺信濃　補陀寺阿波　大慈寺日向　正観寺肥後
天福寺美濃

の四十六ヵ寺が列せられ、その後も益々その数を加え、中世末までには実に六十数ヵ寺の多きに達している。

諸　山　五山・十刹と同様、諸山の設置も鎌倉末のようである。すなわち、元亨元年（一三二一）北条高時によって相模崇寿寺が諸山に列せられているのが初見で、ついで元徳二年（一三三〇）六月に肥後寿勝寺、建武三年（一三三六）八月二十九日には相模長寿寺、同年九月二十七日には臨川寺、また同年中に肥後高城寺などが相ついで諸山に列せられ、中世末までには、後掲のように実に二百三十の多数にのぼっている。このように多くを数えたのは、諸山は五山・十刹とは別個に認定され、最初から寺格に一定の順序や寺数の制限がなく、比較的容易に認可されたからであろう。ともあれ、主として地方に増設されたこれら三百に垂んとする十刹・諸山は、それぞれ各地における五山派諸刹の拠点をなすものであったから、それらの増加はとりもなおさず地方五山派の充実と発展における過程を示すものにほかならない。このようにして、五山十刹制度も全く日本化してしまったが、いまそれらについて、国毎に一覧すると、つぎのようである。

五山十刹諸山一覧表

(地名)	(寺格)	(寺名)	(開山)	(開基)	(所在地)
京都	五山之上	(太平興国)南禅寺	無関玄悟 聖一派	亀山上皇	京都市左京区南禅寺福地町
	五山第一	天龍(資聖)寺	夢窓疎石 夢窓派	足利尊氏	京都市右京区嵯峨芒馬場町
	五山第二	相国(承天)寺	夢窓疎石	足利義満	京都市上京区今出川通烏丸
	五山第三	建仁寺	明庵栄西 黄竜派	源頼家	京都市東山区大和大路通四条下ル小松町
	五山第四	東福寺	円爾 聖一派	九条道家	京都市東山区本町
	五山第五	万寿寺	十地覚空 聖一派	郁芳門院媞子内親王	もと五条樋口にあったが、のち東山区本町に移された。
鎌倉	五山第一	建長(興国)寺	蘭渓道隆 大覚派	北条時頼	鎌倉市山内
	五山第二	円覚(興聖)寺	無学祖元 仏光派	北条時宗	鎌倉市山内
	五山第三	(金剛)寿福寺	明庵栄西	北条政子	鎌倉市扇谷一八〇
	五山第四	浄智寺	兀庵普寧、勧請開山大休正念 仏源派	北条宗政・同師時	鎌倉市山内
	五山第五	浄妙寺	退耕行勇 黄竜派	足利貞氏	鎌倉市浄明寺七八

五畿内

(地名)	(寺格)	(寺名)	(開山)	(開基)	(所在地)
山城	十刹	等持寺	夢窓疎石	足利尊氏	京都市中京区等持寺町(廃)
	同	臨川寺	夢窓疎石	世良親王	京都市右京区嵯峨天竜寺北造路町

同	真如寺	無学祖元	無外如大尼、中興高師直	京都市北区等持院北町
同	安国(北禅)寺	大同妙喆 仏国派 中興無徳至孝 聖一派	細川顕氏 足利尊氏	京都市中京区、旧四条街北大宮西(廃)
同	(大福田)宝幢寺	春屋妙葩 夢窓派	足利義満	京都市右京区嵯峨北堀町、開山塔鹿王院のみ現存する
同	普門寺	円爾	藤原道家	京都市東山区本町東福寺隣(廃)
同	広覚寺	桑田道海 大覚派		旧京都安居院(廃)
同	大徳寺	宗峰妙超 大応派	赤松則村	京都市北区紫野大徳寺町
同	竜翔寺	南浦紹明 大応派	後宇多上皇	もと京都一条東洞院柳殿旧跡にあり、のち大徳寺に附属される。
同	妙光寺	無本覚心 法燈派	花山院師継	京都市右京区宇多野上ノ谷町
諸山	仏心寺	無象静照 仏源派	円海	京都一条大宮(廃)
同	大聖寺	雙峰宗源 聖一派	常盤井宮恒明親王	京都東九条(廃)
同	三聖寺	東山湛照 聖一派	佐伯行蓮	京都城南、東福寺西隣(廃)
同	霊鷲寺	夢岩良真 仏光派	西園寺実衡	京都北山(廃)
同	興聖寺	清拙正澄 大鑑派		京都八坂(廃)
同	西禅寺	石庵旨明 大覚派	小串範秀	京都西山(廃)

同　景徳寺	夢窓疎石	細川頼之	京都西山天竜寺南（廃）
同　円通（広脇）寺	東山湛照 聖一派		京都城南、東福寺西（廃）
同　願成寺	南洲宏海 兀庵派	阿保一品親王	京都城南、阿保町、現在東福寺塔頭
同　長福寺	月林道皎	梅津清景	京都市右京区梅津中村町
同　正伝（護国）寺	東岩慧安 兀庵派	静成法印	京都市上京区西賀茂
大和			未詳
河内 諸山 永興寺	蘭渓道隆、或約翁徳倹 大覚派		旧河内国布瀬、大阪府布施市？（廃）
和泉 十刹 海会寺	乾峰士曇 聖一派	洞院公賢	堺市南旅籠町東三丁、元は関口社西にあり。
同　南宗寺	大林宗套 大応派	三好長慶	堺市南旅籠町東三丁
摂津 諸山 安国（光雲）寺	無関玄悟 聖一派		旧難波天王寺芝にあり、芝寺という。寛文六年京都東山に移し再興す（廃）
同　栖賢寺	竺堂円瞿 燄慧派	赤松範資？	兵庫県川辺郡別所村、現在京都市右京区上高野
同　澄心寺	潜渓処謙 聖一派		未詳
同　広厳（奉聖）寺	明極楚俊 燄慧派	赤松則祐	神戸市生田区楠町七丁目。もと律宗。
同　善住寺	鐘谷利聞 聖一派		未詳
同　福厳寺	約翁徳倹 大覚派	笑岩徳三居士	神戸市兵庫区門口町

同　宝満寺	無本覚心		神戸市長田区東尻池町二丁目
東海道			
伊賀 諸山 安国(平等)寺	息庵知止 聖一派	崇覚禅門	三重県上野市三田村(廃)
伊勢 諸山 安養寺	癡兀大慧 聖一派	頼暹	三重県多気郡明和町上野
同　宏徳寺	観中中諦 夢窓派	潤運	三重県松阪市魚見(廃)
同　安国(神賛)寺	虎関師錬 聖一派		三重県四日市市西日野(廃)
同　正興寺	青山慈永 夢窓派		未詳
同　福聖寺			未詳
同　神応寺	蘭洲良芳 一山派	疋田明綱	未詳
同　浄法寺	潜渓処謙 聖一派		未詳
同　南陽寺	元翁本元?		旧安芸郡栗真庄(廃)
同　聖興寺			未詳
志摩	南浦紹明		未詳
尾張 諸山 妙興(報恩)寺	滅宗宗興 大応派	荒尾宗顕	愛知県一宮市大和町
同　光音寺	東明慧日 宏智派		名古屋市北区光音寺町
三河 諸山 実相寺	円爾	吉良満氏	愛知県西尾市上町
同　長興寺	大陽義冲 聖一派	中条秀長	旧高橋庄、現在愛知県豊田市長興寺
遠江 諸山 貞永(安国)寺	玉峰妙圭 仏国派		静岡県小笠郡大東町大坂

同　平田寺	龍峰宏雲（仏光派）	相良	静岡県榛原郡相良町大江
同　方広寺	無文元選	奥山是栄居士	静岡県引佐郡引佐町奥山
駿河十刹　清見（興国）寺	無伝聖禅（聖一派）		清水市興津清見寺町
同　善得寺		上杉憲藤？	富士市今泉（廃）
諸山　承天寺			未詳
同　長楽寺	芝巌徳香（霊山派）		静岡県藤枝市長楽寺六〇
同　承元（安国）寺	大喜法忻（仏国派）	今川範国？	清水市興津承元寺町
同　省楽寺	一渓方聞（仏国派）		未詳
伊豆十刹　国清寺	無礙妙謙（仏国派）	上杉憲顕	静岡県田方郡韮山町奈古屋
諸山　香山寺	天岸慧広（仏国派）	上杉	静岡県田方郡韮山町山木
甲斐諸山　慧林寺	夢窓疎石	二階堂貞藤	塩山市小屋敷
同　東光寺	蘭渓道隆		甲府市東光寺町
同　浄居寺	一山一寧（一山派）	二階堂	山梨県北巨摩郡明野村浅尾神田、もと東郡城古寺村にあり、天正頃現在地に移す。
同　法泉寺	夢窓疎石	武田信武	甲府市和田町
同　栖雲寺	業海本浄（中峰派）	武田信満	山梨県東山梨郡大和村木賊
相模十刹　瑞泉寺	夢窓疎石	（中興）足利基氏	鎌倉市二階堂
同　禅興（久昌）寺	蘭渓道隆	北条時頼	鎌倉市山内、現在は明月院のみ残る。

同	東勝寺	退耕行勇 黄竜派	北条泰時	鎌倉葛西谷（廃）
同	万寿寺	無学祖元	北条貞時	鎌倉長谷郷（廃）
同	大慶寺	大休正念		鎌倉深沢（廃）
同	善福寺	大川道通		鎌倉由井郡（廃）
同	東光寺	月山友桂 一山派	二階堂	鎌倉二階堂（廃）
諸山	勝養寺			未詳
同	（建忠）報国寺	天岸慧広 仏国派	上杉重兼	鎌倉市浄明寺
同	長勝寺	約翁徳倹 大覚派 或空山円印 大覚派		鎌倉山内、現在の雲頂庵はその塔頭。（廃）
同	崇寿寺	南山士雲 聖一派	北条高時	鎌倉弁谷（廃）
同	成願寺	清拙正澄	土肥？	神奈川県湯河原町城堀（現在曹洞宗）
同	長寿寺	古先印元 中峰派	足利尊氏？	鎌倉市山内亀谷
武蔵 十刹	東漸寺	桃渓徳悟 大覚派		横浜市磯子区杉田町
同	月桂寺	関叔碩三 中峰派		東京都新宿区市谷河田町
諸山	成願寺	乾峰士曇 聖一派		埼玉県入間郡坂戸町（現在曹洞宗）
同	能仁寺	方崖元圭 大覚派	上杉憲方	横浜市金沢区六浦町（廃）
同	長徳寺	古先印元 中峰派	佐々木道超・二階堂道興	埼玉県川口市芝

同　永興寺	芳庭法菊（夢窓派か）		旧河崎（廃）
安房諸山安国寺			千葉県鴨川市北風原（現在曹洞宗）
上総諸山胎蔵寺	象外禅鑑（大覚派）	上杉朝宗	千葉県長生郡長柄町眼蔵寺
同　願成寺	雲叟慧海（黄竜派）		未詳
下総諸山華蔵寺	復庵宗己（中峰派）	結城直光	結城市結城
同　聖泉寺			未詳
常陸諸山勝楽寺	夢窓疎石	佐竹貞義	常陸太田市増井、塔頭正宗庵（正宗寺）のみ現存する。
同　如意寺			未詳
同　宝福寺			未詳
同　法雲寺	復庵宗己（中峰派）	小田治久	茨城県新治郡新治村高岡
東山道			
近江十刹保福寺	癡兀大慧（聖一派？）	長尊	滋賀県高島郡新旭町安井川
同　退蔵寺	越渓秀格（大覚派）		滋賀県神崎郡永源寺町九居瀬
諸山安楽寺	山叟慧雲（聖一派）		滋賀県東浅井郡びわ町細江
同　延福寺	南山士雲（聖一派）		旧福延（廃）
同　（天寧）金剛（安国）寺	夢窓疎石	佐々木氏頼	滋賀県近江八幡市金剛寺町（廃）
同　宏済寺	空谷明応（夢窓派）	熊谷満実	滋賀県伊香郡塩津郷（廃）

同	永源寺	寂室元光 大覚派	佐々木氏頼	滋賀県神崎郡永源寺町高野
同	善福寺			旧滋賀郡和迩庄(廃)
美濃十刹	定林寺	無学祖元	土岐頼貞	岐阜県土岐市泉町大富(廃)
同	天福寺	空谷明応 夢窓派		岐阜県土岐市肥田町
諸山	安国寺	此山妙在 仏国派		岐阜県揖斐郡池田町小寺
同	如意輪寺			未詳
同	竜門寺	一山一寧	土岐頼貞	岐阜県加茂郡七宗町神渕
同	大円寺	峰翁祖一 大応派		岐阜県恵那郡遠山(廃)
同	大興寺	竜湫周沢 夢窓派	土岐頼雄	岐阜県揖斐郡揖斐川町大光寺
同	正法寺	嫩桂正栄 法燈派	土岐頼康	岐阜県稲葉郡厚見村革手、現在岐阜市大仏町
同	承隆寺			未詳
同	光厳寺			未詳
飛驒十刹	(少林)安国寺	瑞巌　光 仏光派	足利尊氏	岐阜県吉城郡国府町西門前
信濃十刹	開善寺	清拙正澄	小笠原貞宗	長野県飯田市上川路
諸山	安国寺	夢窓疎石		長野県茅野市宮川町安国寺
同	西岸寺	蘭渓道隆		長野県上伊那郡飯島町本郷
同	慈雲寺	一山一寧	金刺満貞	長野県諏訪郡諏訪町下原

同	建福寺	蘭渓道隆		長野県上伊那郡高遠町西高遠
同	善応寺	鈍夫全快（大覚派）	高梨？	長野県下高井郡山内町平穏
同	安楽(護聖)寺	樵谷惟僊	北条貞時	長野県小県郡塩田町別所(現在曹洞宗)
同	慈寿(光孝)寺	石梁仁恭（一山派）		長野県南佐久市鳴瀬神明、今日の時宗寺(現在曹洞宗)
同	普光寺			未詳
同	資善寺	一山一寧ィ円爾		未詳
上野十刹	長楽寺	栄朝（黄竜派）	新田義季	群馬県新田郡尾島町世良田(現在天台宗)
諸山	吉祥寺	中巌円月（大慧派）	大友氏時	群馬県利根郡川場村
下野十刹	雲巌寺	高峰顕日（仏光派）	土岐	栃木県那須郡黒羽町須賀川
同	能仁寺	大同妙喆（仏国派）		栃木県真岡市根本
諸山	興禅寺	高峰顕日・真空妙応（仏国派）	宇都宮貞綱	宇都宮市今泉町
同	広厳寺			栃木県鹿沼市上南摩町(現在曹洞宗)？
同	同慶寺	大同妙喆（仏国派）	清原高俊	宇都宮市竹下町
同	般若寺			未詳
同	大昌寺		小山	小山市(廃)
同	長福寺			栃木県塩谷郡塩谷町風見山田？

同	竜興寺	南峰妙譲 仏国派	稲葉聖仁	栃木県下都賀郡都賀町大柿
陸奥十刹	円福寺	性才法心 仏鑑下		宮城県宮城郡松島町、現在の瑞巌寺。
同	興徳寺	寿峰義登 環渓派 イ鏡堂覚円	芦名盛宗	福島県会津若松市栄町
同	興聖寺			古川市柏崎安国寺
諸山	東禅寺	大覚派か	南部守行	岩手県遠野市(廃)
同	東昌(安国)寺	山叟慧雲 聖一派	伊達政依	旧福島県伊達郡桑折、現在仙台市二日町通町
同	禅長寺			福島県いわき市小名浜林城
同	大禅寺	玉山徳璇 大覚派		未詳
出羽十刹	崇禅寺	春屋妙葩 夢窓派		未詳
同	光明寺	在中中淹 夢窓派		未詳
同	勝因寺	渓雲至一 法灯派		山形市鉄砲町
諸山	金剛寺	夢窓疎石		未詳
同	資福寺	玉峰潜奇 仏源派?	長井時秀?	旧山形県東置賜郡高畠町、現在仙台市北山町

北陸道

若狭諸山	高成(安国)寺	大年法廷 楞伽派	大高重成	旧今富名、現在福井県小浜市青井
同	安養寺	在中中淹 夢窓派		旧西津《しず》庄(廃)

越前十刹 弘祥(護国)寺	別源円旨 宏智派	朝倉広景	旧安居庄、現在福井市金屋町
同 妙法寺	無学祖元・高峰顕日・夢窓疎石		武生市妙法寺町(廃)
諸山 日円(安国)寺	元翁本元 仏国派		未詳
同 永徳寺	大休正念、中興此山妙在 仏国派		未詳
同 善応寺	別源円旨 宏智派		未詳
越中十刹 興化寺	恭翁運良 法燈派		旧射水郡放生津、現在新湊市(廃)
諸山 金剛(護国)寺	大休正念・中興鉄庵道生 仏源派		旧小井手保、現在中新川郡水橋町(廃)
同 黄梅寺	方外宏遠 夢窓派	饗庭氏直	未詳
同 長慶寺	絶巌運奇 法燈派		高岡市長慶寺(廃)
同 崇聖寺	竺山至源 聖一派		富山市金屋(廃)
同 長福寺	一山一寧		未詳
同 長禅寺	了堂素安 大覚派	大器都管	未詳
同 妙長寺			未詳
同 現福寺	夢窓派		未詳
越後十刹 米山寺	義堂周信 夢窓派		新潟県中頸城郡柿崎町(現在新義真言宗) ?

	同　至徳寺	久庵僧可 仏国派	上杉	新潟県上越市至徳寺(廃)
	諸山 普済寺	大用子興 聖一派 イ霊岳法穆 聖一派		新潟県長岡市栖吉町(現在曹洞宗)?
	同　広徳寺			未詳
能登	諸山 安国寺	清拙正澄		未詳
加賀	十刹 伝燈寺	恭翁運良 法燈派	覚円	金沢市伝燈寺町
	諸山 崇聖(安国)寺	雙峰宗源 聖一派		未詳
	同　万福寺	聖一派		未詳
	同　瑞応寺			未詳
	同　妙雲寺	蔵海無尽 法燈派		未詳
佐渡				未詳

山陰道

丹波	十刹 (光福)安国寺	天庵妙受 仏光派	足利尊氏	京都府綾部市安国寺町
	諸山 長安寺	悦堂本喜 仏光派	杉原家次	京都府福知山市奥野部
	同　願勝寺	古先印元 中峰派		兵庫県多紀郡丹南町真南条
	同　慧日寺	特峰妙奇 仏光派	細川頼之	兵庫県氷上郡山南町大田
	同　弘誓寺	釣叟玄江 聖一派		兵庫県多紀郡丹南町宇土(廃)
丹後	諸山 宝林寺	無象静照 法海派	佐野	未詳

同　雲門寺	春屋妙葩夢窓派		舞鶴市余部
同　安国寺	嵩山居中大通派		宮津市秋月（廃）
同　普済寺			未詳
但馬諸山安国寺	無本覚心		旧佐々木庄、現在兵庫県出石郡但東町相田
因幡諸山安国（禅永）寺	西礀子曇		未詳
同　定慧寺			未詳
同　少林寺	南海宝洲聖一派	山名時氏	未詳
同　聖応護国寺			未詳
伯耆十刹光孝（報恩）寺	南海宝洲聖一派	山名時氏	鳥取県倉吉市（廃）、時氏の墓は市内三明寺（曹洞宗）に移す。
諸山安国寺	夢窓疎石		米子市寺町（曹洞宗）、もと大寺村にあり。
出雲諸山安国（円通）寺	高叟円尊聖一派		松江市竹矢町
同　成安寺	源翁全帰仏光派	富田城主	島根県能義郡広瀬町富田
同　（天長）雲樹（興聖）寺	孤峰覚明法燈派		旧宇賀庄、現在島根県安来市清井町
同　華蔵寺	霊鋒慧剣聖一派 中興済遍		松江市枕木町別所
同　円成寺	孤峰覚明法燈派		松江市栄町
石見諸山安国（福園）寺	石門源聡聖一派		

		イ竜門長原 聖一派	阿忍	旧伊甘郷、現在島根県浜田市上府町
	同 崇観寺	南山士雲 聖一派 イ竜門長原 聖一派	益田	島根県益田市染羽、現在医光寺と改む。
隠岐				未詳

山陽道

播磨	十刹 宝林(永昌)寺	雪村友梅 一山派	赤松則祐	兵庫県赤穂郡上郡町河野原(現在真言宗)
	同 法雲(昌国)寺	雪村友梅 一山派	赤松則村	兵庫県赤穂郡上郡町苔縄
	諸山 安国寺	固山一鞏 聖一派		兵庫県加東郡東条町新定
	同 円応寺	太朴玄素 聖一派	宇野頼景	兵庫県佐用郡佐用町円応寺(廃)
	同 瑞光寺	夢窓疎石	赤松則祐?	兵庫県多可郡中町門前
	同 法幢寺	春屋妙葩 夢窓派 中興大愚宗築		兵庫県多可郡中町中安田
美作	諸山 理済寺	南海宝洲 聖一派	山名時氏	未詳
備前	諸山 臨済寺	廷用宗器 一山派		未詳
	同 成道寺	中庵 聖一派　イ円爾		未詳
	同 吉祥寺	桑田道海 大覚派		岡山県赤磐郡熊山町(廃)
備中	諸山 神応寺	高庵芝丘 聖一派		岡山県阿哲郡神郷町神代
	同 宝福寺	鈍庵慧聡 聖一派	日輪阿闍梨	岡山県総社市井山

同	定光寺			未詳
備後十刹	天寧寺	春屋妙葩夢窓派	万代道円居士	尾道市東土堂町（現在曹洞宗）
諸山	護国寺	明極楚俊燄慧派		旧石城（廃）
同	中興寺	高峰顕日	小野宮盛重	広島県蘆品郡新市町宮内（現在曹洞宗）
同	康徳寺	石室善玖古林下か		広島県世羅郡世羅町寺町
同	常興寺	無伴智洞法燈派		旧松隈庄（廃）
同	善昌寺	辯翁智訥法燈派		旧矢野庄（廃）
安芸諸山	安国寺	円爾		広島市牛田町不動院（現在真言宗）
同	永福寺	白雲慧暁聖一派	土肥茂平	旧沼田、現在広島県豊田郡本郷町
同	長保寺	聖一派		未詳
同	永徳寺			未詳
周防十刹	乗福寺	鏡空浄心仏光派	大内重弘	山口市大内御堀
同	香積寺		大内義弘	山口市上宇野令、今日の瑠璃光寺（曹洞宗）
同	国清寺	透関慶頴仏鑑派	大内盛見	山口市水の上町洞春寺
同	洞春寺	嘯岳鼎虎幻住派	毛利輝元	山口市水の上町
諸山	高山寺	棊山賢仙大覚派	妙観尼	柳井市伊陸

同　永興寺	高峰顕日、中興 春屋妙葩夢窓派	大内弘幸	岩国市横山
同　悟聖寺	宗覚派		未詳
長門諸山東隆(安国)寺	南嶺子越大覚派	厚東武実	宇部市厚東区棚井
同　長福寺	虚庵寂空聖一派		下関市長府功山寺(現在曹洞宗)

南海道

紀伊十刹興国(西方)寺	無本覚心	葛山景倫	和歌山県日高郡由良町門前
同　誓度寺	渓雲至一法燈派		和歌山県那賀郡粉河町猪垣、永享二年八月、渓雲至一現在地に移転す。
諸山能仁寺	孤峰覚明法燈派	後村上天皇	和歌山県有田郡広川町名島(現在真言宗)
淡路諸山安国(福厳)寺	蔵山順空聖一派 イ大道一以聖一派	細川師氏	兵庫県三原郡三原町大久保(廃)
伊予諸山安国寺	春屋妙葩夢窓派		愛媛県温泉郡川内町則之内
同　善応寺	正堂士顕聖一派	河野通盛	愛媛県北条市善応寺
同　観念寺	鉄牛景印聖一派	越智盛氏	旧吉岡郷、現在愛媛県東予市壬生川
同　大善寺		河野通広	愛媛県大洲市西大洲大禅寺
同　常定寺	回塘重淵聖一派		愛媛県東宇和郡宇和町
讃岐諸山道福寺	虎関師錬聖一派 イ妙翁弘玄聖一派	香川?	多度津町道福寺(廃)

同	長興寺	夢窓疎石	細川顕氏	香川県綾歌郡宇多津町（廃）
阿波十刹	補陀（安国）寺	夢窓疎石	細川和氏	旧徳島県板野郡土成町秋月にあったが、のちに現在の鳴門市大麻町坂東（光勝院）に移された。
諸山	桂林寺	夢窓疎石	細川持常	徳島県小松島市中田町中田（現在真言宗）
土佐諸山	吸江寺	夢窓疎石		高知市吸江

西海道

筑前十刹	聖福寺	明庵栄西		福岡市御供所町
同	承天寺	円爾	謝国明	福岡市博多駅前一丁目
同	（万年）崇福寺	南浦紹明	湛慧	もと横岳、のち福岡市堅粕町に移る。
同	浄満寺	神子栄尊聖一派		福岡県夜須郡（廃）
諸山	（旌忠）顕孝寺	闌提正具黄竜派	大友貞宗	福岡市多田羅顕孝寺（現在浄土宗）
同	妙楽（円満）寺	無方宗応大応派 イ月堂宗規大応派		旧漁浜、現在福岡市御供所町
同	禅光寺	道山玄晟聖一派		承天寺隣（廃）
同	興徳寺	南浦紹明	北条時定？	福岡市姪浜町
同	承福寺	月庵救円黄竜派か	宗像	福岡県宗像郡玄海町
筑後諸山	霊鷲寺	雲山智越大覚派	西牟田家綱	旧福岡県三潴郡西牟田村、現在は小郡市松崎

同	安国寺	万法守一 聖一派		久留米市山川町神代
豊前				未詳
豊後 十刹	万寿寺	直翁智侃 聖一派	大友貞親	大分市金池町五丁目
諸山	宝陀寺	悟庵智徹 聖一派	田原直平	大分県西国東郡大田村沓掛
同	長興寺	要翁玄綱 聖一派	戸次重頼	大分市松岡門前
同	崇祥寺	無涯禅海 聖一派 イ無隠 聖一派 イ太朴玄素 聖一派		未詳
同	崇禅寺			未詳
同	海蔵寺	要翁玄綱 聖一派	大友政親	旧臼杵庄門前村(廃)
同	岳林寺	明極楚俊	宇佐永貞	大分県日田市北友田町
同	実際寺	自聞正聡 聖一派	大友氏泰	大分県東国東郡安岐町(現在曹洞宗)
同	勝光寺	大機智碩 聖一派	大友義鑑	旧大分郡大野郷藤北木原村(廃)
同	大智(報恩)寺	独芳清曇 大鑑派	大友義鑑	大分市金池町四丁目
同	妙観寺	不肯正受 聖一派		大分市牧町
肥前 諸山	(安国)大光寺	嶮崖巧安 仏源派 イ乾峰士曇 聖一派		佐賀県神埼郡神埼町城原
同	広福寺	南山士雲 聖一派 イ円爾		佐賀県武雄市蓬萊町
同	長楽寺	栄朝 黄竜派		未詳

同　高城(護国)寺	蔵山順空聖一派	源勝光・北条時宗	佐賀県佐賀郡大和町久池井
同　(興聖)万寿寺	神子栄尊聖一派	平泰頼	佐賀県佐賀郡大和町
同　法泉寺	聖一派か		佐賀県杵島郡白石町馬洗
同　光浄寺	空山自空	板野成尚	佐賀県三養基郡三根町西島
同　福泉寺	鉄牛円心聖一派	吉富道寿	佐賀県杵島郡有明町田野上
同　円通寺	宏弁若訥大覚派	千葉宗胤	佐賀県小城郡小城町松尾
肥後十刹正観寺	秀山元中・大方元恢大覚派	菊池武光	熊本県菊池市隈府
諸山寿勝安国寺	東明慧日宏智派	合志	宇土市古保里町、のちに熊本県菊池郡泗水町豊水(廃)に移る。
同　(能仁)浄土寺	宝山　鉄大覚派	菊池武房	熊本県下益城郡城南町下宮地
同　竹林寺	耕叟仙源聖一派		熊本県八代郡竹林寺村(廃)
同　清源寺	固山一鞏聖一派	江崎崇正	熊本県玉名郡長洲町清源寺(廃)
日向十刹大慈(広慧)寺	玉山玄提聖一派	楡井頼仲	鹿児島県噌唹郡志布志町
同　大光(自国)寺	嶽翁長甫聖一派	田島祐聡	宮崎県宮崎郡佐土原町上田島
諸山安国寺	嵩山居中大通派		宮崎県日南市(廃)
大隅十刹正興寺	嶮崖巧安仏源派		鹿児島県国分市(廃)
諸山安国寺	嶮崖巧安仏源派		鹿児島県始良郡加治木町(廃)

薩摩諸山安国寺	通叟至休聖一派		鹿児島県川内市中郷町（廃）
同　広済寺	南仲景周仏光派	伊集院？	鹿児島県日置郡伊集院町（廃）
同　大願寺	一関宗万、中興 起宗宗冑黄竜派		鹿児島県薩摩郡鶴田町柏原（廃）
同　感応寺	雲山祖興聖一派？	本田二郎親恒	鹿児島県出水郡野田町下名
壱岐諸山安国（海印）寺	無隠元晦幻住派		長崎県壱岐郡芦辺町深江
対馬諸山安国寺			長崎県上県郡上県町佐護
追補			
伊豆諸山吉祥寺	大覚派	畠山氏	三島市平田九
相模同　法泉寺	了堂素安大覚派	畠山国清	鎌倉市法泉寺谷（廃）
伊勢同　甘露寺	明徹光琮仏光派	古和氏	三重県度会郡南島町古和浦
伊予同　禅昌寺	月庵		愛媛県喜多郡内子町（曹洞宗）？
越後同　華報寺	無関玄悟聖一派		新潟県北蒲原郡笹岡村出湯（曹洞宗）

以上の表について、地域的にみると、一見してあきらかなように、一国数カ寺というのが普通であるが、あらためていうまでもなく、京都中心の山城、鎌倉のある相模がもっとも多く、これについでは、筑前・肥前・美濃・信濃・下野など、教線が比較的早くのび、有力檀越があった地方に多い。これに反し、南都仏教の本拠である大和をはじめ、志摩・佐渡・隠岐・豊前などには、五山派の進出が

あまりみられなかったためか、いずれも官寺がみあたらない。

つぎに、官寺の増加について注意しなければならないのは、当初から禅寺としてはじめられているものに対して、真言・天台・律・浄土・時宗などの教宗寺院を改宗した場合が多かったことである。二個以上の寺号をもった禅寺の多くが、教宗を禅宗に改めたため、双方の寺号をもつにいたったのであるが、そのほかでも他宗から転宗したものが多いのであって、これによっても、五山派の発展がどのようなものであったかが窺われよう。

また室町初期から中期にかけて十刹諸山に列せられたものが圧倒的に多いということがしられる。このような増加の過程は、とりもなおさず、この時代が五山派の発展における最盛期にあたるとともに、五山派の内容がもっとも充実していた時代であったことを示している。このような官刹の増加は、幕府の禅宗尊重にならって、領国内に官刹を設けようとした守護をはじめとする地方領主層の中央文物模倣の風潮に負うものも多かったが、なお、のちにのべるように、室町幕府の政策との関連について考えあわせなければならないであろう。

つぎに、官寺は各派から住持を選択する方式、つまり十方住持制をとる立前であるが、実際に十方刹をながく維持した真如寺などはごく稀な例であって、等持・臨川・普門をはじめとして、開山もしくは中興祖などの特定門派だけが歴住する度弟院《つちえん》がきわめて多かった。このような結果をまねいたのは、十刹諸山のほとんどが地方に分散していたので、各門派間の流通が容易でなかったため、しだいに特定門派が優勢となり、門徒寺化してしまったからであろう。のみならず、すでに室町初期に度弟院をそのままつづけることを認められて官寺になるというケースが多くなり、足利氏の家刹である等持寺をはじめとして、正式には官寺でありながら、実質上は一豪族の私寺化するものが増加していったのである。このようなことは中国では全くみられなかったところで、官寺の日本化といえよう。

このように、特定門派の独占化が一般化したので、その開山などをしることによって、その官寺が五山の何派に属していたかということがしられるのであって、このような解釈にもとづいて一覧表をみると、およそ聖一派七〇余、仏光派七〇余、うち夢窓派三七、大覚派二四、法燈派一五、一山派一一、大応派一一、黄竜派八、幻住派七、大鑑派四、宏智派四などとなっており、聖一派と仏光派で官寺約三百の半数がしめられていることがしられ、聖一・仏光・幻住・大鑑の各派の属する破庵《はあん》派は、大覚・大応などの松源派を圧し、とくに聖一・仏光両派の属する無準の仏鑑派が五山の主流を形成していたことは一目瞭然であろう。しかし、これを国別にみると、豊後や伊勢のように聖一派が圧倒的であったという一部の特例もあったが、一般的には諸派相乱れ、とくに顕著な地域差はなかったとみてよいであろう。

なお、開基についてみると、守護地頭クラスの武士が多かったことはたしかで、五山派のよってたつ基盤がどのようなものであったかがほぼ察せられる。

僧録の成立　これよりさき、室町幕府は叡山・南都の旧仏教に対して寺奉行を設けたが、武家社会とより緊密な関係にある禅林に対しては一層積極的な保護と統制を加えるにいたり、まずその管理機関として禅律長老奉行をおいた。これは別に長老奉行、または住持奉行とも称され、すでに貞和年間に藤原有範が同職をつとめており、ついで布施資連や飯尾貞行がこれに任ぜられている。その後、武家と禅林との関係が一層深まり、その業務も重要かつ複雑なものとなってきたので、義詮のとき、同奉行の上に禅律方頭人を設け、佐々木高氏や赤松則祐などの重臣をこれにあてるにいたった。このようにして、禅律方頭人・同奉行職に任ぜられるものの家格が固定化し、前者には幕府の引付頭人、後者には奉行人が任ぜられ、幕府の公的な行政機関として禅林管理の庶務全般にあたっていたのであるが、官寺機構をはじめ五山叢林の充実にともない、禅林統制は必ずしも武家の政治力に依存するを要しなくなり、五山派の主流門派を形成していた夢窓派の中心人物として春屋が登場するにおよんで、禅林統制は武家の直轄をはなれて、禅僧の手中に帰した。すなわち、管領細川頼之の政策に不満をいだいた春屋は、応安四年末からしばらく丹後にかくれていたが、斯波義将などの復帰運動によって、再び五山禅林の中心人物にかえり咲き、ついで康暦元年（一三七九）四月十二日、春屋を僧録に任ずることを承認する旨の綸旨が出され、同年十月十日僧録任命の御教書が発せられた。ここに、中国秦代から明代にいたるまで存続した僧録制度がわが禅林に移植され、わが五山禅林は僧録によって全面的に支配統轄され、その下に南禅をはじめとする五山十刹諸山の三階級からなる五山の全官刹を配し、さらに、それら官寺を通じて地方五山派の諸寺におよぶという、五山派の集団機構が完成された形態を整えるにいたったのである。このように、僧録は五山派最高の統制機関となり、五山官寺の住持任免、位階昇進、法式規範はもとより、訴訟の裁定、所領の寄進、公帖官銭などの庶務、さらには外交文書の作製などにあたり、春屋についで、歴代僧録には絶海・空谷・瑞渓など夢窓派の中心人物がこれを司ったが、やがて義満の晩年から義持のころにかけて、義満の塔所である相国寺鹿苑院の歴代塔主が僧録の行務を兼ねるようになったので、通称鹿苑僧録とよばれるようになった。こののち夢窓派の貴族化にともない、将軍義教のころからは藤原氏など門閥出身者が相ついでこれに任ぜられたため、その実権は蔭涼職、さらにはその下の侍衣などに移ってしまい、元和元年（一六一五）に徳川家康によって蔭涼職とともに停廃されたが、五十余代にわたり、約二百数十年もの間存続している。その間、一山派の仁如集尭をのぞき、ことごとく夢窓派の代表的な人物がこれにえらばれていることによっても、夢窓派が五山においていかに重要な地位を占めていていたかが窺われよう。

蔭涼職　蔭涼《いんりょう》職の名称は後代になって用いられたもので、その源流発生については詳ではないが、すでに義満のころ、将軍の私用を弁じていた給仕役が、やがて発展して公用を達するようになったもので、義持の代には、入明して永楽通宝の四字を書くなど能筆家として知られた仲方中正が将軍の側近の侍者として鹿苑僧録に隷属し、将軍と僧録の間にあって、伝達披露の役割をつとめている。ついで季瓊真蘂《きけいしんずい》・範林周洪・益之宗箴・亀泉集証など、相国寺内の夢窓派・一山派の人々が同職をつとめている。これらの人々は、鹿苑院南坊の将軍の小御所である蔭涼軒にいて、その留守役をもかねていたが、季瓊のとき蔭凉軒主を称するようになったので、のちに蔭凉職とよばれるようになったのであって、はじめから正式の官職名があったわけではない。ともあれ、季瓊などは、一時権勢を誇り、鹿苑僧録をも凌ぐほどであったが、蔭凉職も僧録とともに元和元年に停廃された。

このような五山や僧録制度はいずれも中国の宗教機構を移植したものであるが、その背景には禅宗の中央集権形態をなしとげ、これを利用しようとした幕府の政治的意図があったのではなかろうか。このことは、たとえば、僧録が成立した後も、官寺の任免権などは幕府が保有し、官刹の昇格や住持の補任などの公帖はすべて幕府の御教書の形式をとっており、それにともなってかなりの官銭が幕府の公庫に納められることとなっていたのである。時代によって差異もあるが、大よそ五山は五十貫ないし二、三十貫文、十刹諸山は十貫または五貫文、官寺の両班など役僧の交替には各一貫文内外の官銭が徴収され、公庫に組み入れられている。もとより、各単位としてはさほどの額ではなかったが、全官刹におよぶうえに、官寺の住持や両班の任期は三年二夏《げ》というのが原則であったばかりでなく、のちにはその在職期間がますます短縮化されたこともあって、実際に幕府に納められた総計はかなりの額にのぼった筈である。しかも、さきにのべたように、官寺が激増したうえ、室町中期から、その官寺に実際に入寺しないで、官銭を納めるだけで、その官寺の住職名儀がうけられるという、いわゆる坐公文《ざくもん》、もしくは居成《いなり》公文の風習が一般化したのであるから、幕府への収入には無視できないものがあった。このようにして、禅林自体のためばかりでなく、幕府の仏事や新第造営などの費用をもこれから拈出し、幕府財政の窮乏を一時的にしのぐために、坐公文はしばしば利用されたのである。

3　五山派の成立とその推移

夢窓派の擡頭　以上のような五山機構を基盤として展開したのが五山諸派であるが、それらのうち抜群の勢力をしめし、他の諸派を圧して、その主役を演じたのは、ほかならぬ夢窓とその門派の人々であった。

夢窓（一二七五〜一三五一）は諱を疎石といい、甲斐の人である。はじめ智曤《ちかく》といい、叔父の明真、ついで東大寺戒壇院の慈観に教学をうけたが、のち禅宗に転じて、無隠円範をはじめ無及・葦航・桃渓、さらに一山の門に参じ、ついに高峰の門に投じてその法をついだ。のち甲州にかえり、美濃の山中に古渓庵をいとなんだが、文保二年京都にのぼり、北山に寓した。ときに高時の夫人覚海尼は、高峰の遺嘱をうけて、その門下の主導者に迎えるために夢窓を関東によびもどそうとしたので、このことをしった夢窓は、それをさけて土佐に赴き、吸江庵をはじめて、これに隠棲してしまった。けれども、覚海尼はなおも使者を遣して夢窓を捜出させたので、その懇請もだしがたく、一旦鎌倉にかえり、高峰下のリーダーとして活躍したが、三浦半島横洲に泊船庵をいとなんで再び逃晦してしまった。しかし、後醍醐天皇のたっての招きをうけ、正中二年南禅に住したが、今度は高時の屈請によって鎌倉にかえり、浄智・円覚に住し、瑞泉をはじめ、さらに二階堂貞藤の請によって甲斐の慧林寺をひらいている。その後建武中興となるにおよんで、再び後醍醐天皇にめされて南禅に住したが、中興の業が挫折するや、嵯峨の臨川寺に退いて門徒の養成に専念した。こののち、尊氏らに接近し、すでにのべたように、尊氏・直義にすすめて、全国六十六国二島にわたって、元弘以来の敵味方の戦没者を弔うために、安国禅寺と利生塔を創設し、さらに後醍醐天皇が崩御されるや、天皇の霊魂をまつるため、尊氏らにすすめて天龍寺を造営させた。また、足利氏が幕府をおいた三条坊門第に隣接して菩提寺である等持寺をひらくにあたり、門下ではないが、もっとも信頼する古先印元を身代りとして、その初代に推薦した。このほか西芳寺をはじめ諸寺をひらき、宮廷はもとより、公武の尊敬を一身にあつめ、当時五山における最も重要な人物として、主導的役割を果たした。観応二年九月三十日寂。後醍醐天皇はじめ七代の天皇から国師号をうけ、夢窓正覚心宗普済玄猷仏統大円国師と諡されている。その門下は隆盛をきわめ、教僧などにいたるまで、実に一万人をこえたといわれ、春屋・義堂・絶海をはじめとして、この後の五山で活躍したものが多数輩出し、その門下はこれまでにない大門派に成長し、他の五山諸派の中核をなし、名実ともに日本禅宗の黄金時代を現出するにいたっている。

このように、夢窓ははじめは密教出身であり、もともと顕密とかなり深い関係をもっていた。またその師にあたる高峰も元来天台の出身者であったばかりでなく、夢窓の名声が高まるにつれて、その門下には旧仏教系や禅宗各派からおびただしい数の転派者が加入するにいたったので、各種の混合融和の宗風を生じ、修禅そのものが次第に教宗化してしまった。すなわち、従来も密教を兼修し、なかには伝法灌頂をうけたものもみられたが、修禅そのものは宋朝風の純粋禅にならったものがほとんどであったが、夢窓になってからは、禅風自体が和様化され、内面的に顕密との妥協がすすみ、禅院の諸行事に顕密的なものが多く、換言すれば、融合禅ともいうべき一種の新しいタイプの禅宗の一派ができあがったのである。夢窓と好対照をなし、俊厳な禅風で一代に名をなした大燈国師などは、夢窓の禅風を評して、達磨の一宗地を払って尽きたも同然だとのべており、これによっても、その性格の一端がうかがわれるであろう。やがて、夢窓を代表者とする夢窓門派の異常な発展にともなって、上述のような宗風が一世を風靡し、五山の諸機構を通じて他の五山諸派の性格をも同化していったのである。

夢窓門下で、最初に夢窓の後継者にあてられたのは無極であった。無極（一二八二〜一三五九）は諱を志玄といい、順徳天皇四世の孫で、四辻宮の出である。はじめ夢窓は公家出身の無極を後継として属望し、これを補翼するために、空谷明応という俊足をその門下に添えたが、無極は延文四年二月十六日、寂してしまった。崇光天皇から仏慈禅師と諡されている。

春屋の登場　このようにして、無極がはやく寂してしまったが、そののち、夢窓の甥の春屋が出て、一門を統率する実力者となり、さらに夢窓派を中軸とする全五山派の体制をととのえるにいたった。春屋《しゅんおく》（一三一一〜一三八八）、諱は妙葩《みょうは》、別に芥室・不軽子などと号した。夢窓・竺仙・清拙らにまなび、とくに竺仙の薫陶をうけ、俗叔にあたる夢窓の法をついだ。春屋は師の夢窓にまさるとも劣らない政治的手腕の持主であったから、無極の寂後は夢窓派の重鎮となり、天龍を復興し、後光厳天皇に衣盂をさずけ、伏見の大光明寺や天龍に住した。貞治六年六月、たまたま南禅寺山門造営にからんで、五山派の隆盛をねたんだ叡山三井などによる嗷訴事件が惹起した。これはさきの天龍寺開ففにつぐ禅宗弾圧であったが、山門造営の費用を徴達するための関所を取止めることによって、一旦朝廷と幕府は旧仏教側と和解した。ところが、南禅寺の定山祖禅《じようざん》が『続正法論』をあらわして、延暦寺の法師らは獼猴、三井の悪党どもは蝦蟆《ごま》で畜生よりも劣っているとののしった。従来の史家はこの『続正法論』に対して『正法論』があったとして、川上孤山氏の旧蔵本の『正法論』をあげているが、その文章の格調もさることながら、『続正法論』の文中には虎関の『宗門十勝論』をあげていても、『正法論』には一言もふれていないばかりでなく、「われ正法の論格を続がんと欲す」(原漢文)といっているように、正法をつぐの論と解すべきもので、『正法論』はまさしく後世の偽作であることは疑いない。ともあれ、このような定山の論述は山門はじめ旧仏教側を激昂させ、山門寺門の嗷訴に絶好な口実をあたえたので、旧仏教側は禅院破却と春屋・定山などの遠島を強要して気勢をあげたが、細川頼之・土岐頼康ら幕府方はその弾圧に屈しなかった。このため日吉の神輿の入洛におよび、やむなく幕府は定山を流罪とした。ときに応安元年十一月二十七日のことで、これが旧仏教側の禅宗弾圧の最後である。ついで、幕府は南禅山門の取毀しにかかったので、さしもの騒ぎも一応治まったかにみえたが、一方これに対して禅宗側が黙って承服するはずがなく、翌二年八月七日、京都の禅院の住持は一斉に退院してしまった。こののち、応安四年、頼之は春屋を南禅に住せしめようとしたが、山門破却にふくむところあった春屋は一門とともに丹後にかくれてしまったので、頼之は怒って春屋の弟子二百三十余人の僧籍をけずったため、他の夢窓門派の人々も五山の諸刹から一時に離散してしまった。こうして、丹後雲門寺にかくれること九年におよんだが、その間弟子中藥をおくって、旧交のあった大内氏を介して、明使趙秩・朱本を山口長春城になぐさめ、さらに明使として来朝した無逸克勤《ごん》・仲《ちゅう》猷《ゆう》祖《そ》闡《せん》とも交友をむすび、しばしば詩を唱和した。その詩篇書翰をあつめたのが『雲門一曲』である。このころの頼之は義満の補佐役として政権をにぎっていたが、斯波義将・土岐頼康らの諸大名と衝突し、康暦元年義将をはじめ諸大名は頼之を退けようとして義満にせまったので、頼之は失脚し、ついに一族とともに讃岐に下向してしまい、義将がこれにかわったので、義将らと通じていた春屋は再び上京して、天龍寺の雲居《うんご》庵にはいり、その門派も五山にかえり咲くにいたった。ついで春屋は南禅に住し、義将らの支援をえて天下僧録に任ぜられ、名実ともに五山派を統轄する総帥となり、智覚普明国師の称号をおくられた。さらに義満にまねかれて、嵯峨宝幢寺の開山となり、また義満にすすめて、室町の幕府邸の東側に相国寺をひらき、夢窓を勧請開山とし、自らはその二世となった。こののち、同寺はこれまでの足利氏の家刹であった等持寺にかわって、足利家の菩提寺となり、一層足利氏との関係を深め、五山の一大中心をなすにいたっている。嘉慶二年八月十二日寂。なお春屋で忘れてならないのは、仏典外典にわたる多くの五山版を上梓し、この後の五山文学に大きく寄与したことである。その門下からは甥の円鑑梵相をはじめ厳中周噩・汝霖妙佐・画僧玉畹梵芳などが出、さらにその門流から維馨梵桂・月翁周鏡・彦龍周興・惟高妙安などの五山文学の中核をなした人々や画僧の雪舟などを出している。

春屋とならんで夢窓門下の一方の雄であった人に龍湫がある。龍湫（一三〇八〜一三八八）、諱は周沢、妙沢ともいう。甲斐の武田氏の出身で、夢窓に参じ、建仁・南禅・天龍に歴住した。嘉慶二年九月九日寂。詩文集に『随得集』がある。密教出身で、地蔵信仰のあつかった北条氏出身の碧潭周皎などと同様、不動信仰厚く、毎日の日時の吉凶を卜定するなど密教混修的性格の持主で、その意味では夢窓の禅風をそのまま継承した人であるが、このため、同じ夢窓門下でも、春屋など進歩的傾向の一派と意志の疎通を欠いたが、春屋の丹後隠棲にともない、細川頼之の知遇をうけて夢窓派の代表的人物となっていた。しかし、頼之の失脚後は、夢窓派は再び春屋の掌中に帰している。

春屋・龍湫らとともにこの時代の夢窓派の中心となった人に義堂と絶海、さらに空谷などがある。

義堂と絶海　義堂（一三二五〜一三八八）、諱は周信、別に空華《くうげ》と号した。はじめ叡山にのぼって受戒し、夢窓に師事した。のち足利基氏のまねきにより、夢窓派の関東における指導者として鎌倉に居ること二十余年、基氏・氏満をはじめ上杉朝房・同能憲などの帰依をうけたが。康暦二年義満にめされて帰京し、建仁・等持・南禅に歴住し、嘉慶二年四月四日寂した。語録のほか詩文集に『空華集』

があり、先人の詩を集めた『貞和類聚祖苑聯芳集』、日記の『空華日工集』などがある。その詩文は明人にも推賞されたように、当代五山学芸の代表的人物であるとともに、五山の正統的な禅風を維持しようとした中心的存在で、春屋とともに義満の教導扶掖につとめた。

義堂とならんで五山学芸の雙璧にあげられる絶海も、この後の夢窓派の主要人物であった。絶海（一三三六〜一四〇五）、諱は中津、はじめ字を要関といった。別に蕉堅道人という。義堂と同じく土佐の人で、はじめ夢窓についたが、のち龍山に親炙すること十二年、さらに義堂や大喜法忻にも参じたが、応安元年入明し、季潭の門に従い、絶海の号をうけ、永和四年に帰国した。その間、明の太祖に英武楼にめされて問法談話したことは有名である。帰国後、等持・相国に住し、僧録にも任ぜられた。応永十二年四月五日寂。語録のほか詩文集『蕉堅稿』がある。のち仏智広照浄印翊聖国師と諡された。絶海は入明まえに龍山について金剛幢下の宗風を身につけ、さらに入明して、明朝大慧派の巨匠季潭宗泐《そうろく》にまなび、同派の新傾向をうけついで帰り、この後の五山文学の動向を決定づけた。とくに、季潭の師匠である笑隠大訢の蒲室疏法をつたえて、五山文学における四六文の流行の先駆をなしている。その門下からは鄂隠慧奯《えかつ》・西胤俊承・用剛乾治などを打ち出した。

空谷（一三三八〜一四〇七）、諱は明応、別に若虚と号した。はじめ夢窓に従い、のちにその上足の無極の法をついだ。夢窓は同派の将来を考えて、その才幹をかつて無極の弟子につけ、「孫太郎」とよんでとくに目をかけたほどである。このほか、空谷は放牛・碧潭・黙庵・中巌らにまなび、道学兼備の人として当代に重きをなし、絶海とともに叢林の二甘露門と称され、義満の信任あつく、大光明・等持・相国・天龍に歴住し、再度僧録をつとめ、生存中に仏日常光国師と特諡された。応永十四年正月十六日寂。語録に『常光国師語録』がある。その門下から純文芸に精神と感性の自由の芸術的欲求の満足を見出した曇仲道芳・天章澄彧《いく》や、海門承朝をはじめ仙岩澄安・東岳澄昕などを出し、曇仲下からは横川景三が出ている。

このように、夢窓門下の中核をなしたのは、無極・春屋・絶海などの門流であるが、このほか、夢窓門下からは龍湫をはじめ碧潭・黙庵・鉄舟・青山・徳叟・無求・不遷・黙翁・観中・古剣・晦谷・海印など多くの俊足が出て、龍湫の四世の法孫には景徐があり、青山下からは心田や東沼が出、無求下からは瑞渓・綿谷、不遷下からは古幢、黙翁下からは大岳・竺雲、下っては策彦があり、枚挙にいとまがないほどで、五山派の主流を形成したのであった。

【夢窓派】

夢窓疎石
- 無極志玄 ─ 空谷明応 ─ 曇仲道芳 ─ 横川景三 ─ 東雲景岱
- 碧潭周皎 ─ 季璞梵珣 ─ 以遠澄期 ─ 仲方中正 ─ 端叔周厳 ─ 継之景俊
- 黙庵周諭 ─ 無己道聖 ─ 簡翁志敬 ─ 原古志稽
- 元章周郁 ─ 玉畹梵芳 ─ 海門承朝 ─ 錦江景文
- 心岩周己 ─ 仲安梵師 ─ 虎山永隆 ─ 就山永就・同山等源

清渓通徹─慶中周賀─仙岩澄安─崇山等貴・梅雲承意

物先周格─古篆周印─東岳澄昕─育英承才─楽甫等僖─菊齢元彭─洞叔寿仙─虎林中虔

月庭周朗─誠中中欵─天章澄彧・松崖洪蔭

香山仁與─汝霖妙佐─叔圃　修─文苑承英─中華承舜─西笑承兌─鳳林承章

春屋妙葩─万宗中淵─黙堂祖久─彦竜周興

中山中嵩─円鑑梵相─春林周藤─雪舟等楊

鉄舟徳済─元容周頌─維馨梵桂─瀑岩等紳─惟高妙安─亀伯瑞寿

大法大闡─雪心周安─天祐梵嘏

枯木紹栄─厳中周噩─柏心周操─宝処周在─維山周嘉
　　　　　　　　　　　　　　　　　　└明岳瑞昭─陽山瑞暉
　　　　　　　　　├月翁周鏡
　　　　　　　　　├玉崖梵琇─少蕙梵結
　　　　　　　　　│　　　　└清父珠瞳
　　　　　　　　　└功叔周全・範林周洪

古庵普紹─季明周高

無礙中庸─周尊

大亨妙亨─用健周乾

龍湫周沢─古芳阿菊
　　　　├無伝阿燈─癡鈍妙頴─以参周省─彦明梵良
　　　　│　　　　└香林周聞─月霄周珊─春湖寿信
　　　　├在中中淹─用堂中材─景徐周麟─祐谷瑞延─有節瑞保─昕叔顕晫─覚雲顕吉
　　　　│　　　　│　　　　　　　　　└芳隣等善
　　　　│　　　　└強中　忍・天英周賢
　　　　└明室梵亮

霜林中果

即宗中遇

太虚一容

- 青山慈永
  - 柏庭清祖
    - 遊叟周芸─東沼周厳─東江中昇─春育中曦─奎文慈瑄
      - 古澗慈稽
      - 九岩中達
    - 心田清播─子材清鄴
  - 権中中巽
  - 友山清師─修山清謹─持正光湜─東淵光沼
- 東啓梵晃
- 玉泉周皓
- 義堂周信
  - 大椿周亨─竺華梵萼
  - 月潭中円・柏堂梵意・大基中建
- 月舟周勛
- 徳叟周佐
  - 大模梵軌─蘭坡景茝
  - 玉岫英種
- 曇芳周応
- 絶海中津
  - 鄂隠慧奯
    - 惟明瑞智─湖月瑞桂─江春瑞超
    - 棠陰等奭
  - 宝山乾珍
    - 文淵等明─梅叔法霖
    - 月桂法修─汝雪法叔─雪岑梵崟
  - 西胤俊承
  - 用剛乾治
    - 金渓梵鐸
    - 琴叔景趣
  - 元璞慧珙
  - 明遠俊哲─桃源瑞仙
  - 東洋允澎・星岩俊列・天錫成綸・叔京妙祁・徳仲等懋・徳祥正麟
- 先覚周恬
- 満翁　道
- 無範光智
- 月山周枢
- 無等周位
- 休翁普貫
- 無求周伸
  - 瑞渓周鳳
    - 黙堂寿昭─子建寿寅─香甫慶集─玉英慶瑞─太虚顕霊─梅荘顕常
    - 景甫寿陵
- 方外宏遠

陽谷周向─大梁梵梓─綿谷周瓞─文摠寿顕
不遷法序┬古幢周勝─順渓周助─竹岩寿貞─江心承董
　　　　└月渓中珊─天沢等恩─葦洲等縁─東叔等元
黙翁妙誠┬大岳周崇─竺雲等連─心翁等安─策彦周良┬三章令彰─千岩周長
　　　　│　　　　　　　　　　　　　　　　　　　└済蔭周宏
古天周誓├子翬全固・鈍中全鋭
　　　　└子璞周瑋─圭圃文璋
観中中諦─聖仲永先─文林慶集─桃蹊等種─和仲等淳─安英永厳─清叔寿泉
古剣妙快─如心中恕
大照円澂─大周周裔─竜岡真圭
晦谷祖曇─松蔭常宗
笑山周忿─紹中周瓞
海印善幢─無相中訓─太虚梵同
幹翁　楨─古岩周峨

このようにして、相国寺を中心とした夢窓派がこの後の五山派のイニシアティブをとっていたが、すでに鎌倉時代の項でもふれたように、このほか室町期の五山においては、宏智派には別源・不聞・

東白・少林・玉岡・無外・東林・驢雪・元方・功甫などがあり、黄竜派には竜山をはじめ放牛・一庵・瑞岩・江西・九淵・正宗・常庵、法燈派からは孤峰・抜隊・聖徒・古剣・慈雲・東海・高山・大歇・約庵・恭翁・孤山・九鼎、仏源派からは惟忠・傑翁、くだっては竜派・顕令、大覚派からは寂室をはじめ松嶺・桂林・心華・南嶺・仲方・履仲・月心・秀山・大方・寰中・平心・伯英・実翁、さらに下っては玉隠・柏舟・以心・最岳・閑室など、焔慧派からは惟肖、聖一派からは、東山下から虎関をはじめ性海・竜泉・檀渓、下って竺雲・安国寺慧瓊・剛外など、愚直下から日田・起山、蔵山下から固山・大道・金山・吉山・信仲、天桂下から一峰、南山下から乾峰をはじめ、別峰・季弘・鑑翁・東伝・友山・正堂、潜渓下から夢岩・華岳、白雲下から東漸・岐陽・翺之・彭叔、癡兀下から心岳・大愚、下って笑雲・一韓、無関下から平田・桂庵・文之・剛中・季亭など、雙峰下から定山・古源・景南、無為下から大陽・無徳・鉄牛・愚極、鈍翁下から無夢、月船下から南海などを出している。仏光派の高峰下からは、夢窓派のほか、此山下から春沢・雪嶺・東輝・英甫、太平下から芳庭・大喜、玉峰下から堅中、空室下から少室、無礙下から久庵などが出ている。大鑑派は天境・希世・玄圃・古鏡・独芳・天与、一山派は雪村はじめ雲渓・南江・太清・太白・叔英・大有・一華・万里・季瓊・益之・亀泉・大本・相山・天隠などが出ている。

初期五山派　これよりさき、足利尊氏・直義兄弟はすでに鎌倉在住のときから禅宗に帰依していたので、幕府を京都にひらくにあたって、五山制度をはじめとして鎌倉幕府の対宗教政策をそのままけついだ。しかも、京都在来の公家に対して箔をつける必要にもせまられ、一層禅宗をもりたてようとしたので、禅宗は先代以上に手厚い保護をうけるにいたったのである。

一方、禅宗自体も京都に中心が移行した結果、公家階級との接触が多くなり、貴族化の性格をましていった。これよりさき、一山をはじめ清拙・明極・竺仙などの来朝者は一旦は鎌倉におもむいたが、のちに京都にのぼり、南禅に住しており、このほか宋朝風の純粋禅をうけついだ規庵・約翁などが相ついで南禅に住し、純粋禅を鼓吹したので、宋朝禅は宮廷との関係を深め、さらに公家社会にも滲透していった。ただ、以前から真言宗との関係が密接であった大覚寺統のなかには、後醍醐天皇のように、密教的な傾向のつよい法燈派に親しかったものもあるが、後宇多上皇などは一山などの宋朝禅にふかい関心をよせられた。一方、持明院統では、花園天皇など、月林や宗峰など松源派下の人々に帰依して、純粋禅に傾倒し、また光厳・光明・崇光の三上皇はじめ世良親王・常盤井宮満仁親王などは夢窓に帰依し、とりわけ光厳上皇などは、夢窓の弟子となって、禅僧名を無範光智といい、丹波山国の常照寺の開山になっている。その傾向は多少異なっていたが、鎌倉末期以後の禅宗はとみに宮廷との接近の度合を加えていったほか、九条家実・一条経通・近衛道嗣・洞院公賢・四辻善成・日野資康・二条良基などの公家社会に多くの禅宗信奉者を獲得し、吉田冬方は端照、同冬長は妙愚などという禅僧になっているほどである。このように五山派は公家社会に滲透し、接触をましていった結果、ついには公家の子弟で禅院に入るものが続出するにいたっている。すなわち、たとえば四辻尊雅王の王子の無極志玄、光明天皇皇子の周尊、後村上天皇皇子の惟成親王の梅隠祐常、同じく皇子の竺源恵《え》梵《ぼん》、長慶天皇の皇子である海門承朝《じょうちょう》、後円融天皇皇子の強中《ごうちゅう》□忍、直仁親王王子の季明周高、栄仁親王王子の松崖洪蔭、崇光上皇皇子の用健周乾、九条経教の子厳中周噩、一条経嗣の子東岳澄昕、花山院長親の子晋明魏、日野重光の子仙岩澄安、四辻善成の子松蔭常宗、後小松天皇の皇子周建、すなわちのちの一休など、枚挙にいとまがないほどである。このようにして、禅宗は公家社会と密接な関係をふかめ、ひいては五山派全体が次第に貴族化していったのである。のみならず、室町幕府が五山制度をはじめ諸機構の整備を推進した結果、五山派全体における官僚化、形式化の傾向が顕著になっていった。

また、鎌倉時代の禅宗には、密教などとの兼修的傾向の濃いものもあったが、修禅そのものは宋朝禅の純粋さが保たれていた。しかるに、夢窓の場合がそうであったように、南北朝期にはいるころには、密教的色彩のつよい黄竜・聖一・法燈派などとの交流にともなって、五山諸派の融合がすすみ、行事などに祈禱などの密教的なものが加味され、五山各派ともにかなり密教的共通性をもつものとなっていた。これは禅宗の本拠が鎌倉から京都にうつり、従来から密教との関係の深かった公家社会との接触がましたので、その傾向が一層助長されたということもあったであろう。こうして、教禅一致の思想などが盛んとなり、渡唐天神説話なども流布されるにいたっている。このように、室町初期にはいるころにはすでに五山派の密教化はすすんでいたが、なお、中国との交流も続いていたので、中国禅林の新動向をつよく反映した南宋の正統的な禅風の影響を多分に存していた。すなわち、一山の南宋系の禅風をうけた夢窓をはじめ虎関・雪村などが五山の伝統をまもっており、これに対して古林・了庵などの中国松源派の金剛幢下の人々、すなわち竺仙・明極をはじめ月林・石室や雪村・竜山・寂室・古先・天岸・物外・別源・不聞などの禅匠が五山各派から輩出し、元朝系の高雅な禅風を鼓吹していたのである。そこには宋朝禅の健全な伝統が支配し、中国禅の移植期的色彩と中国貴族文化の新鮮な芳香とをゆたかにただよわせており、のちにみられるような純文芸のみの行過ぎなどみるべくもなかったのである。

虎関と雪村　虎関（一二七八～一三四六）、諱は師錬。東山や規庵についたが聖一派の東山の法をついだ。一山が来日するや、その門に投じて、深く傾倒し、学芸をきわめて、五山文学流行の先駆者の一人となった。日本仏教史中の白眉といわれる『元亨釈書』をはじめ、楞伽経の注釈『仏語心論』、四六文の手本をあつめた『禅儀外文集』、韻書『聚分韻略』、語録『十禅支録』、詩文集の『済北集』などをあらわし、当代学芸の第一人者として光彩を放っている。三聖・東福・南禅に住し、貞和二年七月二十四日寂した。その門人から夢岩・大道・性海・竜泉・中巌など、次代をになう俊英たちを多数輩出した。

虎関と同じく一山に参じ、その法をついだ雪村（一二九〇～一三四六）は、諱を友梅といい、別に幻空と号した。一山に師事したのち、徳治元年に入元し、古林をはじめ元叟・虚谷《ひよく》・東嶼・晦機・叔平などの名師に歴参し、また趙子昂《ちようすごう》に筆法をまなび、すでに中国において一家をなし、長安の翠微寺に出世し、宝覚真空禅師の号をおくられた。在元二十二年にして、元徳元年に帰国し、金刺満貞にまねかれて信濃の慈雲寺に住し、赤松則祐らの帰依をうけて播磨の法雲・宝林の両寺をひらき、万寿・建仁・南禅に住した。貞和二年十二月二日寂。足利直義の帰依あつく、直義は師のために履物を揃えたほどで、金剛幢下の一人として活躍したが、とくに古詩に長じた。語録のほか、詩文集に『岷峨集』がある。その門下からは、こののちの五山において活躍した雲渓支山・太清宗渭や太白真玄・南江宗沅・叔英宗播・万里集九・季瓊真蘂・亀泉集証などが出て、五山派の主流であった夢窓派と気脈を通じながら発展をつづけた。

竜山（一二八四〜一三五八）、はじめ諱を利見といい、のちに徳見とあらためた。千葉氏の出身で、黄竜派の寂庵上昭の法をついだ。一山に参じたのち、嘉元三年に入元し、古林をはじめ東岩・竺西・東洲・平山・済川などに参じ、これまた中国禅宗において力量を認められ、寧州の兜率寺に再住したが、貞和五年、在元四十六年にして帰国し、建仁・南禅・天龍に歴住した。延文三年十一月十一日寂。真源大照禅師と諡された。著作に『黄竜十世録』がある。足利直義・佐々木高氏・土岐頼康らの帰依をうけ、宋朝禅の真髄を発揚した。その門人には次代を荷う中巌や絶海がある。

寂室（一二九〇〜一三六七）、諱は元光、大覚派の約翁の法をついだ。一山をはじめ無為・約翁・東里・東明にまなんだが、元応二年に入元し、中峰明本や古林・元叟に参じ、嘉暦元年に帰国した。古林下の典雅な禅風をもつたえたが、中峰の山居思想をしたい、佐々木氏頼のまねきにより、近江の永源寺をひらいたほかは、諸方からの招きに応ぜず、出世しなかった。貞治六年九月一日寂。円応禅師と諡された。語録にその高雅な格調をしめした『寂室録』がある。

古先（一二九五〜一三七四）、諱は印元。桃渓に参じたが、文保二年石室らと入元し、中峰・古林の二大尊宿をはじめ無先・月江・霊石《りんしい》・笑隠・断江らにまなび、嘉暦元年清拙の来朝にあたり、案内者として石室・寂室らと帰国した。法は中峰に嗣いだが、古林下の禅風をもつたえ、金剛幢下の人として一家をなし、足利直義の帰依をうけ、親しかった夢窓の推挙によって、天竜寺造営の大勧進、ついで足利氏の菩提寺として開創された洛中の等持寺の初代となったが、直義の失脚後、等持寺を夢窓に譲り、関東に下って、長寿・円覚・建長に住し、応安七年正月二十四日寂した。

このようにして、尊氏の帰依を一身にあつめた夢窓とその門徒を中心に、直義の外護をうけた金剛幢下の人々が活躍したが、やがて春屋の登場によって、五山派の政治的主導権は完全に夢窓派に帰するにいたったのである。

北山より東山へ　ついで前代の余風をうけて、北山初期には五山派の黄金時代をむかえるにいたったが、このころには、中国禅宗のなかでも、とくに東陽徳輝《てひ》・笑隠大訢《だいきん》・季潭宗泐《そうろく》ら大慧派の人々の影響がとくに顕著になり、中巌をはじめ夢岩・義堂・絶海・無夢・一峰・無我・汝霖・性海《しょうかい》・伯英などの文学僧が多数輩出している。しかも、当代大慧派は中国文芸界と接近して、文芸思潮ゆたかな家風をもっていたため、これら新帰朝者達によってその風潮が大いに鼓吹されたので、五山の人々に大きな影響をおよぼし、とくに四六文の模範とされた笑隠の蒲室疏が伝来されてからは、驚くべき勢いをもって五山の間に普及し、北山中期にかけて、いわゆる五山文学の最盛期を現出し、四六を専門としないものは学をいうべからずとまでいわれ、五山叢林はこれら純文芸的な人々によって支えられるにいたっている。しかし、なおこの頃には、宗風に禅機と文芸の遊離の傾向はみられず、禅的なものと文芸趣味とは相即不離のもので、そこには分化現象はほとんどなかったのである。したがって、春屋によって五山版がさかんに出版されるなど、学芸の諸分野にあたえた影響もきわめて大きいものがあり、五山派の主流は前代の威容をたもった正統的風格によって蔽われており、そこにはいまだ禅風の退潮や逸脱した方向などはほとんどみあたらなかったといえよう。

中巌と夢岩　中巌（一三〇〇〜一三七五）、諱は円月、別に中正子と称した。三宝院にまなんだのち禅に転じ、約翁・東明・雲屋・絶崖・霊山・闡提・虎関、とくに東明の門に参ずること二十余年に及んだが、正中二年、入元し、霊石・古林・済川・絶際・雪岩ら当代の名流に従い、大慧派の東陽徳輝《とうようてひ》の法をついだ。元弘二年帰国し、建仁・建長に住し、永和元年正月八日寂す。仏種慧済禅師と諡された。語録のほか詩文集に『東海一漚集』がある。性来激烈な理想主義者であったため、固定化しようとしていた当時の禅林とあわず、破乱曲折にとんだ孤高の一生であったが、大慧派の宗風をつたえた中心人物であったとともに、当代五山学芸における第一人者であったばかりでなく、禅林文芸史上の最高峯とみなされ、後の五山学芸の動向にあたえた影響はきわめて大きいものがあった。

夢岩（〜一三七四）。諱は祖応、聖一派の潜渓処謙の法をついだ。東福に住し、応安七年十一月二十日寂。大智円応禅師と諡された。語録のほか詩文集に『旱霖集《かんりんしゅう》』がある。入元しなかったので、大慧派とは関係ないが、大道一以・性海霊見などとともに虎関の学芸をうけつぎ、その博学は当時中巌と並び称され、その門人に岐陽方秀・大愚性智・東漸健易や惟肖得巌などがあり、東福寺につたわる一山系の学統の上ではきわめて重要な人として逸することができない。

このほか、このころになると、五山派の主流を形成していた夢窓派からも春屋・義堂・絶海・空谷などが輩出し、学芸のうえにおいても当代五山派の中核をしめるにいたったことについては、すでにのべたごとくである。

ところが、北山も中期になると、五山派の宗風にも分化の傾向があらわれ、これまでみられたような均衡状態が失われるようになった。これよりさき、五山の諸制度の確立にともなって、五山派は一定のわくにはめられ、固定化をきたし、またいちじるしく官僚色をおびるようになったので、勢い禅風の意気もあがらず、一方では密教的色彩も一段と加味されるにいたったのである。これには、明朝のはじまった応安元年を境として、元末明初の動乱のため、入唐者が急激に減少し、これまでのような彼我の交渉がなくなってしまっていたことも大いに関係しているが、同時に、この年に義満が将軍となり、細川頼之が管領となるにおよんで、保守的な頼之は国内統制に意を用い、中国への関心をとざしてしまったことなどが考えられる。このようにして、五山派全般が固定化したため、このような雰囲気にあきたらない理想主義的な人々は、たまたまあたえられた大慧派の家風に引きつけられて、文芸の世界に逃避耽溺し、みずからの知識欲をみたすことによって満足するという風潮が一般化していったのである。しかも、そのような人々にとって、さきに紹介された新鮮な禅文芸は、まさしく恰好なものとして受け取られ、こぞって学芸の分野にはしった結果、もっぱら純文芸に惑溺する多くの文学僧を輩出し、五山はまさに百花燎爛たる文芸の爛熟期をむかえるにいたった。こうして、中巌門下の義堂の門から厳中を出し、絶海門下からは曇仲道芳・天章澄彧・惟肖得巌など、数多の純文芸における専門家を輩出し、五山派の主流はこうした純文芸の専門家によって形成されるにいたったのである。すでにこのころには修禅などほとんど影をひそめ、もっぱら禅文芸が五山を蔽ってしまったのである。このようにして、このころの五山にあっては、厳中・惟肖をはじめとして曇仲・天章・江西・鄂隠・岐陽・惟忠・仲方・太白・瑞岩・雲章などの学問憎がはなはだしい活躍を示した。

曇仲（一三六七〜一四〇九）、諱は道芳、はじめ号を竺曇といった。夢窓派の空谷の法をついだが、四六文の作法を絶海から学び、純文芸に耽溺して、生涯首座の位にとどまって、出世しなかった。その四六文集を『曇仲遺稿』といい、きわめて格調の高い四六をつくった人として、つぎにのべる天章とともに注目に値する人である。応永十六年閏三月二十九日寂。

天章、諱は澄彧《いく》、加賀の人、呆庵・栖碧山人と号した。曇仲とおなじく空谷の法をついだ。嵯峨の保宗院によって、終生出世することなく、蔵主の位にとどまったが、四六の法を絶海からうけ、きわめて洗錬された高度の四六文を作った。渡唐天神の伝賛である『梅城録』や、無極志玄の伝記『前聞記』をつくり、その集を『栖碧稿摘藁』という。次代の中心人物である瑞渓も四六の作法を主として師からつたえている。

惟肖と厳中　惟肖《いしょう》（一三六〇～一四三七）、諱は得巌。備中の人、別号蕉雪。法を明極の弟子草堂につぎ、夢岩や義堂・絶海・蔵海らに詩文をまなび、「最一の作者」といわれて文名をもって一世にきこえた。天龍・南禅に住し、南禅寺少林院の雙桂軒にいたので雙桂和尚とよばれ、東坡詩を講じた。語録詩文集を『東海璚華集』という。また将軍義教の命をうけて、しばしば遣明使の国書を作製した。その文章は一種の晦渋さがあるが、一代の竜門とうたわれ、当代五山文芸界の重鎮として活躍し、瑞渓・希世・心田をはじめ、次代をになった学徒のほとんどがその門下に雲集した。

厳中（一三五九～一四二八）、諱は周噩《しゅうがく》。九条経教の第七子で、はじめ天助周祐といい、懶雲と号した。春屋の法をついで、相国・天龍・南禅に住し、夢窓門派の中心人物として鹿苑僧録をもつとめた。義堂門下の碩学で、集を『養浩集』といい、春屋の語録などの編者となっている。いまは伝わらないが、日記もあった。その門生からは瑞渓が出ている。正長元年六月二十六日寂。のち智海大珠禅師と謚された。

江西（～一四四六）、諱は竜派。下総の人、東常縁の伯父にあたり、木蛇または続翠と号した。法を黄竜派の一庵につぎ、建仁・南禅に住した。語録のほかに『続翠詩集』など詩文集が多く、東坡詩を抄した『天馬玉津沫』、杜詩を抄した『杜詩続翠抄』、唐宋元の絶句をあつめた『新撰集』などがあり、とくに詩作を得意としていた。門生に希世などがある。文安三年八月五日寂。

鄂隠《がくいん》（一三六六～一四二五）、諱は慧奯《えかつ》。筑後の人、はじめ大歳梵奯といい、絶海の法をついだ。至徳三年入明して、大慧派の行中至仁・仲銘克新にまなび、帰国して相国・天龍に住し、鹿苑僧録をつとめたが、義持の意に忤い、土佐に韜晦し、応永三十二年二月十八日吸江庵に寂した。のち仏慧正続国師と諡された。詩文集に『南游稿』がある。宗風学芸ともにもっぱら絶海の遺芳をうけつぎ、当代の文壇の中心であった。

岐陽（一三六一～一四二四）、諱は方秀、不二道人と号す。讃岐の人、石窓・愚中など五山の諸師に参じ、聖一派の霊源性浚の法をついだ。また南都北嶺の講説に列して学業をつみ、のち東福・南禅に住した。夢岩の学問をつぎ、将軍義持の帰依あつく、当代五山学芸の一方の雄として活躍し、詩文集の『不二遺稿』のほか、『碧巌録』や『中峰広録』などの抄物を成した。応永三十一年二月三日寂。

惟忠（一三四九～一四二九）、諱は通恕、京都の人、雲壑道人と号した。法を仏源派の無涯仁浩についだ。建仁・天竜・南禅に住し、永享元年九月二十五日に寂した。中巌・義堂に学をうけて、学内外に通じ、集を『雲壑猿吟』、録を『繋驢橛』という。

仲方（一三五四～一四一三）、諱は円伊、懶室と号した。長門の人、南嶺子越にしたがい、のち南都にも赴いて西大寺の高湛律師に戒律をまなんだが、大覚派の南嶺の法をついだ。建仁・南禅に住し、晩年建仁の長慶院をひらいて退休した。応永二十年八月十五日寂。語録のほか、詩文集に『懶室漫稿』がある。

太白（～一四一五）、諱は真玄、はじめ字を要中といった。暮山老人と号す。一山派の太清宗渭の法をついで、建仁・南禅に住し、語録のほかに『峨眉鴉臭集』があり、また『柳文抄』があったという。一山系の学問的伝統もうけついだが、義堂・絶海について、とくに四六文の伝授をうけた。応永二十二年八月二十二日寂。

このように、義堂・絶海門下が五山に一時にならび、明初以来しきりに移植された禅文化はここにその爛熟期をむかえ、ついに五山学芸の最高水準に到達したのである。しかし、学芸もここまですむと、以前の中巌や義堂・絶海などの時代にみられた正統的な禅風はうすれ、以後の五山は、これら純文芸的な人々によって支えられるにいたったのである。惟肖などは、詩作においても一家をなし、当代における「最一の作者」とまで称されたが、とくに四六文にそのすぐれた才能を発揮し、太白・仲方とともに四六の三蹟といわれ、あるいは惟肖の文、江西の詩、太白の四六、心田の講説は叢林の四絶などと称されたのであって、四六文は驚くべき勢いをもって叢林の間に普及し、隆盛をきわめ、五山は全くこの四六熱に浮かされてしまい、学芸の専門化や分化の傾向がはっきり出てきている。また、詩文の傾向についてみると、かつて義堂・絶海のときには、なんといってもまだ古詩や律詩がかなりの部分をしめており、杜詩を尊重する風がつよかったが、北山中期からは、惟肖がさかんに東坡詩を講じて以来、東坡詩がとみに流行し、当世風の七言絶句が圧倒的になってきたことが注目される。そして詩文にきそって難解な文辞を使用するなど、ペタンチックな傾向が著しくなり、そのための故事機縁などを知る必要上から、記憶と暗誦を主とした博識を誇示するために、五山の禅僧は中国の類書叢書などの群書をよみあさって、博覧強記をほこる学風がさかえ、さらにそのための講義がさかんとなり、またそれらの知識を註書してつくった抄物がつくられるにいたった。しかも、基本的な古典の知識よりも些末な事柄が禅僧の興味をひき、漸次これまでの学風を逸脱していった。瑞渓周鳳の『刻楮』二百巻や勝剛長柔の『梅野的聞』などがその代表的なもので、自己の記憶を補強するためにこのようなものが多くつくられたが、このような傾向は虞集などの元代四傑や明の宋濂などの尚古趣味の影響をうけたものとおもわれる。

つぎに、このころの詩文については、伝授的性格をおびてきたことがあげられよう。たとえば、四六文では、絶海門下に惟肖・太白・仲方・江西・曇仲・天章・汝霖などがあり、惟肖下から希世、瑞渓をいだし、希世門下から正宗竜統、さらに常庵竜崇、さらにその門下から月舟寿桂がでるというように、一種の口訣伝授的なものになってきている。このような点は、東坡詩や三体詩などの場合にもみとめられるところで、このようにして、学問における経世的なものと純文学的なものとが完全に分化し、純文学的専門家的な色彩がつよまり、中巌・義堂のころの学問的性格と判然と区別されるものとなり、さらに東山時代にかけてこの性格はますます顕著になっていったのである。

北山時代も末になると、五山禅僧の官僚化俗化はさらにすすみ、民間の俗信仰が五山にはいり、密教化も促進されて、原古志稽のように密教の灌頂をうけるものも出た。

また、従来の叢林にはまったくみられなかったことであるが、この時代になると、雲章一慶が念仏を修し、あるいは、一休宗純などは、一時的にせよ浄土教に転じているなど、浄土思想がさかんに五山に入ってきていることは、とくに注目すべき変化であろう。この結果、和様化の傾向も著しく、詩文そのものも和臭味をおび、和漢聯句がさかんに流行した。のみならず、五山禅僧の教養に公家の学問との接近がみられ、瑞渓などでさえ清原業忠に故実をまなび、『平家物語』をきくなど、純日本的教養を身につけるようになっている。このようにして、従来みられたような中国的趣向の濃い正統的風格はうすれ、他力化・和様化がすすむにつれて、禅的要素はますます稀薄なものと化し、また学芸における分化の傾向も著しく、五山の学芸は家学化し、一定の型にはまったものとなり、ただその専門的な内容を維持するのみのものとなってしまった。このため、理想主義的な一部の人々は、五山にとどまる意慾を失い、折しも次第に擡頭してきた大応派などの林下に禅的なものを求めてはしり、五山に残った人々は、ただ因襲的に密教的仏事供養をいとなんで、その形式を維持するために、密々に相承する口訣伝授がさかんに行なわれるにすぎなかった。したがって、そこには発展的意慾など全くありえなかったが、応仁前後にいたるまでは、なお前代の遺韻をつたえ、瑞渓・希世をはじめ竺雲・

心田・翱之・景南などが出て、わずかに五山の伝統を支えてはいたが、すでにその流れの方向をかえることはできなかったのである。

瑞渓と希世　瑞渓（一三九一〜一四七三）、諱は周鳳、夢窓の弟子無求周伸の法をついだ。臥雲山人・刻楮子・蒙羊僧・竹郷子と号した。和泉の人で、厳中をはじめ無求・天章・瑞巌・惟肖などに師事し、等持・相国に住し、三たび鹿苑院に住して僧録に任ずるなど、政治的才能にもとんでいた。一方義堂・絶海以来の五山学芸を集大成した大物として、南禅寺の希世とともに、その名声は一世に高かった。とくに厳中を通して義堂の正統的な風格を景慕し、その言行を範としている。瑞渓の『臥雲日件録』にしても、義堂の『空華日工集』にならったものである。著作に諸書を抜抄した『刻楮』二百巻、故事を穿鑿した覚書『臥雲夢語集』、蘇東坡の詩を注した『脞説』など、その博学を示すもののほか、外交文書の作例を集成した『善隣国宝記』や詩集『臥雲稿』、四六文集の『竹郷集』などがある。その門生からは、東山時代の中心人物である横川景三・綿谷周瓞・桃源瑞仙などの学僧を輩出した。文明五年五月八日寂。興宗明教禅師と諡された。

希世（一四〇三〜一四八八）、諱は霊彦、村庵と号した。大鑑派の斯文正宣の法をつぎ、幼年時代からすでに希代の天才の誉高く、わずか八歳のとき、後小松上皇の前で詩を詠じて人々にその英才ぶりを驚歎されたほどで、細川満元の猶子となり、満元・持元らの特別の優遇をうけ、惟肖や江西について学芸をかさね、四六はもとより学芸の大宗として、その博覧強記は当代にならぶものがなかった。

終世一介の黒衣の侍者の位に甘んじて出世することをしなかったが、つねに諸五山の長老たちの最上位に位せしめられたという。著述に『村庵稿』や蒲室疏を講じた『蒲芽』、『村庵文柄』などがあり、門生に正宗竜統がある。長享二年六月二十六日寂。慧鑑明照禅師と諡された。一侍者で勅諡号をうけたのは希世のみである。

竺雲（一三八九〜一四七〇）、諱は等連、法を夢窓派の大岳周崇につぎ、自強または小朶子といった。学を大岳にうけ、易に精通し、つねに史記や漢書などを講じて、連漢書と称され、門下から綿谷・桃源などを出した。相国・南禅に住し、鹿苑僧録をつとめたが、のちに天竜の妙智院に退休した。文明二年正月七日寂。

心田（一三六五〜一四四七）、諱は清播、聴雨・春耕・謙斎と号し、法を夢窓派の相庭清祖についだ。惟肖をはじめ観中中諦・一庵一麟らに師事し、太白・惟肖・江西とともにその講説は四絶の一と称された、建仁・南禅などに住したが、すでにその詩文はローマン派の色彩がつよく、禅的なものが少ない。語録のほかに『心田詩稿』『聴雨集』『春耕集』がある。文安四年寂。門生から東沼周厳などを出した。

翺之《こうし》、諱は慧鳳、美濃の人、聖一派の岐陽に師事して学業をつみ、永享のはじめ明に遊学した。在明数年で帰国し、東福寺に住み、文学に親しんだが、終生出世することなく、蔵主の位に甘んじた学僧で、『竹居清事』『竹居西遊集』の著がある。寛正末年頃寂。

景南（一三七二〜一四五四）、諱は英文、美濃の佐竹義基の第六子で、聖一派の大方源用の法をつぎ、東福・南禅に住した。人の三倍にもおよぶ長い法語をつくり、これが将軍足利義教などの意にかなって重用された。享徳三年九月二十二日寂。

このようにして東山時代にはいった五山派は、さらに和様化をすすめ、『草根集』などの著者である清岩正徹のような歌人を出すにいたり、また浄土思想も一般に普及して、ついには蔭凉職をつとめた亀泉集証でさえ、浄土思想のとくに濃厚な『蓮室集』を将軍義政に献じているほどである。このように、当時の五山には他力的な要素がまし、自力を立前とする禅的風格は影のうすいものとなった。のみならず、このような浄土思想は隠遁思想ともむすびついて、一休宗純・南江宗沅や、『梅花無尽蔵』の作者である万里集九、『蕉軒日録』の著者季弘大叔、『碧山日録』の著者大極などのような一連の逸格的な隠遁者流を出すにいたっている。また一方では、理想主義的な人々は林下へはしり、あるいは外学に専心するため五山を出て還俗してしまったので、五山にのこった人々は、従来の五山派のきずいてきた遺風を継承するのに汲々たるありさまで、ただわずかに横川・桃源・景除・正宗・天隠・蘭坡・彦竜などが出て、叢林における最後の伝統を踏襲していたにすぎなかったのである。

横川と景徐　横川（一四二九〜一四九三）、諱は景三、補庵・小補と号した。播磨の人、夢窓派の曇仲の寂後、その塔を拝して法をついだ。英叟や竜淵本珠につき、とくに瑞渓に師事して、義堂—厳中—瑞渓とつがれた五山の正統派の格調をうけた最後の人として注目される。応仁乱中に桃源・景徐らと兵火を近江にさけて、小倉実澄のもとに身をよせていたが、のち五山にかえり、相国・南禅に住し、鹿苑僧録をつとめた。詩文集に『小補東遊集』『補庵京華集』『薝蔔集』『閨門集』があり、古今の五山文筆僧の詩を一首ずつあつめた『百人一首』を編した。門生に景徐・彦竜らがある。明応二年十一月十七日寂。

桃源（一四三〇〜一四八九）、諱は瑞仙、蕉雨などと号した。近江の人、夢窓派の明遠俊哲の法をついだ。牧中梵祐、さらに瑞渓にまなび、また雲章一慶について『勅修百丈清規』の講義をきいて、その抄である『雲桃抄』をつくり、また笠雲の『史記』の講義をうけて『史記抄』をあらわし、周易の抄物である『百衲襖』、東坡詩を抄した『蕉雨余滴』などをつくった。相国に住し、同寺内の梅岑軒に退休し、延徳元年十月二十八日寂す。

景徐（一四四〇〜一五一八）、諱は周麟、半隠と号した。大館持房の子、夢窓派の用堂中材の法をついだ。瑞渓・横川や月翁周鏡にまなび、等持・相国に住し、鹿苑僧録をつとめた。相国寺慈照院の軒を宜竹・対松といった。著作に『翰林葫蘆集』『日渉記』があり、心法才力ともに当代第一等の人と称されたが、すでに希世・瑞渓にくらべると、その格調は一段と見劣りがするのは五山学芸の退潮を如実に示している。永正十五年三月二日寂。

正宗《しょうじゅう》（〜一四九八）、諱は竜統、蕭庵と号した。江西竜派の弟東益之の子で、東常縁《とうじようえん》の弟である。したがって、江西や慕哲竜攀の甥で常庵竜崇の叔父にあたり、江西と同じ黄竜派の瑞巌竜惺の法をついだ。瑞岩・希世に師事し、建仁に住し、霊泉院に退休した。著作に語録『禿尾鉄笤帚』、文集『禿尾長柄帚』があり、蒲室疏を講じ、その抄物『蒲葉』をあらわした。明応七年正月二十三日寂。

天隠（〜一五〇〇）、諱は竜沢、黙雲と号す。播磨の人、一山派の天柱□済の法をついだ。天柱の法弟宝州宗衆や雲章・正宗らに師事し、杜詩や三体詩を講じ、門下に月舟・仁如など諸五山の人々が雲集し、七十人にもおよんだという。建仁・南禅に歴住した。著作に『翠竹真如集』『黙雲稿』『天隠文集』『黙雲集』などがあり、古今の名詩をえらんで『錦繡段』をあらわし、詩作者の手本に供した。かつて、嘉吉の乱に赤松性存をつれて山中にかくれ、その危難をすくった人としても知られる。明応九年九月二十三日寂。

蘭坡《らんぱ》（〜一五〇一）、諱は景茝《けいし》、雪樵と号す。夢窓派の大模梵軌に法をついだ。惟肖・雲章・希世ら名尊宿に参じ、南禅に住し、のち同寺内の正因庵仙館軒に退休した。しばしば三体詩や黄山谷集などを禁裡に講じ、また論語・大学・中庸などを公家に講義した。著作に詩集『雪樵独唱集』、四六文『仙館集』などがある。文亀元年二月二十八日寂。のち仏慧円応禅師と諡された。

彦龍（一四五八〜一四九一）、諱は周興、山城の人、夢窓派の黙堂祖久の法をついだ。横川らに師事し、位は蔵主にとどまったが、五山の奇才とうたわれ、当時の五山に異彩を放つ存在であった。相国寺内の半陶斎に住んだが、三十四歳で夭逝し、「大利根の人」を失ったと世人に歎かれた。詩文集『半陶藁』がある。延徳三年六月三日寂。

すでに五山もこの頃になると、宗風はもとより、学芸を発展しようとする意欲さえ乏しく、前代の学芸を保持する余裕と迫力をさえ失い、ただその内容を形式的・因襲的に維持するために密々に相承する口訣伝授がさかんに行なわれていたにすぎなかった。このようなことは、多くの禅匠につくために諸方を遍参遊方してあるき、諸尊宿に参学しようとする風潮がのこっていた北山前期にはまったくみられなかったところで、五山派の著しい変質といわなければならないであろう。こうして、日本個有の文化伝承形態である秘訣伝授が五山を蔽うことによって、五山はまったく本質的に和様化し、その本来の姿を見失ってしまったのである。したがって、月舟・常庵・惟高・仁如・彭叔、さらにおくれて西笑《さいしょう》などわずかに五山の余流をくむものが出て、形式的に五山によっていたにすぎなかった。

月舟（一四七〇〜一五三三）、諱は寿桂、幻雲と号した。近江の人で、幻住派の正中祥端の法をついだ。天隠・正宗に親炙し、朝倉氏の庇護のもとに五山においてさかえた宏智派の人々と、親交をむすび、建仁・南禅に住し、建仁の一華軒に退休した。文名をもって五山に重きをなし、しばしば禁裡にめされて、杜詩や三体詩を講じた。語録のほか『幻雲文集』『幻雲詩稿』『幻雲疏稿』や、天隠の『錦繍段』についで『続錦繍段』をあらわし、また正宗の蒲室疏の講義に手を入れた『蒲根』などがある。天文二年十二月八日寂。

常庵（〜一五三六）、諱は竜崇、別に寅闇・角虎道人と号した。東常縁や正宗の甥にあたり、正宗の法をついだ。正宗はじめ月舟に師事し、建仁・南禅に住し、建仁寺の霊泉院に退休した。語録のほか『寅闇稿』『寅闇四六後集』『角虎道人文集』などがあり、参内して古文真宝などを講じた。天文五年九月五日寂。

惟高（一四八〇〜一五六七）、諱は妙安、近江の人、夢窓派の瀑岩等紳の法をついだ。瀑岩・景徐・月舟らにまなび、伯耆の山名氏にまねかれて伯耆・出雲にとどまること三十年、尼子氏とも関係をもった。のち相国・南禅に住し、鹿苑僧録をつとめ、相国の光源院に退休した。詩文集『葉巣集』、『韵府群玉』を抄した『玉塵』、『詩学大成』を抄した『詩淵一滴』があり、また現在の『臥雲日件録』は惟高が二度目に抄出したものである。永禄十年十二月三日寂。

仁如（一四八三〜一五七四）、諱は集堯、信濃井上氏、別に睡足、雲間野衲と称した。一山派の亀泉集証の法をついだ。相国・南禅に住し、鹿苑僧録をつとめ、のち相国の雲泉軒に退休した。天隠らに師事した当代での碩学で、惟高とともに義堂・瑞渓以来の五山の正統的宗風の余流をつたえて安土桃山時代におよぼしたが、足利氏の滅亡とともに、五山文学の命脈もすでにこのあたりで断絶している。著作に『鏤氷集』がある。天正二年七月二十八日寂。

西笑（一五四八〜一六〇七）、諱は承兌、夢窓派の中華承舜の法をつぎ、さらに幻住派をも兼受した。麟甫□功・仁如にまなび、相国・南禅に住し、再度鹿苑僧録をつとめた。豊臣秀吉の篤い信任をうけて諸仏事の導師をつとめたばかりでなく、その帷幄に参じ、当時天下寺社のことはおおむね師の方寸にあったほどの権勢をとりもどしたから、西笑を中心に一時五山の復興の気運が芽生えたが、慶長三年秀吉が没するとともに、その勢威も昔日の面影を失ってしまった。『日用集』『土偶集』の著作がある。慶長十二年十二月二十七日寂。

このころになると、五山は宗風学芸ともに萎靡沈滞してしまって、ただ因襲的仏事を行なうのみで、まさに禅的空白状態に陥ってしまった。このため近世初期に、戦国大名などの庇護をうけてにわかに擡頭してきた幻住派や、妙心寺の関山派によって、完全に制圧されてしまった。その結果、五山の禅僧は、禅衣をまとった儒者流となんら変わりがなくなってしまったので、かれらのなかには、ついに禅林を去って還俗《げんぞく》し、儒者として独立した人々があった。そうした人々のなかには、藤原惺窩・林羅山・谷時中・山崎闇斎など、近世儒学の泰斗となった人々がある。このような意味で、五山における学問は近世の儒学によって受けつがれたといえよう。

なお、五山の学芸が隆盛になるにつれて、夢窓・春屋をはじめとして、禅僧が文筆によって将軍や諸大名に重用され、その枢機に参じて、内政外交面で活躍したものが少なくなかった。そのほか、応永六年の大内義弘の乱に、絶海が義満の使として山口へ、応永二十四年の上杉禅秀の乱に、栢堂梵意が幕府の使として関東に、また、足利持氏の乱には、栢心周操が、さらに、星岩俊烈や瑞渓が、幕府の使として関東に下って、居中調停につとめているというように、幕府や諸大名の間の斡旋役をつとめているものも多い。

また、中世の外交は禅僧によって進められた、といっても決して過言ではない。以前は外交文書は菅家などの文章博士家によって起草されていたが、のちには禅僧がもっぱらこれにあたった。のみならず、遣明使にしても、応永八年祖阿・仲方中正、同十年堅中圭密、ついで応永十一年（一四〇四）に日明の勘合貿易の条約が締結され、同年明室梵亮、同十四年堅中、永享四年竜室道淵、同六年恕中中誓、宝徳三年東洋允澎・天与清啓・九淵竜䍐・南叟竜朔・笑雲瑞訢・東林如春、寛正六年天与・桂庵玄樹・雪舟等楊、文明六年竺芳妙茂・玉英慶瑜、同十五年子璞周瑋・粛元寿厳・金渓梵鐸・東帰光松・希宗友派、明応二年堯夫寿蓂、永正八年了庵桂悟、天文八年湖心碩鼎・策彦周良、同十六年策彦・釣雲など、ほとんど禅僧によって中国との正式外交がすすめられていた。

水墨画の流行　このほか、当時の禅僧たちが文化面における活躍は目ざましいものがあり、五山学芸における宋学の伝来はもとより、建築、絵画、彫刻、書道、医学、印刷、庭園術などに及ぼした影響には計りしれないものがあるが、なかんずく絵画の分野において著しいものがあった。これは、禅宗では先師から印可をうけるとき、先師の頂相をかいて、それに賛を書いてもらい、これを印可証明をうけた証拠にする風習に起因しているとおもわれる。このように禅林の絵画はその必要性からうまれたのであったが、ところで、わが禅林で画僧とし絵画を専門とするものがあらわれたのは南北朝以後であるところからみると、五山版の雕工が当初中国人であったと同様、はじめは禅僧達とともに渡来した中国の画家によって頂相がつくられたのであろうとおもわれる。このようにして、わが禅林で画僧として一家をなした人に、入元して中国でその画名をはせた黙庵霊淵があり、また可翁仁賀もこのころの水墨画の先駆者の一人である。春屋とともに夢窓門下の高足であった龍湫周沢も、妙沢という画名をもって、不動尊を描き、妙沢の不動としてしられた。おなじく法弟の鉄舟徳済も、入元して元の皇帝から円通大師の号をうけたほどの禅僧であるが、入元中に雪窓普明にまなび、山水花鳥を描いた。また夢窓の弟子で、建長・円覚に住した曇芳周応、さらに無等周位も画家としてしられ、無等は夢窓の画像をのこした人として有名である。ついで、兆殿司《ちょうでんす》としてしられる東福寺の吉山明兆（〜一四三二）をあげなければならないであろう。吉山は別に破草鞋《あい》ともいい、仏画人物を得意とし、多くの頂相や十六羅漢などをのこしている。法階は低い殿司の地位にとどまったが、わが禅林に専属の画家の成立した最初の一人として注目される。永享三年八月二十日寂。

さらに、玉畹梵芳がある。春屋の弟子で、南禅にも住したが、中国の雪窓の蘭画を模して、多くの蘭画を描いた人としてしられている。おなじ春屋門下の仲安梵師も不動や大黒天をかいた。

しかし、この時代の画僧として如拙の名を逸することはできない。その絵はいくらものこっていないが、有名な瓢鮎図一幅は、その迫力ある描線はまさに当代水墨画中随一で、高雅な宋元画の品格をつたえたものというべく、前後にその域を凌駕するものをしらない。なお水墨画流行の影響をうけて、足利義持なども水墨画を描いている。

如拙の画法をつたえたといわれる天章、諱は周文は、相国寺の都司《つうす》をつとめた人で、朝鮮にわたり、かの地でも画僧として名をはせたが、その清雅な描線は水墨画の一つの格調をうみ、この後の画壇に大きな影響をのこしている。かれは彫刻においても一家をなしていた。その門下に文清や小栗宗湛がある。このころ、東福寺の愚極礼才も明兆の筆法をうけて文殊像などをのこしている。享徳元年八月六日寂。また建仁寺の朴堂祖淳（～一四六七）も、一名朴庵といい、不動尊や十六羅漢を描いた。応仁元年五月二十四日寂。かの一休宗純もまた飄逸な画法をうんだ。

つぎに、あまりにも有名な雪舟（一四二〇～一五〇六）、諱は等楊がある。備中の人で、聖一派の井山の宝福寺の禅僧となったが、上京して相国寺の周文について画法をまなび、満済准后の実弟である夢窓派の春林周藤の法をついだ。そののち、おそらくは大内氏の外護によって、応仁元年桂庵らと入明し、在明三年にして文明元年に帰国したが、その間明の長有声・李在らに画法をまなんだ。帰国して、豊後府内に天開図画楼をかまえたが、さらに山口の雲谷庵にうつり、のち石見益田の医光寺に住した。永正三年八月八日寂。その筆跡は有名な天橋立図や黒田家の山水画などの傑作もあり、その剛直な描線は周文の清雅さをこえている点も認められるが、神韻縹緲とした品格や深さにおいては如拙の筆力にははるかにおよばないものがあるとおもうのは私一人のみであろうか。

如水、諱は宗淵は円覚寺の蔵主で、雪舟の画法をまなんで鎌倉にかえった。このほか雪舟の系統から、秋月等観・雪村周継・雲峯等悦などが出た。鎌倉の建長寺の書記をつとめ、啓書記としてしられる賢江祥啓は、別に雪渓、または貧楽斎といい、再度上洛して芸阿弥に、あるいは相国寺において画法をまなび、山水画などを描いた。このほか天隠竜沢は不動像を、九淵竜賝は観音などを描いたという。このように、水墨画の発達は禅僧によってすすめられたのであった。

第四章　林下の形成と展開

1　曹洞教団の地方発展

中世の曹洞宗には二派があった。すなわち、道元を宗祖とし、永平・総持の両寺を中心にさかえたものと、延慶二年に東明によってつたえられた派とで、前者は、現在約一万五千の末寺をもち、単独では日本仏教最大の門派をほこる曹洞宗の源流をなすものであり、後者は、宏智《わんし》派といい、五山派に伍して、京都鎌倉で一時隆昌をみた宗派であるが、朝倉氏の滅亡とともに史上から姿をけしてしまったことについてはすでにみたので、つぎに、われわれは永平下の曹洞禅についてみていこう。

道元の思想とその特質　さきにものべたように、平安朝時代に瓦屋が入唐して、洞山の法をついだが、蜀の地に寂してしまったので、このときは曹洞禅はわが国につたわらなかった。したがって、曹洞禅は安貞二年（一二二八）の道元の帰朝によって、はじめてわが国につたえられたわけである。

道元（一二〇〇～一二五三）、のち諱を希玄と改めた。仏法房と称す。父は源通親、母は藤原基房の娘と伝えられ、母の死によって世の無常を感じ、叡山にのぼって、母方の叔父良観や公円、三井寺の公胤らについて天台を、ついで建仁寺の明全に参じて、はじめて禅をまなんだ。明全は栄西の弟子であるから、道元は明全から臨済宗黄竜派の禅をまなんだわけであるが、直接栄西についたという説はただちに信じられない。ところが、たまたま父通親がその首謀者の一人とみなされた承久の変がおこり、肉親縁者がいたましい運命にあうのをみて、一入無常を感じ、衆生済度のため入唐求法を志したのであろうか、貞応二年（一二二三）三月、明全らと入宋の途についた。かの地では、天童・育王《いおう》・径山《きんざん》などの名藍を歴訪し、無際や浙翁ら天下の名流についたが、ついに本師にめぐりあうことができなかった。たまたま長翁如浄が天童山に住するにおよび、その会下に師事すること三年、ついにその法をついで帰国し、建仁寺にはいった。ついで深草にうつり、観音導利院興聖宝林禅寺をひらいたが、ここでもその意にまかせず、寛元元年七月、越前志比庄におもむき、大仏寺をはじめた。そののち、後漢の永平年中に仏教が東漸したのにちなみ、同寺を永平寺とあらためた。晩年病のため上洛し、建長五年八月二十八日京都で寂した。

以上が道元の略歴であるが、このように、道元は入宋して、当初は多くの臨済系の尊宿たちに参じたけれども、いずれも道元の意にみたなかった。ところが、曹洞宗の碩匠としてきこえていた如浄《にょじょう》に参ずることによって、はじめて参学の大事を了畢するをえたのであって、ここに道元は、如浄からつたえた仏法こそ仏祖単伝の正法であるという確信をえたのであった。こののち道元はこれを禅宗とよぶことさえ誤りであるといい、正法護持の精神をつよく打ちだすにいたったのである。ピューリタンの面目躍如たるものがあるというべきであろう。さらに、このような釈尊のとかれた正法の本旨は法華経にあるといい、法華経こそ諸経の大王で、これにくらべると、他の諸経は法華経の臣民眷属、あるいは方便にすぎないものだと説いて、かつて天台でまなんだ根本経典である法華経と如浄からつたえた如来禅とを結びつけている。この点、まさしく道元は、法華真実、余教方便という天台教学の根本思想をそのままうけついでいるごとくであるが、おなじ法華経を所依の経典としている天台宗や日蓮宗、あるいは念仏門がさかんに説いている正像末の三時思想には同調するどころか、末法説には真向から反対しており、道元ほど末法説をはっきり否定したものは他にみられなかったといえよう。

このような立場にたって、坐禅こそ仏法の正門であると力説して、

大師釈尊、まさしく得道の妙術を正伝し、また三世の如来、ともに坐禅より得道せり。このゆゑに、正門なることをあいつたへたるなり。しかるのみにあらず、西天東地の諸祖、みな坐禅より得道せるなり。ゆゑに、いま正門を人天《にんでん》にしめす。（弁道話）

とのべ、坐禅以外の諸行は、悟りにいたる一つの方便ではあっても、仏法の真訣ではありえないとし、余行をしりぞけて、もっぱら坐禅すべきことをつよく主張し、さらに、坐禅の要訣をといて、只管打《しかんた》坐《ざ》でなければならないとしている。ところで、これまでも道元の只管打坐については、それがあたかも臨済禅に対する曹洞禅の最大の特色であるかのようにいわれている。すなわち、臨済禅は公案話頭を用いる看話《かんな》禅であって、これに反して曹洞禅は、公案工夫をつかわない黙照禅で、単に黙々と坐禅

を行なうものであるかのように考えられている傾きがある。なるほど、道元も

参禅は身心脱落なり。祇管打坐して始めて得たり。焼香、礼拝、念仏、修懺、看経を要せず。

という如浄の教示をそのまましばしば引合に出しており、坐禅をとくに重視していたことは申すまでもないが、祇管打坐というのは果たしてそのように解してよいであろうか。ひるがえってみるに、道元はその主著『正法眼蔵』のなかでは、『碧巌録』をはじめとして、いたるところで公案の提撕《ていぜい》をおこなっているのみならず、その間公案を否定しているような個所はほとんど見当たらないのである。したがって、ここにいう只管打坐というのも、従来いわれているような公案禅・看話禅の全面的な否定を意味しているわけではなく、その純粋な正法禅を強調するのあまり、中国大慧派をはじめとする当世流の公案禅の行すぎに対するきびしい批判から発したもので、とくに、後述のごとく、門下に投じた旧大日房下、すなわち大慧派系の人々の公案禅からの脱皮をうながし、その猛省を説いたものではなかろうかとおもわれるのである。

このように、道元は師の如浄からつたえた宋朝風の純粋禅を宣揚しようとしていたので、焼香も礼拝も修懺も看経《かんぎん》も、あらゆる方便をすてて、もっぱら坐禅に徹することを力説した。あるとき、坐禅修行をつとめるうえに、真言天台止観などの余行を兼修することはどういうものであろうかという門人の問に対して、

まことに一事をこととせざれば、一智に達することなし。（弁道話）

と言下にこたえ、真言密教はもとより、かつては道元自身もまなんだ天台止観行などとの兼修をきっぱりと拒否しているのであって、このことは、栄西がかつて建仁寺をひらくにあたり、真言止観の二院をもうけているのとくらべるとき、おもい半ばにすぐるものがあろう。さらに道元は、他の諸宗についても、

ただしたをうごかし、こゑをあぐるを仏事功徳とおもえる、いとはかなし。（中略）口声をひまなくせる、春の田のかへるの昼夜になくがごとし。つひに又益なし。（弁道話）

などと難じ、祈禱や念仏のたぐいをしりぞけている。のみならず、禅宗、ことに臨済宗系統では所依の経典としてかなり重んぜられていた楞厳経《りょうごんきょう》のようなものでさえ、これを祈禱的だという理由でしりぞけ、また当代にあっては、中国以来一般に流行していた儒仏道の三教一致思想に対してさえ、

みみをおほふて三教一致の言をきくことなかれ。邪説中の最邪説なり。（四禅比丘）

とまで極言しているほどである。道元がその宗教の純粋性を尊び、安易な妥協をいかにきらっていたかがしられるであろう。このように、道元は諸宗との兼行をしりぞけたばかりでなく、当代宋朝の禅宗についてもきびしい批判の眼をむけて、国家権力との結びつきがつよく、したがって、貴族化と官僚化の著しかった大慧派をはじめとする諸派を排斥し、先師如浄の禅風こそ仏祖正伝の唯一無二の仏法であるとの確信をもっていたのである。このように、道元はきわめてピュアーな精神の持主であったので、禅林規範の典型として、当時日中両国禅宗でもっとも指導性をもっていた、かの『禅苑清《ぜんおんしん》

規《ぎ》』についても、その当世流の性格にあきたらず、すでに伝説化されていた唐代の百丈山《はじようざん》の懐海《えかい》がつくったという百丈清規への復帰を力説している。そこには、あきらかに唐代禅宗への思慕がうかがえるのであって、古仏道元の真髄が存する。このようにして、道元は自らの理想を実現するため、『典座《てんぞ》教訓』をはじめとするユニークな清規類をつくったといわれ、現在六種ほどのものが永平清規としてつたえられているが、きわめて綿密周到な規範で、道元の人柄をよくあらわしているといえよう。

こうした清純な精神の持主であった道元は、出家の道についても、

衆生は親疎を選ばず、ただ出家受戒を勧むべし。（中略）これまさに、釈尊の正法なるべし。（中略）聖教のなかに、在家成仏の説あれど、正伝にあらず。女身成仏の説あれど、またこれ正伝にあらず。仏祖正伝するは出家成仏なり。（出家功徳の巻）

とのべ、在家成仏、女人成仏の説を否定し、もっぱら出家主義を標榜しており、

直に須らく深山幽谷に居して、仏祖の聖胎を長養すべし。必ず古徳の証処に至らん。（宝慶記、原漢文）

という如浄の教えを堅くまもり、その意をうけて、

山は超古超今より大聖の所居なり。賢人聖人共に山を堂奥とせり。山を身心とせり。（山水経の巻）

との信念のもとに、越前志比庄の山間幽谷にこもり、ひたすら修道生活をまもって、その理想とする正伝の仏法を、たとえ一個半個のごくわずかな同志だけにでもつたえようとした。したがって、その門下に投じたのは、のちにのべるように、大日房能忍なきあと、道元の禅風を慕って参じた旧大日房下の人々ぐらいのもので、そこには安直な妥協をゆるさない、きびしい試練を求めた同志的結合だけがなりたったにすぎない。このような道元の考えのなかには、旧仏教との妥協はもとより、栄西・円爾などのように、真言天台などとの混修によって禅をひろめようとの協調性はもちあわせていなかったのである。したがって、やがて天台教団はもとより、ついには建仁寺などの禅宗のなかからさえもはみ出なければならなかったのは、むしろ当然の帰結というべきであろう。

初期教団の成立　ところで、道元は安貞元年に帰国したが、すでに如浄の法をついでいた道元は再び叡山の天台衆徒のなかにもどるのをいさぎよしとせず、入宋以前にすんでいた東山の建仁寺に身をよせ、ここで宋朝風の純粋禅を宣揚しようとして、自説をまげなかった。このような道元の態度をした叡山側が黙視するはずはなく、はげしい嫉みをうけるにいたり、ついにはその所居を破棄して、道元を京都から追放するという山門衆徒の決議がなされたので、せまりくり迫害を目前にして、なおも洛中にとどまることができず、道元は建仁寺をあとに、深草の極楽寺におもむいたのである。ときに、寛喜二・三年のころであろうといわれている。

すでにみたように、鎌倉禅の先駆者たちの多くは、禅密兼修など諸宗との融合思想の持主であったが、なかにはこれを飽足らずとして、妙見堂の道祐・天祐思順など、小規模ながらも独自の同志的結合をもとめ、その純粋性をたもとうとした一連の人々があった。そのような系列の一人に大日房能忍があり、かれもまた純粋禅を宣揚しようとして、天台衆徒のうらみをうけ、その奏聞によって、建久五年七月五日に禅宗宣揚を禁止されて、京都を追われてしまったが、その門下に多武峰の覚晏、そのもとに孤雲懐奘《えじよう》・懐鑑《えかん》やその門人の徹通義介・義演・義準などがあった。

弧雲（一一九八〜一二八〇）は九条為通の後裔で、はじめ横川《よかわ》の円能についたが、のち覚晏に参じ、さらに道元に投じて、道元のあと、永平寺教団の中心人物となったが、弘安三年八月二十四日寂した。道元の主著である『正法眼蔵』（以下眼蔵）を書写集成したのはこの人である。徹通（一二一九〜一三〇九）は越前の人、波著寺《はじやくじ》の懐鑑につき、叡山にのぼって天台学をおさめたが、のち同志とともに道元会下に投合し、諸五山にもまなび、さらに入宋して、帰国後永平に住し、加賀の大乗寺をひらいた。延慶二年九月十四日寂。

さて、これら大日房下の人々は、派祖能忍をうしなうや、当時探草において、宋朝禅の孤塁をまもっていた道元の会下に一門こぞって投じ、やがて道元下の主流を形成するにいたっている。このことは、これらの人々が道元と同様、旧仏教との妥協をきらい、宋朝風の純粋禅をまもろうとして京都をおわれたことでもうかがわれるように、道元の正法禅に親近感をいだいたこと、さらには、道元が如浄に師事するまえに、大日房の師拙庵《せつたん》と大慧下で同門であった無際了派に参じたという因縁によって、一門をあげて道元会下に入門するにいたったものであろう。このようにして、宋朝風の純粋禅を宣揚しようとする道元中心の僧伽《さんが》が洛外深草の地に誕生したのであった。

これよりさき、栄西は平安仏教の行詰りを打解し、補強するために宋朝禅をとりいれ、禅をさかんにすることは国家を護持するゆえんであるとして、『興禅護国論』を著わしたのであったが、これはまさしく平安仏教の唱導する鎮護国家の思想をうけついだものといえよう。しかも、栄西の場合は天台的傾向が明白であったにもかかわらず、天台教団などからの圧迫をのがれることはできなかったのであるから、旧仏教と密接な公家出身であったとはいえ、宋朝禅の純粋性をまもりぬこうとした進歩的な道元に対して、より激しい圧力が加えられたのは当然であろう。このようにして、禅の独立をはばもうとする顕密諸宗の抑圧を甘受することができず、純粋禅を擁護するため、道元はついに『護国正法義』をあらわし、自分のつたえた正法禅こそ国家護持の仏法でなければならないと力説したのである。いちはやくこのことを知った叡山などの旧仏教側では、朝廷に奏聞し、道元のとくところは声聞《しょ》縁覚《もんえんがく》の二乗のうち、縁覚の所解《しょげ》にすぎず、大乗の仏教どころか、きわめて身勝手な自己本位の解釈であって、かえって護国の趣旨にそむくものだと論難したのである。その結果、朝廷は旧仏教側の意見をいれたので、道元は再び深草の極楽寺からも追われてしまったのである。なお、道元は眼蔵のなかでもしばしば禅と国家との関係にときおよんでいるのであって、後世につたえられたように、時頼の招聘によって鎌倉に下向し、時頼に大政奉還を進言したというようなことは、史実としてにわかに信じられないとしても、純粋禅による護国思想の持主であったということは一応みとめなければなるまい。

こうして、大日房下の人々の合流によって、深草における道元会下《えか》の初期教団はにわかに活況を呈し、その間道元は眼蔵の著述をすすめ、ますます純粋禅を宣揚し、真言天台などの教宗を批難し、さらには『護国正法義』をあらわしたので、再び天台教団などの弾圧をこうむり、ついに波多野義重の知行地である越前志比庄の山間に隠棲してしまったのである。このような道元の越前下向については、これまで一般に信じられているように、波多野氏の招請ということもあろうが、かつてその門人の徹通らとともに、深草において集団入門した越前波著寺の懐鑑や越前出身の徹通ら越前と関係のふかい旧大日房下の人々の慫慂に負うものがあったということもみのがすことができないのではなかろうか。

こうして、寛元元年七月、道元は同志の人々とともに越前志比庄に落ち着き、この地に大仏寺、すなわちのちの永平寺をひらき、ここを正法禅をまもりぬくための根本道場とし、こののち、曹洞初期教団はここを基点として、徐々に北陸地方に展開するにいたっている。なお、これよりさき、道元は宇治に興聖寺をはじめているが、のちに弟子の詮慧《せんえ》を住せしめている。また詮慧は京都に永興寺をはじめたといわれる。

これまでのべてきたように、道元直下の永平教団においては、宋朝禅の純粋性がかたい同志結合によってたもたれていたから、内部に対立感情などの問題は全くありえなかった。ところが、道元寂後になると、いかなる場合もそうであるように、主導権をめぐって、教団内部に対立や分派行動がようやくみられるようになったのである。これは道元下の教団が、最初から道元に師事していたもののほか、深草においてその会下に投じた孤雲および懐鑑とその一門などの大日房下の人々、さらに道元をしたって来朝した寂円の一派や寒巌《かんがん》義尹《ぎいん》の派などの諸派の集合体でもあったからで、このうち、寂円派は越前の宝慶寺を固守し、この派からはのち永平寺を中興した義雲、その門から曇希がでるなど、永平寺とならんで、道元の枯淡な宋朝風の純粋禅をたもっていた。また寒巌は後鳥羽天皇の皇子で、はじめ叡山に天台をまなび、のち大日下につらなっていたが、師の寂後、同門の人々とともに道元下に投じ、再度にわたって入宋し、無外・退耕・虚堂などの名師に歴参し、地頭領主源泰明の外護によって肥後の大慈寺をひらいた人で、その一派は、斯道・鉄山・愚谷・仁叟らの逸材を出し、その後菊池氏などにむかえられて、大慈寺を中心に九州地方に展開していた。なかでも、永平寺中心の初期教団では、大日房下の孤雲が道元のあとをつぎ、さらに徹通がでて、その門下はにわかに擡頭し、初期教団における主導権を掌握するにいたった。ついで、加賀の大乗寺澄海阿闍梨が徹通に帰依して、同寺を天台から禅にあらためるにおよんで、同寺は徹通門下の一大拠点をなすにいたっている。

このように、孤雲のあと、初期教団は各派の集合によって成立していたのであって、なにかしらの原因がおこれば、たちまちに分裂するという危機をすでにはらんでいたのであるが、ともあれ、永平寺を中心に、徐々ではあったが、越前から加賀、さらに能登にむかって教線をのばし、加賀の大乗寺をはじめ、やがて能登の永光《ようこう》・総持という確固たる拠点を確保し、北陸一帯に展開をつづけ、その後の飛躍的発展の礎地をかためつつあったのである。

三代相論　このような発展過程の途上において、ついに徹通と同門の義演との間に永平寺相続権をめぐって論争がおこり、初期教団はまさに分裂の危機に直面したのであった。これが有名な三代相論といわれるものであるが、表面上は永平寺の世代に関する単なる順位争いのように考えられているけれども、実は枯淡な道元一流の宗風を固守しようとした寂円などの一派と、教団発展をはかろうとした徹通一派との新旧両派の激突にほかならなかったのである。その結果、徹通派はついに永平寺をでて、加賀の大乗寺によったので、ここに初期教団は、永平寺を中心とした義演・寂円などの一派と、大乗寺を本拠にして加賀から能登へ進出するにいたった徹通派とに分裂してしまったのである。こうして、その後の両派は室町末にいたるまでほとんど没交渉のまま別個の展開をたどるにいたったのであった。

瑩山派の独立　このようにして、徹通の一派は加賀の大乗寺を根本道場としていたが、徹通門下から瑩山《けいざん》がでるにおよんで、曹洞教団の地方発展における一時期が画されるにいたった。しかも、瑩山についで、その会下からは峨山《がざん》・明峰《めいほう》の二神足を出し、一段と飛躍的発展をとげ、西は九州・中国地方から、東は関東・東海、さらには奥羽地方におよび、ひろく天下に蔓延するにいたっている。このように、永平中心の一派がさして著しい伸張をしめさなかったのに反して、瑩山門派がそのような目覚しい展開をみるにいたったのは、何故であろうか。この点についてしるためには、まず瑩山の宗風について考えなければならないであろう。

瑩山（一二六八～一三二五）は諱を紹瑾《じょうきん》という。越前の人で、はじめ孤雲、ついで撤通・寂円など曹洞門の人人に参じたほか、東山・白雲・無本などの臨済系の錚々たる禅匠をたずね、ついに徹通の法をついでいる。のちに大乗寺に住し、能登の永光や総持両寺をひらき、正中二年八月十五日に寂した。ところで、瑩山の参じた東山・白雲・無本などの臨済系の人々は、いずれも顕密との兼修的性格が濃厚な人人で、東山湛照は浄土教であるが、白雲慧暁《えぎょう》は蓮華院流の灌頂を受けるなど、天台密教を色濃く受けついだ人で、したがって瑩山は、白雲などから天台密教を大いに学んでいたことがわかる。とくに、無本覚心は、由良《ゆら》の興国寺の開山となった人であるが、もとは心地房という高野山系の真言僧で、密教的な性格がきわめて濃厚な人として知られていたから、無本に親しく参じた瑩山は、おそらく無本から真言密教的な影響をつよく受け継いだに違いない。その結果、曹洞宗は、これまでのような天台教団だけでなく、さらに真言宗の教線に沿っても大いに発展を進めていくという、新しい理念を打ち出したわけで、このことはその後の曹洞宗の地方発展にとって、きわめて重要な要素になっていると思われる。

なお、瑩山が開いた総持・永光の両寺についてはこれまで、もとは真言宗の古寺であったと考えられていたが、じつは永平寺や大乗寺と同様、白山権現《ごんげん》をまつる白山天台系の古寺であることがわかった。

ともあれ、このようにして瑩山は、明峰や峨山を従えながら、加賀の大乗寺を基点として、永光・総持両寺をはじめ白山天台系の古寺を中心に、次々に曹洞宗に改宗しながら、教線を拡大していったが、さらに、真言宗寺院をも吸収するという方針を生み出し、これまでみられた古代山岳信仰である白山信仰、白山権現の本地仏である観音信仰はもとより、山王権現信仰、熊野信仰などの在来の諸神信仰を大いに積極的に取り入れていくという、きわめて綜合的な独自の宗風を作り上げていった。

その結果、すでに瑩山の時代には、全国的なひろがりをもつ白山天台寺院ばかりではなく、真言宗その他の古代仏教寺院と、それらに付属密着していた修験者層をも自派の中に吸収し、さらに、それらを媒介にして各地の古寺を次々に改宗して教団を拡張していくという、曹洞宗の新しい発展パターンがほぼできあがっていたとみられる。このため、瑩山が最後に開いた総持寺は、最も新鮮な魅力にとむ進歩的な霊場として時代の脚光をあび、多くの修行者が各地から集まってきた。

仏慈禅師号問題　なお、曹洞初期教団、とくに瑩山派に関して、歴史上とくにみのがすことのできない興味ある問題に、後醍醐天皇・後村上天皇などの南朝方との特殊な関係がある。ところが、永光寺などの史実についてみると、暦応四年十二月十三日に北朝の光厳上皇の院宣が下されて、同寺に能登国の利生塔が設置されているほか、北朝および室町幕府によってとくに保護されていたことは明白である。

ちなみに、利生塔は足利氏によって、建武末年から康永・貞和にかけて、全国にわたり、各国一基ずつが建てられているが、そのほとんどが真言天台律などの旧仏教系の寺院におかれているから、永光寺もその例にもれず、それら旧仏教寺院と同類視されていたことがしられ、そのころの同寺にはなお教宗的要素がかなり残っていたと推定される。

このように、当時の永光寺は曹洞禅に改宗されたとはいえ、なお兼修的であったとおもわれるが、同様に、旧仏教をあらためた総持寺も北朝系に属し、また兼密的であったということは想像にかたくない。にもかかわらず、南朝との関係が云々されるのはどういうわけであろうか。

このことについて注目されるのは、文和三年八月十三日、峨山が法燈派の孤峰覚明にあたえた一通の書状である。この出雲の雲樹寺文書によると、孤峰は自分が南朝ととくに親密な関係にある法燈派であるという地位を利用して、旧師である瑩山のために、南朝の後村上天皇から仏慈禅師という勅謚号の下賜をうけ、これを峨山のもとにおくり、同時にまた、かつて自分が参学した瑩山の法をもつぎたいということを、瑩山のあとをついだ峨山に申し入れたのである。ところが、峨山はこれに対して、孤峰はすでに法燈派の本拠である紀伊由良の興国寺に再住している以上は、法燈派の人として無本の法をついだことはうごかすことのできない事実である。したがって、いまさら曹洞宗の法をつぎたいからと申し込まれたからといって、そのまま信用するわけにはいかないし、また、宗祖の道元が永平寺をひらいてこのかた、曹洞禅には勅謚号宣下の事実がないばかりでなく、先師瑩山の本意をしるよしもない現在、孤峰から斡旋されたからといって、安直に南朝方の勅諡号をうけるわけにはいかないとのべて、禅師号の勅書を送りかえしてしまっているのである。

もとより、このような嗣法の兼受などは、南北朝初期の禅林には到底ありえないことであって、そこには、単に法系上の兼稟という問題だけではなくして、別の事情が潜在していたとみなければならないであろう。おもうに、峨山などのよっていた永光・総持などの瑩山派の諸刹はいずれも北朝系に属していたので、南朝方は一策を案じ、法燈派の孤峰がかつて同派と関係があったのを利用して、孤峰を通じて、瑩山派を南朝側に接近せしめようという政治的うごきが背後にあったのではなかろうか。すでに、肥後の菊池氏と寒巌一派や大智など、曹洞系の一部と南朝方との間にはある程度の接近がみられていたので、まさに全国的に勢力を伸張しようとしていた瑩山派の隆昌をみてとった南朝方が、瑩山派にはたらきかけようとしたのであろう。なお、曹洞宗の人々が勅諡号をうけるようになったのは、のちにのべるように、室町末の文亀・永正ごろからのことで、とりわけ、南朝方の勅諡号宣下などは、前後にその類例をみない事件であった。ともあれ、このようなところから、後世になって、総持寺を中心とした瑩山派と南朝方との関係がさかんにとなえられるようになったものであろうとおもわれるのである。

峨山派の隆昌と全国的展開　こののち、南北朝から室町期にかけて、曹洞教団各派はそれぞれ旧仏教教団および五山派の間隙をぬって、地方発展の拠点をつぎつぎに獲得し、着々と教線を伸張して、めざましい展開をしめしている。すでにみたように、永平中心の教団各派は越前・加賀の北陸一帯に、寒巌派は肥後を中心に九州西部に展開を進めていたが、曹洞教団全体からみれば、なんといっても瑩山派の進出は目覚しく、当初は加能越の北陸地方に限られていたが、明峰・峨山の二神足がでるにおよんで、一段と顕著な発展をとげるにいたっている。

明峰（一二七七〜一三五〇）、諱は素哲。加賀の富樫氏の出で、瑩山についで、大乗寺住持となり、観応元年三月二十八日に寂した。その門から珠岩・松岸・大智などの俊英を出している。珠岩の下に徹山があり、その門から桂岩・慶屋らを出した。慶屋（一三三九〜一四〇七）、諱は定紹、周防の大内義弘の帰依をうけて、鯖山の禅昌寺をひらき、応永十四年六月二十日寂した。

菊池氏との関係で有名な大智（一二九〇〜一三六六）は、肥後の人で、はじめ寒巌についたが、のち南浦・釈運らに参じ、さらに入元して、古林・雲外・中峰・無見ら一代の名衲にまみえ、在元十一年にして、正中元年にかえり、加賀の祇陀寺、ついで菊池武時らの帰依をうけて肥後の広福寺をはじめ、正平二十五年十二月十日寂した。このように、明峰下は肥後の広福寺などのほかは、主として加賀大乗寺を本拠に、加賀・能登・越中などの北陸地方に、ついで周防・奥羽などの諸国に進出するにいたった。

瑩山派のうち、明峰派以上に顕著な発展をなしとげたのが峨山の一派である。峨山（一二七五〜一三六五）、諱は韶碩《しょうせき》。能登の人で、はじめ天台をまなんだが、のち瑩山に師事して、その法をつぎ、ながく永光・総持に住し、貞治五年十月二十日、九十一歳の長命をもって寂した。したがって、ながきにわたって門徒を育成し、その会下からは通幻をはじめ多くの禅傑を出し、旭日昇天の勢いをもって全国的に展開をとげるにいたった。すなわち、丹波永沢寺《ようたくじ》・越前竜泉寺・近江の乗安寺、のちの総寧寺などをひらいた通幻、陸中黒石の正法寺の無底・月泉、加賀仏陀寺の太源、越中自得寺の無際、日向皇徳寺の無外、陸奥永徳寺の道叟、陸奥示現寺・下総安穏寺・伯耆退休寺の源翁、越中立川寺の大徹、能登定光寺・備中永祥寺の実峰など、竜象一時に輩出し、しかもそれらの多くは、通幻が細川頼之の援助によって永沢寺をひらいているように、下総の結城、中部地方の吉見・上杉・土岐、近畿の佐々木、九州の島津など、各国守護領主層を主体とする地方豪族の庇護をうけて、各地に大刹をひらき、あるいは旧仏教寺院を転宗させるなど、それぞれ各地方における自派の拠点を確保し、これを基軸として、五山派の教線のとどかない地方において、旧仏教系や修験関係の遺蹟を復興するなどの方法によって展開をすすめ、通幻派をはじめとしてかなりの門派に成長し、やがて室町後半にかけて飛躍的発展をとげる基本的体系がほぼできあがるにいたったのである。

このようにして、曹洞教団においては、義演・寂円などの一派は永平寺、明峰派は大乗寺、峨山派は総持寺、通幻派は永沢寺などを独占し、これらの大刹を基点として、各派はそれぞれ別個の展開をすすめ、四方に発展していったのである。とくに、これら諸派のうち最大門派となった瑩山派は、瑩山がはじめ大乗寺に住し、ついで永光・総持の二寺をひらいているので、当初はこの三寺ともに密接な関係をもっていたのであるが、そののち明峰・峨山の二派にわかれてからは、明峰派は永光寺には住したが、総持寺へは入らず、主として大乗寺中心となってしまった。これに対して、瑩山派の主力となった峨山派は、峨山・通幻などが大乗・永光両寺に住しなかったため、その門下も大乗・永光との関係が漸次稀薄となり、いつしか峨山派は総持寺中心となった結果、ついには瑩山派全体にとって、大乗・永光両寺よりも総持寺はより重要な存在となっていったのである。

このようにして、この後の曹洞教団の主流として著しい発展をなしたのは峨山一派であり、その本拠は能登の総持寺で、同派はここを拠点として、数多の禅将を多出した。すなわち、峨山下からは、太源・通幻・無外・大徹・実峰などの俊足を出している。

太源（〜一三七〇）、諱は宗真《そうしん》。峨山の法をついで、総持・永光・仏陀に住し、応安三年十一月十二日寂した。その門下からは了堂・梅山を打ち出した。了堂下からは、応永二十六年ごろ眼蔵八十四巻本を編輯した太容梵清がでている。

梅山（〜一四一七）、諱は聞本《もんぽん》。美濃の人で、はじめ建仁寺の孤山至遠にまなんだが、のち太源の法をついだ。越前の竜沢寺をひらき、総持寺に住している。足利義満はその道名をきいて、上洛させようとしたが、遁れてこれに応じなかったので、画工をしてその頂相《ちんそう》を描かしめている。この一事によってもその力量がしられるであろう。応永二十四年九月七日寂。その門下から太初・傑堂・如仲らがでた。太初、諱は継覚、紀州の人で、はじめ法燈派の古剣に参じたが、のち梅山に投じ、竜沢・総持に住し、応永二十年九月四日寂した。傑堂、諱は能勝、河内の人、楠木正成の後裔といわれる。武勇をもってきこえたが、古剣・通幻・梅山に参じ、越後の耕雲寺をひらき、応永三十年八月七日寂した。その門から顗窓や越後種月寺の南英謙宗を出している。南英は相国寺の大岳にまなび、五位顕訣をといた『洞上雲月録』をあらわした。長禄三年五月十九日寂。南英下の瑚海、諱は仲珊は、永享六年入明し、天童山の如浄の塔所を拝し、在明十九年、享徳元年秋に帰国した。文明元年正月二十四日寂。

如仲《じょちゅう》（一三六九～一四三七）、諱は天誾《てんぎん》。信濃の人、はじめ教宗、ついで幻住派の大拙に学んだが、のち梅山に投じ、近江の洞寿院、遠江の大洞院や崇信寺をはじめ、総持・竜沢に住し、永享九年二月四日寂した。このようにして、如仲は、近江さらに遠江・駿河・三河の東海地方に太源派の教線が大きく伸張する契機をなしたものとして注目される。ついでその門から喜山・真巌らを出し、喜山下に芝林、その下から遠江の石雲院をひらいた崇芝、さらにその門から、『碧巌大空抄』をあらわした大空玄虎がでている。永正二年七月二十三日寂。真巌下からでた川僧、諱は慧済、三河の人で、大洞院に住し、東海地方に発展した太源派の中心人物として、武家から農民にいたる各層に多くの信徒を獲得し、総持・竜沢に住し、文明七年七月九日寂した。のちに法覚仏慧禅師の号をうけている。

通幻派の発展　つぎに、峨山派のなかでも、もっともいちじるしい発展をとげたのは通幻の一派であった。通幻（一三二二～一三九一）、諱は寂霊。豊後の人、はじめ聖一派の定山についたが、のち明峰・峨山に参じ、峨山の法をついだ。細川頼之の外護をうけて、摂丹の境に永沢寺《ようたくじ》をはじめた。もと同寺は修験の道場ではなかったかとおもわれる。なお、通幻は後円融天皇の勅書をうけて、天下僧録に任ぜられたように一般にいわれているが、これは後世の附会にすぎない。のち総持に住し、越前竜泉寺をひらき、明徳二年五月五日寂した。通幻は永沢寺にあって、頼之の庇護のもとに禅風を大いに挙揚したので、門下に禅徒雲集し、その門は了庵・石屋をはじめ、普済・天真・不見など多士済々で、著しい発展をしめし、了庵下は相模最乗寺を根本道場として、相模・上総・下総・上野・下野・伊豆・信濃・甲斐・常陸・武蔵など、関東から奥羽にかけて教線を拡張した。一方、石屋下は、薩摩・日向・大隅・長門・周防などをはじめ、九州から山陽・山陰・四国にかけて、関西地方一帯に展開し、かくして、通幻派は全国的に驚異的な進出をとげるにいたっている。

了庵（一三三七～一四一一）、諱は慧明《えみょう》、相模糟屋庄の人、はじめ宏智派の不聞などにまなんだが、峨山・通幻に参じ、通幻の法をついだ。総持・永沢に住し、相模関本の最乗寺を禅に改めた。同寺には道了尊がまつられており、真言密教の道場であったようである。応永十八年三月二十七日寂。了庵下から大綱・無極・韶陽をだした。大綱、諱は明宗、はじめ法燈派の抜隊によったが、のちに了庵の法をつぎ、最乗・永沢・総持に住し、永享九年正月十四日寂した。その門では春屋・吾宝がもっともあらわれた。春屋、諱を宗能《きゆう》といい、総持・最乗に住し、康正二年三月十九日寂した。その門から美濃の天徳寺をひらいた在仲、北条氏綱の帰依をうけて、早川の海蔵寺をひらいた安叟宗楞、下総の東昌寺を、また上杉憲実の外護によって伊豆の蔵春院をひらいた実山永秀などを打ち出した。在仲の下からは、結城氏の帰依をうけて乗国寺をひらいた松庵宗栄がでた。吾宝、諱は宗璨、上杉憲清のまねきにより、伊豆の最勝院をひらき、総持などに住し、長禄元年十月六日寂した。そのもとに、信州定津院をひらいた拈笑宗英、甲州広厳院をはじめた雲岫宗竜、常陸大雄院をひらいた南極寿星などがいる。

了庵下で、大綱とならび称された無極慧徹は、武蔵の竜穏寺、上野補陀寺をひらいて、永享二年十二月二十八日寂した。その門から出た月江正文は、永沢・最乗などに住し、上野雙林寺の開山にまねかれ、寛正四年正月二十二日に寂した。月江下からは、太田持清・道灌の外護によって武蔵の竜穏寺を再興した春叟妙康、仁木義長の子で、美濃の竜泰寺をひらいた華叟正蕚、長尾景仲のまねきで、上野白井の雙林寺をはじめ、長享元年十一月四日に寂した一州正伊などを打ち出した。春叟下からは、太田道灌の請によって芝の青松寺をひらいた雲岡舜徳（永正十三年五月十五日寂）、華叟下からは、越後の顯聖寺、下野の小山成長の帰依をうけて大中寺をひらき、明応二年十二月二十六日寂した快庵妙慶、一州下からは、はじめ五山にまなび、のちに一州の法をつぎ、永平寺の復興につとめ、永正元年十月十四日寂した曇英慧応がでている。

通幻下において、了庵とならんで二甘露門の一人にかぞえられた人に石屋がある。石屋（一三四五〜一四二三）、諱は真梁、薩摩島津忠国の子で、蒙山・東陵・中巌・寂室・此山・古剣・大拙ら五山派の諸尊宿にまなんだが、のち通幻に投じてその法をついだ。総持に住し、また守護島津元久のまねきにより薩摩の福昌寺、ついで防州泰雲寺、長門太寧寺、美作西来寺などをひらき、九州・中国に教線を伸張する基礎を確保したが、応永三十年五月十一日寂した。その門下に竹居・覚隠らがある。竹居、諱は正猷、薩摩の人で、はじめ石屋に参じ、ついで総持に住し、大内弘忠の帰依で、周防の竜文寺をひらき、寛正二年十月二十五日寂した。島津元久の子仲翁守邦はその弟子である。器之為璠も竹居の門弟で、五山派の惟肖にまなんだが、のち大内弘忠の帰依をうけて周防竜文寺を中興し、永沢寺に住し、その名声は天下にきこえた。応仁二年五月二十四日寂。石屋下の覚隠、諱は永本、大内氏の帰依をうけて、永沢や周防の闢雲寺に住し、享徳二年十二月十八日寂した。その門弟玉岡慶琳は、郡主高橋盛綱にまねかれて筑前永泉寺をはじめ、のち足利義政にまねかれて、菩薩戒をさずけ、長享元年秋寂している。このほか、石屋門派の人々は、九州・中国・四国の各地に禅化を布いた。

通幻派には、以上の了庵・石屋の二高弟のほか、一径・普済・不見・天真・天鷹・天徳・芳庵などの竜象が各地に展開している。一径、諱は永就、摂津の景福寺をひらき、永沢・竜泉に住している。普済（一三四五〜一四〇六）、諱は善救、五山派の天関・別源・中巌や洞宗の中庭らに参じた。普済の号は中巌からあたえられたものである。総持・永沢に住し、越前の禅林寺などをはじめ、応永十三年正月十二日に寂した。五山派の影響をうけた語録がある。その法孫から、前田利家の帰依をうけ、加賀の宝円寺をはじめた大透圭徐（一五三五〜一五九八）がでて、総持寺を再興した。慶長三年九月二十日寂。さらにその門からは、前田利家・利長の帰依をうけ、芳春院に住し、加賀の桃雲寺をひらき、慶長十六年七月、徳川家康に駿府城にめされ、総寧・竜穏・大中の三寺を関三刹に推薦した象山徐芸（〜一六一九）がでている。

不見（一三四三〜一四〇六）、諱は明見、大拙・太源・大徹・古剣・通幻などの済洞の名師に参じ、通幻の法をついだ。越前の興禅寺をはじめ、応永十三年六月三日寂した。その門からは、後花園天皇にめされて禅要をといた春庭見芳（一三七〇〜一四四〇）がでている。

天真（〜一四一三）、諱は自性、越前の慈眼寺をひらき、永沢・竜泉などに住した。応永二十年正月十三日寂。その門から伯耆の曹源・定光をはじめた機堂長応、足利尊氏の季子で、はじめ夢窓に参じたが、その寂後、天真に参じ、丹波の円通寺をひらいた英仲法俊、はじめ天台をまなび、五山派の竜山に参じて道号頌をうけ、のちに天真に師事して、越前の竜興寺をひらいた希明清良をだした。

天鷹（一三三六〜一四一三）、諱は祖祐、加賀の波多野氏の出で、足利義満にまねかれ、のち尾張の正眼寺をひらいた。応永二十年正月二日寂。その門から尾張の雲興寺をひらいた天先祖命（一三六七〜一四五八）を、また法孫からは、織田信秀の伯父で、その外護によって尾張の万松寺をはじめた大雲永瑞が出ている。

天徳（一三三一〜一四二九）、諱は曇貞、近江の大光寺をひらき、義満にめされて禅要をといた。正長二年九月六日寂。芳庵、諱は祖厳、門下から越前朝倉氏の出身である昌庵悛丰（〜一四四一）や、入元して、のちに永平寺に住した嫩桂祐栄などを出している。応永二十五年四月二十三日寂。

このように、通幻派は丹波の永沢、さらに最乗・福昌などを中心に、近江の総寧、相模の海蔵、伊豆の景勝、信濃の定津、甲斐の広厳、常陸の大雄、武蔵の竜穏、上野の雙林、下野の大中、長門の太寧、周防の泰雲などの諸刹を拠点に、関東・奥羽・中部、さらに九州・中国・四国の各地方に発展し、全国的に教線を開拓していったのである。

このほか、峨山下からは、日向の皇徳寺の無外円昭の門から無著がでた。無著（一三三三～一三九三）、諱は妙融、はじめ剛中・孤峰ら五山の人々に参じたのち、無外に師事し、豊後の田原氏のまねきにより泉福寺、ついで肥前の玉林寺などをひらき、泉福寺は洞門の大道場となり、福昌寺とともに同宗の九州地方における一大拠点をなした。明徳四年八月十二日寂。その門からは五山派の十刹である山城安国寺に昇住した得翁融永などを打ち出した。

大徹（一三三三～一四〇八）、諱は宗令、峨山に師事し、総持寺などに住し、越中の立山寺《りゅうせんじ》を開き、応永十五年正月二十五日に寂した。その門から竺山得仙（一三三九～一四一八）がでている。竺山は大弁・寂室・平心・大拙・不昧などの五山派の人に参じ、摂津の護国寺をひらき、足利義満などの帰依をうけた。応永二十年三月十九日寂。その門下に惟忠守勤があり、ともにかなり五山派の人に接近している。

実峰（～一四〇五）、諱は良秀、峨山に師事すること十余年、能登の定光、備中の永祥などをひらき、総持寺にも住し、応永十二年六月十二日寂した。その門から悦堂常喜・綱庵性宗などを出している。

このほか、峨山下からは、陸中正法寺の無底良詔（一三一三～一三六一）・月泉良印（一三一九～一四〇〇）、越中自得寺の無際純証、陸奥永徳寺の道叟道愛（～一三七九）、伯耆退休寺・下野安穏寺・陸奥示現寺などの源翁心昭（一三二五～一三九五）などを出した。

以上のように、峨山派は全国にわたって教線を拡げ、総持寺を中心とした大門派に成長し、他の曹洞教団諸派を圧するの感があったのである。このほか、肥後の大慈寺を中心とする寒巌一派には、その門下から斯道・鉄山・愚谷・仁叟らを出し、峨山派などとは別の展開を進めていた。すなわち、鉄山士安の下からは、肥後の日輪寺をひらいた天庵懐義（～一三六一）や東洲至遼を出し、東洲の法孫には、吉良氏の帰依をうけて浜松の普済寺をひらいた華蔵義曇（一三七五～一四五五）を出し、ついでその門から豊川稲荷の妙厳寺をはじめた東海義易（～一四四一）をだし、室町中期以後、遠江・三河の東海方面に進出し、約八百有余の寺院を擁する門派を形成するにいたっている。

民衆化　このように、曹洞教団が南北朝期に入って活潑な展開をとげた背景には、その宗風における民衆化があったことをみのがすことができないであろう。これよりさき、鎌倉末期に瑩山の出現によって、教団主流派が旧仏教系や修験道などとの接触融合をすすめ、神仏の庇護を期待する加持祈禱的傾向をますにいたったことは、すでにみたごとくであるが、そののち地方展開をつづけていく過程において、このような傾向は一層助長され、不安定な社会における民心慰撫という点が強調されたことは想像に難くない。たとえば、寒巌の肥後大渡橋、通幻の越前金津橋の建設、加賀安宅の聖興寺門前橋供養、実峰の橋供養、あるいは霊泉の発見、鑿井灌漑による水利の開拓、悪竜鬼神の退治などの神人化度《しんじんけど》の説話など、公益事業や現世利益の事例は枚挙にいとまがないのであって、当時の教団各派が民衆教化の実践運動にいかに力こぶをいれていたかが容易に窺われる。

また、この時代の語録をみると、葬式のための下火《あこ》や追善供養の法語などの類が非常に多く、語録の主要部分をしめており、しかもそれらは一般むきに簡素平易化されていて、この点五山派にみられるような中国趣味の汪溢した禅文芸とはかなり趣きの異なったものとなっており、さらにその対象も上級武士階級から下は一般庶民にまでおよんでいる。同じ禅宗でも、五山派がなお旧来の法式を墨守していたのにひきかえて、かなり簡易化された仏事法要がいとなまれていたことがしられるのである。すこし時代は下るが、川僧などは、自ら耕耘をこととし、老農となるといっているように、かれのような当代一流の人でさえも農耕に従事していたことなどをみても、当代教団がその実践教化によって土豪農民のなかにひろく布教しようとしていたことがしられるのであって、貴族的生活から脱しえなかった五山派との間には、すでに著しい逕庭が存したことはうたがうべくもないのである。

こうした教団の民衆化は、同教団には入唐者がまれで、したがって中国禅宗の動向などとはほとんど無関係であったことにもよっているが、またその展開が地方から地方へ進められて、中央との接触はごく一部のもののみで、地方展開の過程において、旧仏教などとの接触が多く、いきおい禅宗以外の諸要素を吸収し、これに同化されて、密教化していったのである。しかしながら、なお年二回の結《けつ》制安居《せいあんご》、すなわち夏冬三ヵ月のあいだ厳格な禅的研修をつむ江湖会《ごうこえ》、十二月一日から八日まで昼夜兼行で坐禅しつづける定坐《じょうざ》、すなわち臘八接心、あるいは、一日三時の勤行、四時の坐禅などの禅宗独特の修行形態はまもられていたのであり、また所依の経典にしても、『正法眼蔵』『参洞契宝鏡三昧』、あるいは『碧巌録』をはじめとして、『大慧書』『景徳伝燈録』『禅林類聚』『禅儀外文集』『祖英集』などの禅宗各派共通の教典語録詩文などが用いられ、とくに『碧巌録』『宝鏡三昧』などは参禅の必携書としてもっともひろく利用され、その講義・註書がさかんにつくられている。しかしながら、すでに参禅の実態はかなり崩れたものとなっており、室町中期以後になると、室中秘密参禅之書というたぐいの〝密参録〟が一般に流布され、碧前碧巌碧後の三百則のような最も代表的な秘伝書が師弟代々のあいだに密授され、切紙大事などの三物《さんもつ》の類も口訣伝授されるなど、きわめて密教的伝授形式が流布されていたのであって、古式な参禅工夫の厳正さは失われてしまっていたのである。

江湖授戒会の流行　このように、参禅が衰えてきていたのにひきかえて、それに代わるものとして、江湖会《ごうこえ》や授戒会《え》が流行したことは注目に値するであろう。すなわち、さきにものべたように、江湖会は禅修行を興行するためにおこなわれたものであるが、このような江湖会がとくにさかんになってきたのは応仁文明以来のことで、千人江湖とも称され、千人もの禅僧たちによっておこなわれる盛大な行事として、ひろく一般民衆の関心をよぶようになったのである。江湖会は結制安居のことで、これまでも五山派のあいだでもさかんに行なわれていたものであるが、一部特定の人々の目にとまるのみで、一般庶民には全く無縁のものであった。しかるに、曹洞教団によっておこなわれた江湖会の場合は、戦国大名などの援助のもとに、各地の民衆のあいだに大々的に喧伝され、一般民衆も直接これに参加することができたので、禅修行の体得や法式の修練という教団自体のためばかりでなく、民衆教化のうえにも大きな成果をあげることができたことは申すまでもない。また、一面からみれば、このように、千人もの雲衲を集結しなければならない江湖会が興行できたのは、すでに大教団が形成されていたことを示すものということができよう。（龍雲寺文書、乗国寺文書）

つぎに、江湖会とともに、教団布教のうえに大いに役立ったものに授戒会がある。この授戒会も、上は大名から下は一般庶民にいたるまで参加して、戒法血脈をうけることができ、しかも一時に何百という多数におよんだので、教化にはかなりの成果をあげることができたのであり、江湖会とともに、興行による利潤によって寺院復興にも大いに役立てられたので、一石二鳥の効果をえたのであった。こうして、江湖授戒がさかんに行なわれた結果、宗風もしだいに活気を帯び、支持者層も大名から庶民にいたるまで各層に浸透し、ますます広汎なものとなり、それぞれの地方において不断の進展をみるにいたった。のみならず、江湖会授戒会は戦国大名の領国を中心に興行されたので、従来相互間に連繋がなく、それぞれ別個に展開をつづけてきた教団各派は、ここに、江湖授戒会などを媒介として、戦国大名の領国単位ごとに横の連繋がむすばれるにいたったことも見のがすことができないであろう。

戦国大名との結合　このようにして、室町末期以後、東海地方に展開していた一派が、今川・徳川両氏の庇護をうけて、尾張・三河・遠江・駿河各地にめざましい発展をとげ、曹洞教団の主流を形成するにいたったのをはじめ、各地に展開していた諸派は、関東地区の太田道灌・北条氏康・同氏政・結城氏、中部地区の武田信玄・同勝頼・真田信綱・同昌幸・朝倉義景・畠山義綱・織田信秀・同信長・前田利家・同利長、中国地区の大内義隆・毛利隆元・同輝元・山名氏、近畿地区の浅井長政、九州地区の大友義鑑・同義鎮・多々良義良・島津氏などの戦国諸大名の外護をうけて、各領国ごとに教線を拡張し、北高全祝（一五〇六～一五八五）が武田信玄の領国内の僧録に任ぜられたのをはじめ、可睡斎の鳳山等膳（～一五八〇）が徳川家康によって駿遠参豆四ヵ国の僧録に任命されるなど、各領国に僧録がおかれて統制がはかられた結果、分国内における曹洞教団の連繋はより強固なものとなり、他の諸宗を圧するにいたっている。もとより、この僧録の制度も、かつて足利義満が全国の五山派を統制する機関として設置し、のちに相国寺鹿苑院の歴代塔主がつとめた、いわゆる鹿苑僧録にならったものであるが、このようにして、従来は末端にいたるまで、相互間にはほとんど連結がないままに展開していた各派は、戦国大名の領国中心に統合されるにいたり、やがてきたるべき全国的大連合の素地をなすにいたっている。かくして、慶長十七年（一六一二）五月二十八日、象山の意見にしたがって、徳川家康は総寧・竜穏・大中の関三刹と大洞院に法度五ヵ条を下し、曹洞宗における本末関係をただし、ついで江戸幕府の創立によって、前記の関三刹を中心とする関東中心の再組織による全国的統合が行なわれ、さらに、江戸前期における月舟・卍山らによる宗統復古運動によって、永平寺中心の宗内統一が促進され、ついで、面山らによって思想的学問的裏付けがなされて、今日みるような大宗門へ発展するにいたったのである。

以上みてきたように、南北朝から戦国期にかけて各派は全国的に進出したが、教団の発展につれて活況を呈し、なかには中央にでて、足利氏などと接近するものもみられるようになった。すなわち、室町初期には足利義満が北野法華会に天鷹をまねき、あるいは梅山や壺天玄晟らを京都に招聘しようとし、また竺山得仙や天徳曇貞などに禅要を問うているほか、教団の諸寺に所領を寄進しており、こののち将軍義持・義政らも曹洞教団と同様な関係をもつにいたっている。のみならず、瑩山派の得翁融永が寿福、京都の安国の両寺、寒巌派の無等□倫が肥後の諸山である浄土・能仁両寺に住している。当初から五山派として展開していた宏智派は別として、このように道元下の人々が五山派に介在して、しかもその官寺である五山十刹諸山に出世したということは、従来の道元下にはまったくみられなかった画期的な現象であって、このような事実は、当時の教団の内容がいかに充実していたかを物語っているといえよう。

永平寺の擡頭　すでにみてきたように、室町中期には曹洞教団の諸派は全国にわたって著しい発展をしめし、とくにその中核たる瑩山派は大門派に成長して、一部小門派のみによっていた永平寺教団を圧し、室町中期以後になると、かつて三代相論このかたながらく関係の途絶えていた永平寺にも昇住するものがあらわれるようになった。すなわち、嫩桂《どんけい》祐栄や茂林芝繁などは瑩山派から永平寺に登住し、金岡など永平寺の復興につとめたものがでている。ここに、瑩山派はその実力によって再び永平下に復帰し、やがて永平教団の主流をなすにいたったのであって、これまで少数門派のみによって支えられていた永平寺は、室町後半以来、瑩山派をその傘下に擁する曹洞全教団の一大根本道場となり、総持寺をはじめ大乗・永光・永沢・最乗などの諸末寺をふくむ同教団の総本寺として、にわかに脚光をあびるにいたったのである。このようにして、瑩山派の人々はつぎつぎに永平寺に昇住し、その有力なものは、永平開山道元第何世の末孫という資格によって、勅謚号をたまわるようになった。すなわち、文亀三年（一五〇三）八月二十一日、近江新豊寺の越渓麟易（～一五一四）が真興正続禅師の諡号を宣下されたのをはじめとして、こののち勧修寺家の伝奏によって、瑩山派の人々が相ついで禅師号をうけているのである。

日本曹洞第一道場　さらに、永平寺を紫衣勅許の出世道場として、その勅額を下賜されるよう、かねて朝廷に願いでていたところ、前関白一条冬良などの斡旋によって、永正四年（一五〇七）十二月十六日、ついに本朝曹洞第一道場という後柏原天皇の勅額をたまわるにいたった。こうして、五山の南禅寺などと同様、永平寺は綸旨をうけて入寺する、紫衣勅許の出世道場として正式に認められ、さきに全教団の実質上の根本道場となっていた永平寺は、ここに最高の栄誉と格式をもつ、名実ともに曹洞宗の中核として、天文八年（一五三九）十月七日、日本曹洞第一の出世道場と認められた。総持寺も永正八年正月十六日ごろ、紫衣の出世道場たらんことを願いでているが、このときは許されず、その後も運動をつづけた結果、天正十七年（一五八九）六月二十七日にいたり、出世の本寺たることを認められている。ついで、元和元年七月にも、江戸幕府によって両寺は紫衣の出世道場たることを確認されている。

なお、このころの永平寺においては、綸旨による正式な入寺のほか、一夜瑞世《ずいせ》といって、一定の公文銭《くもんせん》を出し、形式的に一夜だけ住持をつとめることによって、前永平住持という称号をうけられる制度が行なわれているが、五山における坐公文の発生などと類似していて興味深いものがある。

このように、曹洞宗は、はじめから永平寺がその総本山であったわけではなく、教団の主力は永平寺とは別に地方展開を続けており、とくに鎌倉末期に峨山派を中心に顕著な発展をとげるにいたった。このため、南朝方から接近を誘われたこともあったが、幸いにも、永平開闢以来の伝統を尊重した峨山などが、中央政権との結びつきをさけて、専ら教団の拡張につとめた結果、五山派がとみに貴族化し、文芸中心の宗風によって蔽われてしまったとき、なおも独自の禅風をたもって、各地の守護階級などの外護をえて一層躍進することができた。しかも各派のうち最大門派を形成していた峨山派は、ついに三代相論このかた義絶状態にあった永平寺にも昇住し、ここにはじめて永平中心の教団統一をなしとげ、さらに永平開闢以来みられなかった禅師号の宣下をうけ、ついで永平寺も紫衣勅許の出世道場となり、永平中心の近世的大宗門に発展する体制ができ上がったのである。

【曹洞宗】

- 道元
  - 孤雲懐奘
    - 徹通義介
      - 瑩山紹瑾
        - 明峰素哲
          - 大智
          - 松岸旨淵
          - 珠巌道珍―徹山旨廓
            - 慶屋定紹
            - ……月舟
        - 壺庵至簡
      - 宗円
      - 懐暉
    - 義演
    - 義準
    - 寂円―義雲
      - 無涯智洪―寂室了光―中庭宗可
      - 峨山韶碩＊
  - 僧海
  - 詮慧
  - 経豪
  - 寒巌義尹
    - 斯道紹由
    - 鉄山士安
      - 天庵懐義―古桂智芳
      - 東洲至遼―梅岩義東―華蔵義曇―東海義易
    - 愚谷常賢
    - 仁叟浄凞
  - 曇希

＊峨山
- 無底良韶
- 大源宗真
  - 了堂真覚
    - 竹窓智厳―字堂覚卍―麟翁永祥
    - 太容梵清―古澗仁泉―関叟梵機
  - 梅山聞本
    - 太初継覚
    - 傑堂能勝
      - 顕窓慶字
      - 南英謙宗―瑚海仲珊
    - 如仲天誾
      - 喜山性讃―茂林芝繁―崇芝性岱―大空玄虎
      - 真巌道空―川僧慧済―大年祥椿―大路一遵
      - 物外性応―実庵祥参
- 無際純証
- 道叟道愛―月庵良円
- 源翁心昭―壺天玄晟

- 無外円昭—無著妙融
  - 得翁融永
  - 洞岩玄鑑—実庵融参
- 大暉霊曜—古山崇永—松堂高盛
- 通幻寂霊
  - 了庵慧明
    - 韶陽以遠
    - 大綱明宗
      - 春屋宗能
        - 在仲宗宥—松庵宗栄
        - 安叟宗楞・即庵宗覚・実山永秀
      - 吾宝宗璨
        - 拈笑宗英
        - 雲岫宗竜
        - 南極寿星
        - 模庵宗範
    - 慧　春　尼
    - 無極慧徹—月江正文
      - 春叟妙康—雲岡舜徳
      - 華叟正蕚—快庵妙慶
      - 一州正伊—曇英恵応
  - 天徳曇貞
  - 普済善救
    - 大透圭徐—象山徐芸
  - 石屋真梁
    - 竹居正猷
      - 仲翁守邦
      - 器之為璠
    - 定庵殊禅
    - 覚隠永本—玉岡慶琳
  - 天鷹祖祐
  - 天先祖命
  - 芳庵祖厳
    - 嫩桂祐栄
    - 昌庵恔丰
  - 一径永就
  - 天真自性
    - 機堂長応—雪叟一純
    - 英仲法俊—牧翁性欽
    - 希明清良
  - 不見明見
    - 春庭見芳
- 無等慧崇
- 月泉良印
  - 笑岩慧忻
- 無端祖環
  - 瑞岩韶麟
- 大徹宗令—竺山得仙—惟忠守勤

2　大応派の擡頭

曹洞禅の永平下と同様、主として地方に展開していた臨済系の一派に南浦紹明《なんぽじょうみん》の大応門派がある。この派は、大応・大燈・関山の三代を応燈関といって、現在の臨済宗諸派の法系上の源流としてとくに注目されているが、実はこの派も当初の間は他の五山派に伍して、五山の間に展開していたのである。

その派祖である南浦（一二三五～一三〇八）は駿河の人で、聖一国師の甥にあたる。はじめ浄弁について教宗をまなんだが、のち蘭渓の門に投じ、さらに正元元年宋にわたって諸名宿に歴参し、ついに虚堂《きどう》智愚の法をついで、文永四年（一二六七）帰国した。このとき、中国の名衲たちの送行の偈をあつめたものが、『一帆風』としてしられている。帰国して、筑前興徳・崇福に住すること三十余年、その間元の使臣趙良弼と詩を唱和している。おそらく、幕府の命によってその接待にあたったものであろう。嘉元二年に上洛し、後宇多上皇のために禅をとき、ついで京の万寿に住した。翌年、同上皇が東山に嘉元寺をひらき、南浦を開山にまねいて、宋朝風の純粋禅を唱導しようとしたが、叡山衆徒の怒りをうけ、同寺を毀破されてしまったので、鎌倉に下り、北条貞時の帰依をうけて、建長寺に入寺した。延慶元年十二月二十九日寂。翌年後宇多法皇から円通大応国師の勅諡号を下賜されたが、これはわが国における国師号の濫觴である。その門下を大応派といい、門弟には通翁・宗峰《しゅうほう》・月堂・滅宗などの逸材を出したが、なかでも宗峰がもっともすぐれていた。

大徳寺派の系譜　宗峰（一二八二～一三三七）、諱は妙超。播磨の人で、はじめ書写山に入って戒律師に天台学をまなび、のち禅に転じて、仏光派の高峰に師事したが、その和様化した禅風にあきたらず、上洛して、機峰俊烈な宋朝禅を鼓吹していた新帰朝者の南浦の門に投じ、その法をついだ。しかしながら、五山での法階は一侍者にとどまっていたようである。そののち、東山の雲居庵《うんごあん》に隠棲していたが、ついで赤松則村や花園上皇の帰依をうけて、紫野に大徳寺をひらき、やがて同寺は五山に列せられた。上皇は師を召して、しばしば問法しており、

（宗峰）億劫相別るれども須臾も離れず。尽日相対すれども刹那も対せず。此理人々これあり。いかなるかこれいんもの理。伏して一言をきかん。

（上皇）昨夜三更、露柱和尚に向っていいおわんぬ。

（上皇）二十年来辛苦の人。春を迎ふるも換えず旧風烟。著衣喫飯いんもにし去る。大地何ぞかつて一塵あらん。弟子この悟るところあり。師何をもってか朕を験せん。

（宗峰）老僧すでにいんもに験せり。聻《にい》。

という問答の現物が大徳寺本坊につたわっている。かつて、正中宗論の際、法兄通翁の侍者として清涼殿に参内し、玄慧法印ら南都北嶺の諸師を論破し、このため玄慧は衣をかえて弟子となり、洗心子と称したことはよく知られている。のちに自分の房舎を寄進したのが雲門庵であるという。花園上皇から興禅大燈の国師号を賜わった。また後醍醐天皇のほか公家や赤松円心などの尊崇をうけている。建武四年十二月二十二日寂。花園上皇は禅宗を理解した代表的人物の一人であるが、その宸記のなかで、かつて高峰門下にまなんだ宗峰と夢窓を比較して、夢窓の問答はまだ教宗味を脱していないから、このままでは禅宗の真面目は滅びてしまうので、夢窓を宗門の長老として重用することは、ひいては仏教を滅亡にみちびくもとになると道破し、猛烈な禅的修行をつむことをモットーとしていた宗峰の禅風を称揚している。この一事によっても、宗峰の禅は南浦の宋朝禅をうけついだ気魄のこもった峻烈さをもつものであって、夢窓を中軸とした五山派とは相容れないものであったことが知られるのである。その門下からは多数のすぐれた禅匠を輩出しているが、なかでも二神足の徹翁と関山がきわ立った存在として注目される。

徹翁《てっとう》（一二九五〜一三六九）、諱は義亨、出雲の人で、はじめ五山に入り、建仁の鏡堂にまなんだが、五山派の教学的傾向にあき足らず、雲居庵の宗峰にまみえて、その法をつぎ、大徳寺一世となった。師の遺芳をまもるにふさわしく、きわめて経世的才能にとみ、大徳寺に住するや、檀徒のために七ヵ条の制法を定め、仏法僧の三宝をあつく敬うべきことを示して、師檀関係を密接にし、また徳禅寺法度・正伝庵法度などをつくり、門徒の掌握に意を用いるなど、寺院の運営と教団発展の基礎を固めることに心がけたので、一時門派は諸方に栄え、山城をはじめ摂津・伊予・但馬・近江・紀伊・和泉・丹後などの諸国に教線をのばし、かなりの勢力をもつにいたっている。応安二年五月十五日寂。大祖正眼禅師、元応大現国師と諡号を賜わった。

その門から言外が出ている。言外（～一三九〇）、諱は宗忠、伊予河野の一族で、はじめ徹翁の俗兄である自翁宗雲の門にまなんだが、のち徹翁下に投じ、その法をついで、大徳寺に住した。明徳元年十月九日寂。のちに密伝正印の禅師号をうけた。しかし、このころになると、大徳寺派の宗風は五山派と懸隔著しく、このため室町幕府の保護もえられなかったので、一時衰微し、至徳三年七月の五山位次改定には十刹の下位にとどまったにすぎなかった。

ついで言外の弟子に華叟《かそう》がでた。華叟（一三五二～一四二八）、諱は宗曇、徹翁・言外に師事し、正長元年六月二十七日に寂す。のちに大機弘宗禅師と諡された。華叟のころには、教団としてはさして著しい活動を示さず、大徳寺を保持するに汲々たる有様であったが、その門下から養叟・一休を出すにおよんで、この派は再び活気をとりもどすにいたっている。

養叟（一三七六～一四五八）、諱は宗頤《そうい》。京都の人で、はじめ五山に入り、聖一派の九峰韶奏にまなんだが、五山の文芸第一趣味にあきたらず、のち華叟に参じ、文安二年八月二十八日大徳寺に住して復興につくし、ついに南禅寺と同様、紫衣勅許の出世道場とした。おそらく、のちに後花園天皇から宗慧大照の禅師号を特賜されていることでもわかるように、同天皇に接近することによって、この栄誉をうることができたのであろう。長禄二年六月二十七日寂。その弟子に春浦宗熈があり、こののち、その門下は大徳寺派の正統派として栄えるにいたっている。

一休の気骨　この養叟とはり合ったのが一休（一三九四〜一四八一）で、諱を宗純、別に狂雲子といった。後小松天皇の皇子といわれ、はじめ五山に投じて周建といい、象外集鑑・幕哲竜攀に参じ、また清叟に教学をうけ、さらに大応派の謙翁に、ついで華叟に師事して、その法をついだ。文明六年に大徳寺入寺の綸旨をうけ、一般には大徳寺の一休として、同寺に住したように考えられているが、養叟一派との不和のために、一生入寺しなかったのであって、このため養叟一派との反目は一層激烈なものとなったようである。文明十三年十一月二十一日寂。その詩文集を『狂雲集』という。かつて師匠の華叟から印可状を授けられたが、そのまま置いて立ち去り、これを届けられるや、火中に投じてしまったという。これなど、本来の修禅を忘れ、形式的に印可状をうることのみに偓促している当代の贋禅坊主の輩に大いに反駁したもので、まことに時流に対する頂門の一針として傾聴すべきものがある。そして、むかしは道心あるものが寺に入ったが、このごろではその逆で、坐禅工夫もせず、さりとて知識も教養もない贋者ばかりが寺にいて、本当の道心あるものは寺を出てしまうではないかと難じた。これは大徳寺にとどまった養叟一派に対して、寺を出た一休の気骨をしめしたもので、平生弊衣をまとい、常に木剣と尺八をもって市中を闊歩し、形式的にのみ説法をして人心を魅惑し、いかにも学者づらをして、閑言語を用いながら、実際には名利を好み、仏法をくいものにしている衒術の徒は人非人だとののしり、時流に真向から抵抗した気概はまさに一休ならではとおもわれる。とりわけ、養叟に対する反感には異常なまでの激しさをぶちまけている。かつて養叟のはからいで、朝廷から華叟に禅師号が授けられたが、一休はこれは華叟の本志にそむくもので、まさに贖面屍を辱しむること三百鞭に等しいものだと痛罵している。康正元年に一休の書いた『自戒集』によると、全文これ養叟への悪口嘲笑にみち、禅の弊害を病にたとえて、養叟は癩病だときめつけ、養叟が比丘尼を禅寺にひき入れて禁制を破り、むやみに比丘尼商人田楽座頭らに仮名をつけた禅の古則公案をあたえて得法させ、禅を安売りしていることをせめ、大徳寺はじまって以来の大悪党の邪師だと罵り、

今ヨリ後ハ養叟ヲバ大胆厚面禅師ト云ベシ、養叟ガ門ニ入ル者ハ、道俗男女ヤカラ推参ニナル、五日十日之内ニ、ヤガテ得法ヅラヲ仕候、面皮厚シテ手ノ皮七八枚ハリツケタルガ如シ、紫野（大徳寺）ノ仏法ハジマツテヨリコノカタ、養叟ホドノ異高ノヌスビトハイマダキカズ、

と、養叟が禅の安売りをして、世人から十日や二十日の手間銭代で得法したといわれるのは、養叟が大胆厚面なヌスビト禅師だからだと口をきわめて非難している。もとより一休の表現そのままに受け取ることはできないとしても、養叟の禅風がどのような傾向のものであったかは推測に難くないであろう。このように、一休は名利を求めず、権勢に媚びず、心境を堂々と披歴した。その言行は世を憚らず、ときとして露骨となったが、これは偽善を諷刺する心情の発露にほかならず、奇人の単なる悪

口雑言でないところに一休の真面目がある。その言行は凡人の到底およぶところではなく、禅僧の戒律では固く禁じられていた女犯肉食をも平気で行なっている。したがって、一休に岐翁紹偵という実子があったことは有名な話であるが、また盲女の森侍者という側女がいたこともよく知られており、その情愛をよんだものが『狂雲集』に沢山ある。このほか、情事などに関する詩もかなりあるのであって、一休がありきたりの形だけの清僧とことなり、情も涙もあるきわめて人間味ゆたかな禅者であったことがわかるが、このような一休の側面が後世に種々の一休物語を生む素因になったのであろう。

これよりさき、大徳寺は十刹に下げられ、ついで永享三年九月十日に、大徳寺が十方住持制度をとるべき官寺の十刹に列していることは開山宗峰の素志に背くものだとして、もとのように宗峰門徒のみの弁道所、すなわち私寺であることを幕府に申し立てたので、幕府も大徳寺側の要求をいれて、官寺から除外することを許している。同じくこれまで十刹に列せられていた大徳寺系の竜翔寺も、このとき官刹からはずされて、やがて大徳寺に附属されるにいたったのであろう。このようにして、大徳寺は五山から離脱してしまったのであるが、このためかえって五山の禅的空白状態にひきかえて、なお大燈国師以来相伝された修禅が保たれていたので、五山の爛熟化した文学的雰囲気にあきたらない人々が五山を出て大徳寺へ集まっていった。そうした人々のなかから、華叟やその門下の養叟・一休などが出て、再び活気を帯び、堺の商人や田楽座頭などの間に教線をひろめ、ついで擡頭してきた戦国大名の外護をうけ、教綱を一時に拡張するにいたったのである。すなわち、関東地区の北条氏綱、中部地区の上杉景勝・畠山義隆・同義綱・織田信長・豊臣秀吉・石田三成・前田利家、近畿地区の三好長慶・同義継・堀秀政・蒲生氏郷、中国地区の小早川隆景・同秀秋・毛利輝元、九州地区の黒田孝高・同長政・大友義鎮・細川忠興などの戦国諸大名の帰依をうけたので、山城をはじめ和泉・摂津・相模・筑前などの地方を中心に、近世初頭から江戸初期にかけてかなりの勢力をもつにいたったのである。このようにして、中央にあっては、春浦のあと実伝・古岳・徹岫など宮廷に接近するもの、あるいは大林・春屋・古渓などの禅将を輩出し、やがて形骸化していた摂津の棲賢寺、堺の海会寺などの五山派の諸末寺を次々に侵蝕しながら、徐々に地方発展をすすめていったのである。

実伝（一四三四〜一五〇七）、諱は宗真、美濃の人、はじめ同州の大円寺の宗牧についたが、のち建仁寺天潤庵の晋挙□才にまなび、ついに春浦に師事して、その法をついだ。大徳寺に住し、仏宗大弘禅師の号を賜わった。永正四年四月八日寂。その門下から古岳・東渓らを打ち出している。

古岳（一四六五〜一五四八）、諱は宗亘《そうこう》。近江六角高頼の弟で、はじめ建仁寺にまなんだが、五山を去って大徳寺の実伝に参じて、その法をついだ。大徳寺に住し、同寺内に大仙院をはじめた。将軍足利義稙などの帰依をうけ、後柏原天皇から仏心正統の禅師号をうけ、さらに後奈良天皇にめされて禅要をとき、正法大聖の国師号をうけている。天文十七年六月二十四日寂。その門からは大林・伝庵・江隠などの逸材が出た。

大林（一四八〇〜一五六八）、諱は宗套《そうとう》。はじめ惟春寿桃といい、天竜にまなび、蔵主までつとめたが、五山の文学至上主義をきらって、大徳にはしり、東渓宗牧、ついで古岳に参じてその法をつぎ、大徳に住し、三好長慶の帰依をうけて、堺の南宗寺をはじめ、その開山となった。このほか松永久秀などの帰依をうけたが、永禄十一年正月二十七日寂す。生前に仏印円証禅師、正覚普通国師と諡された。大林下から笑嶺宗訢（一四九〇〜一五六八）を打ち出し、笑嶺は三好長慶の子義継の帰依をうけて、大徳寺内に聚光院をはじめた。永禄十一年十一月二十九日寂。その門下から春屋・一凍・古渓を出している。

春屋（一五二九〜一六一一）、諱は宗園《そうえん》。京都の人で、一黙子と号した。大徳寺に住し、黒田長政・石田三成・浅野幸長・森蘭丸など上下の帰依を一身にあつめ、三玄院をひらいている。慶長十六年二月九日寂。その門からは江月や小堀遠州を出している。

一凍（一五三九〜一六一二）、諱は紹滴、和泉の人、南宗・大徳に住し、堺の道俗の帰依あつく、その門下から沢庵が出ている。慶長十七年四月二十三日寂。

古渓（一五一五〜一五九七）、諱は宗陳、別に蒲庵と号した。越前朝倉氏の子で、はじめ五山の宏智派の人となり、足利学校などにまなんだが、のち大林下の笑嶺宗訢の弟子となった。大徳に住し、天正十年、秀吉が信長のために総見院を建てるや、その開山となった。天正十四年春、師の意見によって秀吉は万歳天正寺という大刹を建てようとしたが、石田三成と合わず、一時太宰府に流された。千利休のほか、秀吉はじめ羽柴秀長・黒田長政・浅野幸長など諸大名のその門に参ずるものが多かった。

天正十八年十二月、利休が大徳寺の三門の上に自分の木像を置いたため自殺させられ、三門を毀とうとしたのを制止した話は有名である。生前に後陽成天皇から大慈広照の禅師号を特賜され、慶長二年正月十七日に寂した。

なお、禅宗と茶道との関係についてはよくいわれるところであるが、実は禅宗諸派が当初から茶道と関係があったわけではなく、この派が新興勢力である堺の商人などの経済力を背景にして、さらにその明朝趣味とがむすびついて成立し、流行するにいたったもので、禅宗のうちでもこの派との関係がとくに深かったのであって、この派の特質として注目すべきものである。

妙心寺派の系譜　以上のような大徳寺中心の一派についで、同じ大応派でも妙心寺を中心に発展した一派に関山の門派がある。ともに、五山における文芸趣味の爛熟と禅的要素の欠如をいとって、五山を出てこれら林下にはしった人々が中心をなしている。すでにのべたように、宗峰にふかく帰依していた花園上皇は、そのすすめによって、その高弟の関山に参禅するにいたり、以後この派は関山のひらいた妙心寺を中心に大いに発展をとげ、のちには大徳寺系をはるかにしのぐ大門派を形成するにいたった。とくに、白隠以後の臨済系はほとんどこの派下によってしめられ、したがって現在の臨済宗諸派の源泉をなすものとして、注目される一派である。

関山（一二七七～一三六〇）、諱は慧玄《えげん》。信州の高梨氏の出身で、はじめ伯父の月谷宗忠にまなんだが、のちその師匠である建長寺の南浦や物外・巨山・柏庵らに参じ、さらに大徳寺の宗峰に師事して、その法をついだ。そののち美濃伊深の里に草庵をむすんで陰棲生活に入った。花園上皇は離宮をよせて、宗峰のために禅苑としようとしたが、宗峰は関山を推挽したので、暦応五年正月二十九日、花園上皇はもと室町院領であった仁和寺花園の離宮の跡を関山に寄進し、正法山妙心寺とし、関山を開山となし、自らは別に玉鳳院を建ててこれを居所とし、日夜入室問法した。このように関山は生涯官寺に出世しなかったので、蔵主の法階にとどまったが、当時五山派の人の間にも、「妙心寺関山ゐげん禅師はそのかみ濃州に山居せられて、智行兼備の道人、本朝ならびなき禅哲なり」（沙石集）として知られ、その枯淡な宗風を宣揚した。しかし、『竜宝霊山法度抄』によると、関山は、ある事情で宗峰から特別の勘気をこうむり、その遺言によって、宗峰門派の人と称することを禁じられた、とみえており、師弟の間で破門の一件があったことが知られる。延文五年十二月十二日寂。後奈良天皇から本有円成国師、明治天皇から無相大師と諡されている。

関山のあと妙心寺二世になったのは授翁宗弼（一二九六～一三八〇）である。寺伝などによると、南朝の忠臣藤原藤房の出家した姿だとしているが、信用の限りではない。ついで、無因宗因（一三二六～一四一〇）が住した。無因ははじめ建仁寺の可翁宗然に参じたが、のち五山を去って授翁の門に入り、その法をつぎ、妙心寺に住し、ついで大徳寺住持の命もうけたが、これには従わなかったという。応永十七年六月四日寂。その間、ながく五山にまなんだ無因によって、五山の規式が取り入れられ、妙心の諸行事がととのえられるにいたったといわれる。

妙心寺の中絶　このように、創建当時の妙心寺はさほどの大刹ではなく、大徳寺に隷属する一末寺にすぎなかった。しかも、応永六年（一三九九）大内義弘が足利義満に反旗を翻したとき、当時妙心寺住持であった拙堂宗朴は、かねて河内の観音寺などにおいて大内氏と密接な関係があったところから、大内氏に与して、その陣中に参じたため、義満の怒りをかって、妙心寺の境内寺領を没収され、京都の青蓮院門跡に附帯されてしまった。ついで義満は弟の義円をして青蓮院門跡をつがせ、妙心寺領などを管理させ、また寺領の一部を別の弟である一山派の廷用宗器にあずけたのである。こうして、南禅寺徳雲院の塔主であった廷用は妙心寺を竜雲寺と改め、一山派の徳雲院の末寺としてしまったので、妙心寺は一時中絶され、その門徒は諸方に四散し、五山にあった大応派の塔頭や尾張・美濃・河内などの地方末院に寄寓してしまうという事態に陥ってしまったのである。こののち度々妙心寺の復活が計られたようであるが、いずれも実現をみるにはいたらず、殿堂は取り壊され、荒廃にまかせられていたらしい。しかし、その後かろうじて復活が一部みとめられたとみえ、永享四年に廷用は義満から分与されていた妙心寺領の一部を関山派の根外宗利に返した。ついで、さきの妙心抹殺の一件の際、一時関山派から五山派にうつり、周防の法泉寺に住していた崇光天皇の皇子である明江宗叡が、大内氏の庇護をえて、妙心寺に住した。このようにして、一度四散していた門徒も徐徐に妙心寺に帰り、さらに明江が妙心寺住持となるなど、ようやく妙心寺は復旧されていったのである。しかも、尾張犬山の瑞泉寺などを中心に東海地方に展開していた一門の中心人物である日峰が上洛し、妙心寺に入寺するにおよんで、同寺は再び復興をとげるにいたっている。

日峰（一三六八～一四四八）、諱は宗舜《そうしゅん》、はじめ五山の夢窓派の岳雲に投じて昌昕といったが、無文元選に従い、最後に無因に師事して、ついにその法をついだ。そののち、関山派の衆望を荷って、犬山の瑞泉寺から京都の妙心寺に迎えられ、同寺の再興に尽瘁した。のちに大徳寺にも住している。文安五年正月二十六日寂。のちに禅源大済禅師と諡された。

ついで日峰下から義天が出ている。義天（一三九三～一四六二）、諱は玄承、かれも最初は五山派の法燈下の義山に参じ、ついで建仁寺の春夫宗宿についたが、のちその法眷《はっけん》の日峰に投じて、ついにその法をついだ。勝元の帰依をえて、旧徳大寺家領の北山の地に竜安寺をひらき、日峰を開山に請じた。寛正三年三月十八日寂。

雪江とその門下　この義天の下から、この派の発展にもっとも功績のあった雪江が出ている。雪江（一四〇八～一四八六）、諱は宗深《そうしん》。はじめ建仁寺五葉庵の文瑛に参じたが、のち五山を出て、日峰、ついで義天に投じて、その法をついだ。細川勝元、政元父子などの手厚い外護をうけて、応仁の大乱で焦土と化した妙心寺を再建し、その復興につとめたが、文明十八年六月二日寂した。妙心寺にのこっている文明以来の米銭納下帳などによってもしられるように、経理に意をそそぎ、寺院経営を合理化することによって、寺の発展の基礎をきずいたことも忘れてはならない点である。のみならず、その門下から景川・悟渓・特芳・東陽の四神足を育成し、それぞれ竜泉・東海・霊雲・聖沢の四庵をひらき、この妙心寺四派が交互に同寺に住する輪住制度をさだめて、門派発展の基礎をきずいている。このようにして、四庵の門下が本寺である妙心寺を本拠にして、それぞれ地方に展開する体制が確立され、同派は急激に天下に蔓延するにいたった。

これよりさき、美濃とこの派との関係には関山以来きわめて緊密なものがあり、とくに美濃の斎藤氏との関係が深く、斎藤利永は汾陽寺を建てて、日峰の弟子雲谷玄祥を開山とし、その子妙椿居士、すなわち利藤は瑞竜寺をたて、悟渓を開山に請じ、その門下には江湖の禅徒が雲集した。さらに一条兼良の娘で、利藤の妻となった利貞尼は、所領を妙心寺に寄進し、同寺の再興に尽力し、また一条家を通じて、妙心寺の紫衣勅許の出世道場への昇格にも大いに貢献している。このほか、東陽英朝・功甫玄勲・快川紹喜など、いずれも美濃の土岐氏の出身であり、このほか南化玄興など美濃の人が多く、このように、美濃は関山派のもっとも有力な地盤となったのをはじめ、尾張・伊勢・丹波・大和・駿河などの各地に発展をとげ、やがてその勢力は大徳寺系をはるかにしのぐものとなった。

雪江下の四神足の一人、景川（一四二六〜一五〇〇）、諱は宗隆、はじめ雲谷についたが、さらに義天・桃隠に参じ、ついに雪江に師事して、その法をつぎ、妙心・大徳に住した。明応九年三月一日寂。その門下を竜泉派といい、会下からは春江・柏庭・景堂らを出した。景堂の下に明叔慶浚があり、ついでその門から希庵玄密が出た。希庵（〜一五〇二）ははじめ建仁寺にまなんだが、美濃の愚渓寺の明叔に参じ、妙心に住した。一世にその名をしられたが、のち武田信玄の召によって甲斐の慧林寺に住し、文亀元年十一月二十七日賊徒のために殺された。

東海庵の祖悟渓（一四一六〜一五〇〇）、諱は宗頓、日峰・雲谷・義天・桃隠に従い、のちに雪江の法をつぎ、妙心・大徳に住し、斎藤利藤の帰依をうけて美濃の瑞竜寺をひらいた。後土御門天皇から大興心宗禅師と特賜されている。明応六年九月六日寂。その派を東海派といい、門下からは天縦・玉浦・独秀・興宗らの俊足を打ち出した。天縦（〜一五一二）、諱は宗受、はじめ東福寺にまなんだが、のち五山を去って悟渓の法をつぎ、妙心・大徳に住し、永正九年正月十一日寂した。その門から那須の雲岩寺の大虫宗岑と虎哉宗乙の二甘露門を出している。玉浦（〜一五一九）、諱は宗珉、妙心・大徳に住し、美濃の大智寺をひらいている。永正十六年十一月晦日寂。独秀（〜一五一四）、諱は乾才、妙心・大徳に住し、永正十一年八月七日寂した。その門人に仁岫宗寿があり、その門から快川紹喜が出た。快川（〜一五八二）は美濃の土岐氏で、妙心に住し、武田信玄にまねかれて慧林寺に住した。たまたま信長のために武田勝頼が敗れたとき、その軍をかばって信長の怒りをかい、焼き打ちにあって、慧林寺の僧衆百余名とともに問禅しつつ、心頭を滅却すれば火も自ら涼しといって、火中に身を投じたことは有名で、ときに天正十年四月三日であった。その門下に南化《なんか》がいる。南化（一五三八〜一六〇四）、諱は玄興、妙心に住し、当時鉄山宗鈍とならび称された。後陽成天皇が禅要を問うたのをはじめ、策彦にかわって、信長のために安土山記をつくり、豊臣秀吉・山内忠義・稲葉貞通・脇坂安治らの帰依をうけた。慶長九年五月二十日寂。後陽成天皇から定慧円明の国師号をうけた。その語録を

『虚白録』という。また、興宗の法孫には沢彦がある。沢彦（〜一五八七）、諱は宗恩、妙心や美濃の瑞竜に住し、織田信長の帰依をうけて、信長をいさめて自刃した平手政秀のために建てた政秀寺の開山にまねかれ、また「信長」「天下布武」「岐阜」などの文字を撰んだ人としてしられる。天正十五年十月二日寂。

霊雲院の開祖特芳（一四一九〜一五〇六）、諱は禅傑、はじめ法燈派の瑞岩についたが、のち五山を去って、義天・雲谷・桃隠に参じ、雪江の法をついだ。妙心・大徳に住し、永正三年九月十日寂した。その派を霊雲派という。法嗣に大休・鄧林があり、鄧林、諱は宗棟、細川勝元の養子で、妙心・大徳に住し、政元とともに、妙心寺紫衣勅許について功績があった。

大休（一四六八〜一五四九）、諱は宗休、はじめ東福寺にまなんだが、のち五山を出て、特芳の法をついで、竜安・妙心に住し、妙心寺内に霊雲院をはじめた。なお、大休は今川義元の帰依をうけて、駿河の臨済寺に住し、また後奈良天皇の尊崇をえて宮廷にも接近し、円満本光の国師号を特賜されている。天文十八年八月二十四日寂。その活動めざましく、大いに禅化をあげ、その門から亀年・月航・太原などの英俊を打ち出している。亀年（〜一五六一）、諱は禅愉も、はじめ建仁寺にまなび、のち大休の法をついだ。後奈良天皇の厚遇をうけ、しばしば禅要をとき、照天祖鑑の国師号を特賜された。永禄四年十二月十三日寂。太原（〜一五五五）、諱は崇孚、別に雪斎と号した。駿河今川氏の一族で、はじめ建仁寺にまなび、九英承菊と称し、西堂の位にまでのぼったが、のち五山を去って大休下に投じて、その法をついだ。やがて駿河の臨済・清見に住し、妙心にも昇住した。今川氏親の嘱をうけて、もと兄弟弟子であった義元を援けて国事に奔走し、戦闘にまで参加し、その覇業に参画している。弘治元年十月十日寂。その法孫に鉄山宗鈍（一五三二〜一六一七）がある。甲斐の人で、南化・策彦らに参じ、臨済・妙心に住し、武田信玄・勝頼の篤信をうけた。元和三年十月八日寂。

東陽（一四二八〜一五〇四）、諱は英朝、美濃の土岐氏の一族で、はじめ夢窓派の玉岫英種に参じたが、のち五山を去って、雪江の法をついだ。文明十三年大徳、ついで妙心に住し、美濃の少林・定恵などの諸寺をひらき、永正元年八月二十四日に寂した。その門派を聖沢派といい、門下から大雅耑匡を出している。この派はその後近世初頭にはさして発展を示さなかったが、江戸初期にこの派から愚堂や至道・一糸などの禅傑を出し、さらに白隠を打ち出していることは見逃すことのできない点である。

このように、妙心寺を中心とする関山派の人々も大徳寺に相ついで昇住するにいたっているが、やがて、大徳寺への入寺をめぐって、関山派と大徳寺系との間に不和を生じ、ついに絶交するにいたっている。これは、本来末寺であった妙心寺の方がはるかに勢力をもつにいたったので、大徳寺側が脅威を感じ、自己防衛に出たためであろう。このため、関山派は別個に奏請して、柏庭宗松のとき細川高国の執奏によって、永正六年二月二十五日、大徳寺と同様、妙心寺も紫衣勅許の出世道場とすることに成功した。さっそく大徳寺側はこれに抗議して訴えたが、いれられず、こののち大徳・妙心両派はながく相交わることがなかった。

このようにして、関山派は妙心寺四庵を基軸にして、細川氏をはじめとして美濃斎藤氏と悟渓・雲谷、駿河今川氏と大休・太原、織田信長と沢彦、武田信玄・同勝頼と希庵・快川・鉄山など、戦国諸大名を外護者に獲得し、山城をはじめ美濃・尾張・駿河・甲斐・信濃・近江・摂津・丹波・紀伊・伊勢・大和・豊後などの国々に発展をつづけ、その間には、駿河清見寺・善得寺・甲斐慧林寺・伊勢安国寺・信濃開善寺など五山派の十刹諸山をはじめとして、衰頽の一途をたどっていた五山派の地方諸禅院をつぎつぎに同派の手中におさめ、江戸初期にはすでにかなりの大門派を形成するにいたっていた。こうして、関山派は地方発展に主力をそそぎ、戦国大名をはじめ連歌師・田楽法師・座頭などの芸能人から商人・医者などの各層にひろく滲透していった。したがって、さきにみた曹洞系の永平下と同様、民衆接化に腐心し、各地の俗信仰を取り入れ、檀信に迎合して、その要請にもとづいて祈禱仏事をもさかんに行なうなど、この派の特色をなしていた禅本来の修道面をおろそかにし、禅問答も形骸化して、旧仏教の真言天台などと類似したものとなり、問答の答案を密々につたえる密参のような口訣伝授が一般化し、禅的気運は次第に希薄なものとなって退化してしまったのである。

【大応派】

南浦紹明─┬─通翁鏡円─┬─徳翁祖碩─竺源　仙─樗庵性才
　　　　　│　　　　　└─西江宗湛─蔵海性珍
　　　　　└─即山宗運

- 絶崖宗卓—明室宗喆—石門本犖
- 即庵宗心
- 月堂宗規
  - 無方宗応—無涯亮倪
  - 無我省吾
- 可翁宗然—大用宗任—字江宗永
- 宗峰妙超
  - 関山慧玄—授翁宗弼
    - 雲山宗峨—根外宗利
    - 華蔵　曇
    - 拙堂宗朴
    - 無因宗因
      - 日峰宗舜
        - 雲谷玄祥
        - 桃隠玄朔
        - 義天玄承—雪江宗深＊
      - 春夫宗宿—温仲宗純—明室宗昨—三江紹益—茂源紹柏
  - 徹翁義亨
    - 言外宗忠
      - 華叟宗曇
        - 養叟宗頤—春浦宗熙—実伝宗真＊
        - 一休宗純
          - 没倫紹等
          - 歇叟紹休
      - 大模宗範—春作禅興
    - 祥山仁禎
    - 卓然宗立
  - 海岸了義
  - 虎渓道壬
- 済川宗津
- 秀涯宗胤
- 雲川宗竜
- 峰翁祖一—大虫全岑—月庵宗光
  - 香林宗蘭—梅屋宗香
  - 大蔭宗松—日庵一東
  - 大有理有—笑堂常訢
- 滅宗宗興—伝心宗密
- 物外可什

（大徳寺系）

- 実　伝—古岳宗亘
  - 大林宗套—笑嶺宗訢
    - 春屋宗園—江月宗玩・玉室宗珀
    - 一凍紹滴—沢庵宗彭
    - 古渓宗陳
  - 伝庵宗器
  - 江隠宗顕

- 陽峰宗韶
  - 東海宗朝
    - 以天宗清
      - 大室宗碩
      - 南岑宗菊
- 東渓宗牧—悦渓宗忢—小渓紹怤
  - 清庵宗胄—大歇宗用
  - 徹岫宗九—春林宗俶
  - 天啓宗歎—雲叔宗慶

（妙心寺系）

- 雪江
  - 景川宗隆（竜泉派）
    - 春江紹蓓
    - 柏庭宗松
    - 景堂玄訥
    - 明叔慶浚—希庵玄密
  - 悟渓宗頓（東海派）
    - 天縦宗受
      - 大虫宗岑
      - 虎哉宗乙
    - 仁済宗恕
    - 玉浦宗珉
    - 独秀乾才—仁岫宗寿—快川紹喜—南化玄興
    - 興宗宗松—泰秀宗韓—沢彦宗恩
  - 特芳禅傑（霊雲派）
    - 大休宗休
      - 太原崇孚—東谷宗杲—鉄山宗鈍
      - 月航玄津
      - 亀年禅愉
    - 鄧林宗棟
  - 東陽英朝（聖澤派）—大雅耑匡—功甫玄勲—先照瑞初—以安智察—東漸宗震—庸山景庸
    - 愚堂東寔
      - 至道無難—道鏡慧端—白隠慧鶴
      - 一絲文守

3 幻住派の勃興と臨済宗の統合

すでにのべてきたように、室町幕府の衰微とともに、五山諸派は衰亡の一途をたどろうとしていたが、そのなかにあって、一部五山派からはなれていたものの勃興によって、戦国時代から近世初頭にかけて異常な発展をとげた注目すべき一派があった。すなわち、丹波佐治庄の高源寺を源泉にした幻住派の一派がそれである。幻住派というのは、鎌倉末期に入元して、中国の隠逸者として高名をはせた幻住庵の中峰明本の法系をついだ人々のことで、当時わが入元僧達は、古林の金剛幢下とともに名高かった中峰の門に一度は参ずるという風であったから、鎌倉末期のわが禅林にあたえた影響はきわめて大きかった。このようにして、その法をついで帰朝した人々は、遠渓《おんけい》祖雄をはじめ復庵宗己《そうこ》・古先印元・無隠元晦・業海《ごうかい》本浄・明叟斉哲・大拙祖能などで、これらの人々は、古先のように、足利直義の帰依をうけて、五山にあって一時重きをなした人もあったが、そのほとんどのものは、中峰の隠遁的性格と禅浄一致の思想をうけついで、それぞれ当代屈指の名尊宿でありながら、中央の五山からはなれて、陸奥・常陸・甲斐・丹波などの地方に分散してとどまり、もっぱら地方の教化に終始した人々であった。このため、そののちの五山派、とくに夢窓派の発展に圧倒されて、まとまった一派として大をなすにはいたらなかった。

一華碩由の登場　ところが、室町をへて戦国期に入るころから、丹波佐治庄の高源寺によっていた遠渓の一派がにわかに活況を呈するにいたった。すなわち、遠渓六世の孫に玄室碩圭がでて、生国の筑前に覚晶庵をはじめ、ついでその門から一華碩由《いちげせきゆ》がでるにおよんで、これまでの事情とまったく一変したものとなったのである。

一華《いちげ》（一四四七～一五〇七）、諱は碩由《せきゆ》。筑前の人で、はじめ箱崎の建徳寺の梅隠について、五山系の大覚派の人となり、景轍元由と称したが、五山の文学禅にあきたらず、本格的な禅機をもとめて、大徳寺の養叟の門弟宗良居士や曹洞系通幻派の道人などの林下の人々に参じたが、なおも疑団を打ち破ることができなかったので、ついに覚晶庵の玄室の門に投じて、その密授をうけてその法をついだ。その経歴によってもわかるように、一華は禅宗諸派に歴参して各派の印可をうけ、一人で諸派の口訣伝授を兼有するという一種独特の接化手段を案出したが、これには曹洞系につたえられていた室内三物の秘授にヒントをえたものであろう。その結果、他派の人がこの派の印証をうけても、これまで所属していた門派や寺院を変更することなく、そののちも二重の人格として行動できるものであったから、当時の沈滞していた禅宗界にとっては、きわめて新鮮な魅力に富んだものとしてうけとられ、たちまちのうちに四方に蔓延するにいたった。しかも、一華は五山派の十刹である筑前聖福寺にこの派としてはじめて出世し、ついで弟子の湖心碩鼎が策彦について入明し、天文十四年七月九日には南禅の公帖をうけるなど、大内氏や毛利氏の手あつい外護をうけて、筑前・周防などに教線を拡張した。

法孫の嘯岳鼎虎などは、はじめ昌虎といい、夢窓派の人であったが、のちに幻住派に転じ、毛利輝元の帰依をうけて山口の洞春寺をはじめ、さらに三聖・建仁・南禅に住しているのみならず、この派の本拠である高源寺もやがて勅願寺に列せられるにいたっている。このように、同派は急激な発展を示し、禅風のおとろえていた五山派の人々はすすんで幻住派の印証をうけようとして、この派に参ずるにいたった。すなわち、京都五山では、策彦の弟子の済蔭周宏や三章令彰がこの派の法を兼受し、臨川・天竜などにも入寺したので、幻住派はたちまちのうちに京都五山に滲透し、西笑承兌・英甫永雄・閑室元佶など五山の代表的人物をはじめとして、五山の人々はつぎつぎにこの派に参じてその法をついだのである。このようにして、幻住派は京都五山を席巻してしまったのみならず、三章の弟子三伯昌伊などは幻住派の法をうけて鎌倉に下り、円覚にも住したので、やがて鎌倉諸五山も幻住派によって蔽われ、さらに同派は関東一円をも風靡し、江戸時代にいたるまで碩派・玄派と称してさかえている。

これまでの五山派は、それぞれの門派の派祖の塔頭を中心に結合し、それを源泉として発展していたが、応仁乱後における五山各派の動揺の結果、かつてのような門派中心の法系第一主義の意識がうすくなり、また各地における地方豪族の私寺化がすすんで、一派独占のものが多くなり、寺院中心の伽藍法を重んずる傾向が次第につよまっていたところへ、さらにこの幻住派の出現によって、同派の兼受性などの影響もあり、従来のような五山の中世的諸門派の対立から一歩すすんで近世的大門派の形成へ移行するにいたったのである。さらに、戦国期に擡頭してきた妙心寺系のなかにもこの幻住派がうけいれられたので、これらをもあわせて、現今みられるような臨済宗という一宗の概念ができあがるとともに、一方、それぞれの寺院は法系が開山から法孫相ついでいるという、一流相承の伽藍法系の観念が生じて今日におよんでいるのである。このように、幻住派という一派は、独自の宗派としてはさして大をなすにはいたらなかったが、臨済宗諸派を糾合するうえにきわめて大きな意義をもったということは、従来みのがされていた重要な点といわなければならないであろう。

【幻住派】

中峰明本
- 復庵宗己—一曇聖瑞
- 古先印元—友峰等益—正中祥瑞—月舟寿桂
  - 如月寿印
  - 継天寿戩
- 遠渓祖雄—了庵玄悟—玉磵　琛—高用　項—大用　碩—運籌碩勝—玄室碩珪—一華碩由—湖心碩鼎
  - 嘯岳鼎虎—筠渓玄轍
  - 耳峰玄熊—全翁　完
- 明叟斉哲
- 無隠元晦
- 千岩元長—大拙祖能—白崖宝生—南英周宗

第五章　江戸時代禅宗の興起

江戸時代の禅宗については、沢庵や白隠などの一部の人々をのぞいては、とかくみすごされてきた。このことは、中世の禅が当路の人々と密接な関係があったのに比較して、幕府などと特別の関係をもたなかったということに起因しているようである。しかしながら、従来の中国禅の模倣期を脱して、日本化した禅として再生し、大衆禅となったこと、さらにまた、現代禅との密接なつながりという点では、きわめて重要な意義をもつものであったことを忘れてはならないであろう。では、近世禅はどのような発展を示し、そしてどのような役割を果たしたのであろうか。まず、近世禅にきわめて大きな影響をおよぼした明朝禅の伝来についてみてみよう。

1　明朝禅の伝来とその影響

戦国時代を経ることによって、貴族的であった五山派にかわって、民衆の中に生きていた禅のみが残ったが、徳川幕府の政策にもとづいて、各宗派の根拠が江戸にうつされ、諸法度が相ついで発布され、あらたなる再統制の気運がみられるようになった。そして、一方では、キリスト教禁圧のための政策として採用された檀家制度が各寺院の基盤をかためた結果、各教団の復興が芽生えようとしていたのである。まさしくこのときにあたって、長崎地方に明末の名僧道者・隠元、さらに心越らが相ついで渡来し、各教団復興の気運に乗じて大いに江湖の歓迎をうけ、わが仏教界に新風をおくり込んだが、とりわけ沈滞していた禅宗各派にあたえた刺戟と影響はきわめて大きかった。

これよりさき、明末の動乱をさけて日本にわたり、とくに許されて、長崎などの居留地において商業をいとなむものが多かったが、かれらは寺院を剏立するにあたって、自国の禅僧らをまねいた。すなわち、元和六年（一六二〇）には南京の出身者が興福寺をたてて、真円をまねいたのをはじめとして、寛永五年（一六二八）には福済寺をたてて覚海を、ついで同六年には福州の出身者が崇福寺をたてて超然をよんでいる。こののち、同様にして、居留民のまねきによって、正保元年（一六四四）には逸然が来り、さらに慶安四年（一六五一）には也嬾性圭が崇福寺に迎えられて渡航したが、途中難破して溺死してしまった。しかし、この年には、道者が商船にのって長崎にわたり、崇福寺に住している。

道者の教化　道者は諱を超元といい、隠元の法兄の亘信行弥の法をついだ明末の名尊宿であるが、中途で帰国してしまったので、隠元ほど後世には喧伝されなかったが、そのあたえた影響はきわめて大きい。すなわち、平戸の松浦侯などの帰依をうけ、普門寺にあって玄風を振ったので、その門下には、曹洞宗の月舟・独庵・普峰・惟慧・雲山・悦岩・鉄心、臨済の盤珪・鵬洲、古月禅材の師にあたる賢岩、隠元下の潮音・慧極など済洞の錚々たる禅者が参集し、多大の感化をおよぼしたが、隠元一派とあわず、在留八年にして万治元年に帰国してしまった。

隠元とその門下　道者におくれること三年、隠元が来朝している。ところで、一般に隠元以下の新来朝者たちを黄檗宗の伝来と考えがちであるが、実は黄檗宗という宗派が中国に存在したわけではなく、法系上は、中世に伝来した臨済宗破庵《はあん》派のうち、無準《ぶしゅん》下の中峰派につながる人々である。ただ元明時代と明末清初の時間的差異が両者の性格を別のものにしていたにすぎない。黄檗宗というのは、隠元が中国で住していた黄檗山万福寺に因んで、宇治に同名の禅寺を創建したのにもとづいて、後世この隠元派下を称したのである。

隠元（一五九二～一六七三）、諱は隆琦、福州の人で、費隠通容の法をついだ。中世の禅宗のところでのべた幻住派の系列に属し、その浄土兼修の思想を継承し、禅浄一致の宗風を持っていた。すでに中国禅林の重鎮として名声高く、閩《びん》州の黄檗山に住していたが、日本にわたる途中溺死した愛弟子也嬾の遺志を果たすために、長崎興福寺の逸然およびその檀越である居留民の懇請をうけて、明末の動乱を避け、承応三年（一六五四）独湛・慧林らの門徒二十余名とともに長崎に上陸し、興福・崇福に開堂した。ときに六十三歳の老齢であった。ついで翌明暦元年、妙心寺住持という栄位を捨ててその門に投じた竜渓らの斡旋によって、摂津富田の普門寺に入った。はじめ、国姓爺鄭成功などと相通じているなどという明のスパイとの疑いをもたれたが、その後疑いも晴れて、竜渓のとりなしで京都に入り、その斡旋によって、後水尾上皇はじめ公武のあつい帰依をうけ、ついで、幕府もその徳望を重んずるにいたり、道俗の帰仰を一身にあつめ、その名声は天下に弘まった。やがて、万治元年（一六五八）江戸に赴き、将軍家綱に謁し、寛文元年（一六六一）幕府の許可を得て、かつて幻住派の無隠元晦が開剏した寺の遺趾に黄檗山万福寺をはじめ、寺領四百石を与えられた。こうして、山内の殿堂や規矩言動など一切明朝風に準拠したので、異国情緒のあふれたユニークな浄域を現出するにいたった。寛文十三年四月三日寂。後水尾上皇は法語を求めるなど、あつくこれに帰依し、生前に大光普照の国師号を特賜された。そのほか酒井忠勝・松平信綱・板倉重宗など公武の崇敬を一身にあつめ、その門からは木庵・即非・独湛などの逸材を多く輩出したばかりでなく、妙心寺住持から一介の弟子として再修行に赴いた竜渓をはじめ、洞門の鉄心・独庵、済下の独照・鉄牛ら済洞両宗の人々が中国禅の新風を求めてその会下に馳せ参じ、江戸仏教に活をいれ、とくに済洞二宗の復興におよぼした影響にはきわめて大きいものがある。

このようにして、道者や隠元によって明朝風の禅が久しぶりにわが禅林に接触したのであるが、道者や隠元が明末きっての名尊宿であったというためばかりでなく、五山派や曹洞・大応派などの系統をひいていた当代禅宗諸派にとっては、長髪長爪の異相はもとより、儀礼作法習慣すべてが明朝流であったので、きわめて新鮮なものとして受け取られ、とくに隠元は文人工匠などを伴った集団移民であったので、その影響にはきわめて注目すべきものがあった。こうして、明朝禅の生活規範をつたえた『黄檗清規』をはじめとして、明朝風の建築様式、仏像雕刻や詩文、書画に新生面をひらき、とくに書では、隠元・木庵・即非の黄檗三筆といわれ、その力強い書風は萎縮していた日本書道に反省をあたえ、いわゆる黄檗流の書風が流行するにいたった。このほか、隠元が将来したという隠元豆や普茶料理などにいたるまで、明末清初の文化センターとして、後世に多大の影響をおよぼしている。

木庵と即非　木庵（一六一一～一六八四）、諱は性瑫《しょうとう》、隠元のまねきにより、隠元来朝二年後に長崎に来た。黄檗山をひらくにあたり、竜渓らと隠元を助け、万福寺の二世となり、将軍家綱に謁して銀二万両をうけ、殿堂を増築して、諸伽藍の完成をとげ、いよいよ輪奐の美をました。隠元寂後の中心人物として、青木端山の帰依をうけて、江戸白金の瑞聖寺をはじめたが、のちに同寺は万福寺をしのぐほどの勢力をしめした。貞享元年正月二十日寂。門下から鉄牛・鉄眼・潮音らを出した。

木庵と並ぶ二甘露門と称されたのが即非である。即非（一六〇六～一六七一）、諱は如一、明暦三年隠元にめされて来朝し、隠元の禅化を助け、豊前小倉侯に迎えられて福聚寺をひらき、寛文十一年五月二十日長崎崇福寺に寂した。

独湛（～一七〇六）、諱は性瑩、隠元とともに来朝し、『扶桑往生伝』二巻を撰した。宝永三年正月寂。

竜渓（～一六七〇）、諱は性潜《しょうせん》。はじめ大応派の人として妙心寺の住持をつとめていたが、隠元が来朝するや、これを迎え、その奔走によって隠元の布教を許され、さらに、その斡旋で後水尾上皇の帰依をうけ、また万福寺の開創にあたるなど、隠元一派の発展につくした功績には顕著なものがある。のち海瀟のため、寛文十年八月二十三日に溺死した。妙心寺派では、これは妙心開山の関山の法罰によったものだというので、関山濤《なみ》といっているのは有名な話である。承応二年（一六五三）にきた独《どく》立《りゅう》も隠元の弟子であるが、俗に戴曼公といい、医学、とくに治痘術をつたえた人としてしられる。

木庵の下からは鉄牛・鉄眼・潮音・慈極が出た。鉄牛道機（一六二一～一六八四）は、稲葉正則の帰依をうけ、下総の椿沼を開拓し、新田八万石を開いた。元禄十三年八月二日寂。

鉄眼道光（一六三〇～一六八二）は、十余年を費して、黄檗版一切経を出版するという不朽の大業を貫徹し、また、天和二年の大飢饉には、「たとひ寺をうり、指をきざみて施し申候共、此施行止め申間舗と存じ候」といって、大坂の難民一万余人を救済した人として知られる。天和二年三月二十二日寂。潮音道海は上野館林に広済寺をひらいた。同寺の開刱は、関東における同派禅刹のはじめとして注目される。なお潮音は学ひろく、『霧海南針』など多数の著書がある。

即非下からは、天和の飢饉に施粥すること一万人におよんだという千呆性侒があり、また京都東山に通仙亭をいとなみ、茶を売って歩き、高風当代にきこえていた売茶翁《まいさおう》こと、月海元昭もこの派の独湛性瑩下の人である。月海は宝暦十三年（一七六三）七月に寂している。

高泉（一六三三～九五）、諱は性潡も、隠元のまねきで、寛文元年に来朝し、加賀の松雲公前田綱紀の帰依をうけ、後水尾上皇のために十牛頌を奉るなど、宮廷や近衛基熙・同家熙・将軍綱吉はじめ諸大名に接近して法をとき、万福寺五世となった。のち大円広慧国師と勅諡された。元禄八年十月十六日寂。とくに『扶桑禅林僧宝伝』『東国高僧伝』『東渡諸祖伝』など多数の著書によってもしられている。

こののち黄檗山の歴代は明僧が歴住しているが、十四代竜統が入山してからは日本人が多くなり、二十二世の格宗以後はもっぱら邦人の独占するところとなり、明朝流の禅風の特色がうすれるとともに宗統も振わなくなってしまった。

【黄檗宗】

- 亘信行弥―道者超元
- 隠元隆琦
  - 木庵性瑫
    - 鉄牛道機
    - 鉄眼道光
    - 潮音道海
  - 竜渓性潜
  - 即非如一―千呆性安
  - 独湛性瑩―化霖道竜―月海元昭（売茶翁）
  - 慧林性機
  - 慧門如沛―高泉性激

2　曹洞宗の復興

すでに中世の曹洞禅の項でもふれたように、徳川家康は伊勢妙見斎の鳳山等膳の道誉をきき、これを召して問法し、ついで遠州の可睡斎に住せしめ、天正十一年には鳳山を駿遠参豆四ヵ国の僧録に任命した。さらに、天下を統一するや、能登の芳春院の象山徐芸《ぞうざんじょうん》の意見にしたがって、下総総寧・武蔵竜隠・下野大中の関三刹を僧録となし、慶長十七年五月二十八日には、曹洞宗法度を下して、これを統制し、さらに江戸の総泉・青松・泉岳の三ヵ寺を江戸触頭とし、ついで元和元年七月には永平・総持の両寺に法度を下して、両寺を紫衣の出世道場として再確認している。このようにして、両本山を中心とする本末関係が成立したのであるが、これにともなって前記の僧録のほか全国にわたって、録所が設けられ、曹洞宗の統制がはかられた。

このように、江戸時代の曹洞宗は本末関係が基本線をなして発展したのであるが、江戸時代の曹洞禅でとくに注目すべき点は、その近代的大衆化の動きと宗統復古であろう。

さて、これよりさき、戦国末の動乱にあい、宗教界もまた不安な時代をすごしたため、各宗ともに傑出した人物は少なかった。曹洞宗もその例外ではなかったが、このころ顕著な活躍をした人としては、寒巌派に万安、ついで鈴木正三などがある。万安（一五九一〜一六五四）、諱は英種といい、肥後大慈寺の大焉の法をついだ。宗風の衰微をなげき、永井尚政の帰依をえて、宇治の興聖寺を復興した。承応三年八月二十一日寂。月舟・懶禅・鉄心らの当代の名衲もその門下において鉗鎚をうけており、卍山とともに宗統復古に活躍した梅峯竺信もその法孫にあたる。このころ万安としたしかった人に石平道人、すなわち鈴木正三がある。

ときのこゑ禅　正三《しょうざん》（一五七九〜一六五五）のといた禅は、これまでの中性的な禅風とは打ってかわった、きわめてユニークなものであった。もとかれは家康・秀忠に仕え、関ヶ原や大坂夏の陣に戦功をたてた三河武士であったが、四十二歳のとき出家し、臨済の愚堂らの門を扣いたのち、万安に参じた。いかにも戦国武士にふさわしく、これまでのような静寂をモットーとした沈思禅では、戦雲つねない乱世では物の役にたたないと考え、武士たるものはつねに「ときのこゑ」を思いながら修行すべきだと説いて、

仏法と云ふは、万事に使ふこと也。殊に武士は鯢波《ときのこゑ》坐禅を用ゆべし。（中略）一日去る侍に示して曰く、始めより忙敷中にて坐禅を仕習ふたるが好き也。殊に侍は鯨波の中に用ふる坐禅を仕習はで不叶、鉄砲をばた〳〵と打立て、互に鎗先を揃えて、わつ〳〵と云ふて乱れ逢ふ中にて、急度用ひて爰で使ふ事也。なにと静なる処を好む坐禅が加様の処にて使はれんや。総じて侍はなにと好き仏法なりと云ふとも、ときの声の内にて用に立たぬ事ならば、捨たがよき也。（中略）我も始めより依静境入らしむる事をせず、日本橋の市中にて用ひ習へ、又関の声の中に坐禅せよ抔

と教ゆる也。（驢鞍橋）

といい、さらに禅行をなまけているものに対しては、これを抜殻《ぬけがら》坐禅といい、きびしい批判の眼をむけているが、一方ではすでに民衆化の理念を生み出して、

初心の者に強く坐禅抔させめさる、な。（中略）真実起らざる先きに、無理行杯し、強く坐禅杯すべからず。無理に根機を出し、荒行杯すれば、性疲れ機へりて、何の用にも立たず。（驢鞍橋）

といっている。戦国の動乱期における体験から発したその言動は、近世初頭の武士における禅の受容形態の一典型としても大いに傾聴すべきものがあろう。このほかにも、正三は『二人比丘尼』『因果物語』『念仏草紙』『破吉利支丹』『万民徳用』『盲安杖』などをあらわして世俗の趣向に投じ、物語草紙の先駆をなしている。

これよりさき、大源派からは鳳山が出ているが、ついで一柱・士峰らが出た。鳳山についてはしばしば触れたごとくであるが、その門弟一柱、諱は禅易は召されて宮中に禅を説いた。士峰（一五四二～一六三五）、諱は宋山、可睡に住し、僧録をつとめ、家康はその像を刻んで持仏堂に安置したほど、あつく帰依している。寛永十二年九月寂。

無著下からは一庭融頓（一五八六～一六五九）が出て、長崎の晧台寺などに住し、大いに禅教をひろめ、徳川家光に謁し、また後水尾上皇に召されて禅要をといている。万治二年七月寂。その法孫から道者に明朝禅をまなび、月舟と並び称された独庵玄光（一六三〇～一六九八）を出し、また洞家の

僧伝を集成して、『日域洞上諸祖伝』二巻をあらわした湛元自澄などが出ている。

通幻派からは巨山（一五六一～一六四一）、諱は泉滴が出て、秀忠、ついで前田利常の帰依をうけて、金沢の天徳院の開山にまねかれた。寛永十八年十月二十五日寂。その法孫に月坡《かつぱ》（～一六八〇）がある。諱を道印といい、老臥仏と号し、天徳院などに住し、詩偈にもすぐれ、一世に名があった。普済下からは大透が出で、その弟子に象山、さらにその会下から広山がでている。大透が総持寺を再興し、象山が家康にまねかれたことはすでにみたごとくである。広山（～一六二三）、諱は恕陽、先代利長追善のために利常が建てた高岡の瑞竜寺の開山となり、代々前田家の帰依をうけている。広山の孫弟子の泰山雲堯（～一六四八）は朝倉義景の子で、永沢・総持などに住した。

月舟卍山の宗統復古運動　このほか、江戸初期の曹洞宗にはきわ立った発展はみられなかったが、やがて道者や隠元によって伝来された明朝禅に接するにおよんで、その刺戟をうけて宗風がにわかに活潑化するにいたった。なかでも、明峰派ははじめ大乗寺を中心にわずかに命脈を保っていたにすぎなかったが、大乗寺に超山、ついで白峰を出し、さらにその門から月舟が出るにおよんで、法流はとみに栄えるにいたっている。すなわち、月舟（一六一八～一六九六）、諱は宗胡、万安などにまなんだが、のちに長崎に赴いて、道者などの新知識に参じて、新鮮な明朝の禅によって大いに啓発され、そののち宗門の復興を志して、洞上の玄風を鼓吹してやまなかったので、門庭大いに賑い、その門下から卍山をはじめ徳翁・雲山・祖堂らの名流を打ち出し、曹洞宗復興の先駆者となった。大乗・総持に住し、元禄九年正月十日に寂した。

しかるに、これよりさき、曹洞教団各派は地方豪族などの帰依をうけて、各地に散在して教線を拡張し、諸宗寺院を吸収することができたが、戦国の動乱期を経るころには弊害が多く、道元以来守られてきた一師印証、師資面授などの室内のことはもとより、諸規矩もみだれ、宗統は乱脈になっていた。一方、これまで永平・総持・大乗・永光などの北陸禅刹を中心にしていたが、徳川家康によって関三刹がおかれ、同宗の中心も関東にうつされるなどの変動期をむかえた。このため秩序が一層複雑化し、宗統の混乱を助長したこともあろう。このようにして、江戸初期には宗統がくずれ、寺格の高い大刹に入寺するために、自己の本来の師承をかえりみず、勝手に嗣書をかえて他法を重ねてうけるなど、寺院相続のために嗣法をかえるような乱脈な風習が一般に行なわれるようになっていた。こうして、法系と寺系、すなわち人法《にんぽう》と伽藍法とが混乱状態のまま近世におよんだのであった。このような宗統のみだれを正し、道元の古式にかえそうとする運動が起こってくるのは時間の問題であったといえよう。しかも、たまたま、隠元一派の明朝禅がつたえられ、その新鮮な禅風に接しようとして、月舟をはじめ独庵・鉄心・卍山・月坡・徳翁・無得・竜睡・雲山・隠之・雲渓・無得・惟慧・悦岩などの曹洞禅の人々もその門に投じ、その刺戟をうけて、やがて曹洞宗にも明朝風の行持法式が流入し、にわかに道元の古規への復帰が叫ばれ、月舟・卍山をはじめとする宗統復古運動が実を結ぶにいたるのである。

こうして、寛文四年に卍山が『正法眼蔵』の序をつくり、同七年に永平の光紹によって『永平大清規』が編輯され、同十二年に『永平広録』が開版され、延宝二年に大乗寺の月舟の『雲堂定規』『椙樹林指南記』がつくられ、同六年には月舟・卍山によって『瑩山清規』が開版された。このように、世に規矩大乗といわれるように、加賀の大乗寺を中心に、古規の復興が唱えられ、洞宗の復古運動がにわかに盛んとなったが、これらは明朝禅の影響、ことに『黄檗清規』の成立によって大いに啓発されたものであろう。

このようにして、復古思想が鼓吹された結果、『正法眼蔵』の研究、さらに内典外典の学問研究熱が芽生え、元禄のころには吉祥寺の旃檀林、芝青松寺の獅子窟などは千余人にのぼる修学僧を擁し、昌平坂学問所にも拮抗するほどの内容をもつ学寮となり、ここに学問尊重の宗風の伝統が樹立され、面山はじめ多くの学者を輩出し、洞門の復興をとげるにいたったのである。

これよりさき、明暦三年（一六五九）にたまたま宗統に関する一大事件が起こり、宗統復古運動のきっかけをなすにいたった。すなわち、幕府は下総総寧寺の嶺巌英俊を永平寺に入寺させるにあたって、総寧寺の後住に松頓をあて、嶺巌の法を嗣がせようとした。ところが、自分はすでに他法をついでいるからといって、松頓は嶺巌の法をつごうとしなかったので、幕府は松頓を津軽に流したという一件がある。このように、曹洞宗における宗統の混乱の弊は、はやくから識者のみとめるところではあったが、幕府のゆきがかりもあって、容易に改められなかった。しかるに、月舟のあとをうけた卍山はじめ梅峰・独庵・連山・田翁らの尽瘁によって、ついに宗統復古がなしとげられるにいたったのである。

卍山《まんざん》（一六三六〜一七一四）は、諱を道白という。道者や隠元にまなんだ潮音道海に参じたのち、月舟の法をついで、大乗・永平などに住した。月舟の意志をついで、宗統の乱脈をなげき、宇治の興聖寺の梅峰らと議して、江戸に赴き、一師印証の法制化を幕府に訴えた。しかし、はじめのうちは関三刹はじめ寺社奉行などのいれるところとならなかったが、ついに帰依のあつかった寛永寺の公弁法親王の斡旋や、会津の松平正容、老中阿部正武、その子の寺社奉行正喬など、宗門内外の支援をえて、元禄十六年八月七日、ついに幕府によって、曹洞宗嗣法に関する法度が下され、多年にわたる嗣法の弊風を打破することができた。正徳四年八月十九日寂。自ら復古道人と称し、語録のほか『宗統復古志』などがあり、その門下は大いにさかえ、当代随一であった。

このほか明峰派の月舟下からは多くの竜象を出している。月舟の法孫である大円、諱は仏通、肥前の人で、剣術書道にもすぐれ、その俊厳な禅風は、天桂下の狼玄楼とならび、虎仏通と称されて一世にきこえた。文政八年二月十六日寂。卍山下もさかえ、曹源・隠之などの名僧を出し、眼蔵研究で名をなした万仞道坦もこの法系の人である。また、旃檀林にまなび、のち相模海蔵寺の月潭から眼蔵をうけ、総持寺に住し、また横浜の西有寺をひらいた西有穆山（一八二一—一九一〇）、諱は瑾英も近代の代表的学僧の一人である。明治後期の名僧としてしられる森田悟由、字は大休もこの法系に属している。
月舟下で、卍山とならび称されたものに徳翁（一六四八〜一七〇九）がある。江戸の人で、諱を良高といい、木庵らにまなび、大乗などに住し、宝永六年二月七日に寂した。『続日域洞上諸祖伝』四巻はその著書である。その法嗣《はっす》蔵山も『重続日域洞上諸祖伝』をあらわしている。ちなみに、洞上の僧伝を集大成した『日本洞上聯燈録』は、江戸青松寺の嶺南秀恕によって享保二十年に上梓された。このほか法孫からは鉄文道樹（一七一〇〜一七八一）・頑極官慶（一六八三〜一七六七）、『永平小清規』をあらわした玄透即中（〜一八〇七）が出、また、家風峻厳で名をはせ、鬼全国といわれた高外全国（〜一七四二）などがでている。

天桂と面山　太源派からは天桂・面山・鉄心などの傑出した名衲を輩出している。鉄心（一五九三〜一六八〇）、諱は道印。万安・隠元などに参じ、天外の法をついだ。前田利常などの帰依をうけ、和泉の蔭涼寺に退休し、延宝八年正月二十八日に寂した。その門から悦岩不禅こと寿鶴老人を出した。寿鶴老人は臨済の復興をなしとげた白隠を提撕《ていぜい》した人として知られている。

当代の代表的人物である天桂伝尊（一六四八〜一七三五）は紀伊の人で、鉄心をはじめ心越や盤珪などの諸師に参じたのち、島田静居寺《じょうごじ》の五峰開音の法をつぎ、総持に住し、摂津の陽松庵に退休して祖録などを講じ、門下大いに賑った。享保二十年十二月十日寂。『正法眼蔵弁註』『海水一滴』など著書が多く、その門下から直指《じきし》・象山《ぞうざん》などを打ち出した。直指玄端は天桂を補佐し、その著書など多く直指の助けによったという。宇治の興聖寺などに住した。その三世の孫から、宇治の興聖寺に住した関浪《かんろう》磨甎《ません》（〜一八三八）を、ついでその門から回天慧杲《えこう》（〜一八五三）、さらにその法嗣から環渓密雲など、幕末から明治にかけて洞門の宣揚に貢献した人々を出している。回天は機鋒するどく、風外と並び称され、久我環渓は永平寺に住し、洞宗の管長をつとめ、総持寺の奕堂とともに明治初期の二傑とされている。明治十七年四月寂。象山問厚の下から狼玄楼とその機鋒俊烈さを称された玄楼奥竜（〜一八一三）を打ち出した。『鉄笛倒吹』などの書がある。その法をついだものに風外本光（一七七九〜一八四七）があり、洞上の玄風を振ったのみならず、書画をよくし、風流自適した。弘化四年六月寂。その門人からは奕堂《えきどう》・原坦山などの明治の傑僧を輩出している。奕堂門下からは西有穆山《にしありぼくさん》・滝《たき》谷《や》琢宗《たくじゅう》・森田悟由などの碩徳を出している。これらの人々は、さきにあげた環渓らとともに明治の仏教界に活躍した人々である。

太源下からは、天桂よりややおくれて面山が出ている。面山《めんざん》（一六八三〜一七六九）、諱は瑞方。肥後の人で、卍山・徳翁などに参じ、南禅・建仁などの五山で禅をおさめ、損翁の法をついだ。宗祖道元の祖風を慕い、博学多識、東奔西走して祖録などを講じ、『正法眼蔵聞解《もんげ》』『面山広録』『正法眼蔵渉典録』『僧堂清規』『永平家訓』『大智偈頌聞解』など著述すこぶる多く、天桂と並び称されたが、天桂などに比して綿密な禅をとき、婆々面山の称がある。明和六年九月十六日寂。

以上のように、江戸後半期の明峰派には多くの人材が輩出しているが、これは同派が月舟をはじめ洞宗復古の思潮に掉したからであろう。しかし、一方比較的振わなかったとはいえ、通幻派にも人物がなかったわけではなく、さきには指月・瞎道があり、のちには千丈・漢三・寂室・瑞岡・月潭さらに、奕堂・坦山や大正昭和にかけて徳望一世に高かった北野元峰、字は大賁などの傑物が出ている。

指月（～一七六四）、諱は慧印、三光老人と称した。成田の竜淵寺の春翁に法をうけ、学識すぐれ、旃檀林にまなび、『参洞契不能語』をはじめ著述につとめた。永平還一人などといわれ、天桂・面山らとならび称された逸材である。明和元年六月六日寂。門弟に瞎道《かつどう》本光（一七一〇～一七七二）があり、学僧として名高く、旃檀林で『正法眼蔵』などを講じた。著作に『正法眼蔵参註』『五位顕訣参註』などがある。安永二年十月五日寂。このほか、拈華実参の門から千丈実巌（～一八〇二）が出で、さらにその門弟に、井伊氏にむかえられて、彦根の清涼寺などに住して玄風を振った、漢三道一（一七五七～一八二五）がある。また美濃の人で、隠元・木庵らに参じた惟慧道定（一六三四～一七一三）もこの派下の人であり、海外亮天の法をついだ寂室堅光（一七五三～一八三〇）も毛利氏にむかえられて功山寺に、漢三の後住として井伊氏によって清涼寺などに住した。天保元年寂。語録のほかに『菩薩戒童蒙抄』などの著作がある。寂室と同門の瑞岡（一七四三～一八二二）、諱は珍牛、江戸の旃檀林などにまなび、古規の復興につとめるかたわら、『正法眼蔵』の研究につとめたが、また飄逸洒脱で、書画にたくみであった。文政五年四月寂。

旃崖（一八〇五～一八七九）、諱は奕堂。風外らに歴参し、雪堂の法をついだ。近代の傑僧環渓とならび称され、のちに総持寺独住第一世となり、宗風端厳、一代の宗匠と仰がれ、その門下から魯山らを出した。明治十二年寂。魯山琢宗は永平に住し、宗門行政の立法につくした。

なお、風外門下に奕堂とならび称された人に原坦山がある。坦山（一八一九〜一八九二）、諱を覚仙といい、はじめ昌平黌に儒教をまなび、旃檀林に講じて仏教を排斥した。たまたま京璨と論じて、敗れて禅に帰し、その法をついだ。のち風外に環渓・奕堂らと共に参じ、回天にも従った。のちに東京帝大の印度哲学科講師をつとめ、学士院会員になり、曹洞宗大学林総監などを歴任し、大いに学界に貢献した。明治二十五年七月二十七日寂。こののち洞門では、忽滑谷快天、さらに木村泰賢・宇井伯寿などの仏教学の泰斗を出し、学問尊重の宗風を今日につたえている。

洞門の散聖　以上、洞門史上の注目すべき竜象についてみてきたが、このほかその特異な学識や人間性によって、多くの民衆の間に多大な影響をおよぼした散聖があったことを忘れてはならない。こうした人に穴風外・乞食桃水・大愚良寛・拳骨和尚などがある。

風外、諱は慧薫。上野の人で、同州の雙林寺にまなび、のち曾我山中の岩窟に棲んだ。ときに師の高風をしたって訪ねたものに、髑髏を食器として与えたので、その門人は逃げかえったという。ついで相模の真鶴山中の岩洞や伊豆の山中に隠棲したが、晩年遠江に赴いて、金指郷石岡里に庵居し、穴を掘らせて、これに入って立化したという。桃水（〜一六八三）、字は雲渓。肥後の人で、沢庵・隠元・木庵らに歴参し、肥後の法岩寺などに住したが、ある日突然寺を出て、紙衣縄帯の姿のまま、伊勢京都大津などで乞食生活をし、乞食桃水としてしられたが、晩年は酢屋道全といって、京都鷹峰で酢を売って生業とした。天和三年九月十九日寂。大愚良寛（一七五七〜一八三一）は越後出雲崎の名主山本伊織の長子で、備中の円通寺の大忍国仙に参じてその法をつぎ、月舟下の人となった。のち済洞両宗の諸匠に歴参し、さらに故郷の国上山に五合庵を結ぶこと十四年、ついで山下の乙子神社境内に庵居すること十年、つねに枯淡な生活をおくった。天保二年正月六日寂。資性寡欲、物事にこだわらず、飄逸で自然を愛し、村童を友とした。詩歌や書道にすぐれ、高く評価されているが、これらは俊厳な修行をへた禅者の高潔な人間性の発露にほかならないといえよう。物外不遷（一七九五〜一八六七）は伊予松山の人、拳骨和尚または安芸の物外としてしられる。大坂に出て禅と剣術をきわめ、諸国を漫遊した文武両道の達人で、天桂下の関浪磨甎に参じて大悟し、旃檀林にまなび、のち備後の済法寺に住した。天下にきこえた武道はもとより、書画・俳諧・囲碁・将棋にいたるまですぐれ、風流をたのしみ、洒脱で、つねに破衣糞掃衣をまとっていた。また勤王の士と交わって国事に奔走した。人から揮毫を求められるや、拳骨を捺して落款にかえたので、世に拳骨和尚といわれた。慶応三年十一月二十五日寂。

心越の来朝　以上のような曹洞宗の人々とは別に、明朝の曹洞禅をつたえた人に心越興儔《こうちゅう》がある。心越（一六三九〜一六九五）は杭州の人で、明末清初の動乱をさけて、長崎興福寺の明僧澄一のまねきにより、延宝五年（一六七七）に来朝した。ところが、心越が曹洞宗に属していたため、長崎の隠元一派にはいれられず、上洛して南禅寺によったが、長崎に赴いたとき幽閉されてしまった。そこで曹洞の鰲山・天桂らや水戸の今井弘済らは幕府や関三刹にはかって、これを救おうとした。このように、心越が隠元下の一派、とくに鉄牛らにいれられなかったのは、かつて隠元の師費隠通容が洞門の鼓山永覚と宗旨をあらそい、官のためにその一門が志を得なかったということがあり、そのために隠元らが一門をひきつれて来朝したという事情にもとづいているという。ともあれ、心越は水戸義公の奏請によってその難をのがれ、天和三年（一六八三）そのまねきによって水戸に赴き、祇園寺の開山に迎えられた。元禄八年九月三十日寂。学芸に通じ、書画・篆刻にすぐれ、また三絃の琴をよくした。義公をはじめ今井弘済・安積澹泊らと親交を結び、明朝風の禅を宣揚し、洞門に一異彩を放っている。

最後に、井伊直弼の師匠としてしられる仏洲仙英（一七九三〜一八六四）が直弼にあてた書状の中で、江戸時代の曹洞禅の尊宿たちの禅風を評した興味深い一文を引用して、むすびにかえよう。

> 堅光《(寂室)》師共は、道樹《(鉄文)》師は斧《マサカリ》禅と常々被申。（中略）天桂の地獄《ヂゴク》悟り、卍山の婆々禅、指月の階《(はしご)》悟り、面山の暦悟り。其外、狼玄楼《(奥竜)》、虎仙通《(大円)》、牛問厚《(象山)》、鬼鞭驥《(駿蹄)》、番太珍牛《(瑞岡)》、行司堅光《(寂室)》と、其人〳〵家風〳〵参禅接得之手段、別にして別にあらず、同にして同にあらず。其外隠元の長刀《ナギナタ》、良悟《(無得)》の抜《ぬき》身《み》、月舟の谷風せ、心越の斧川《をのかわ》杯、各々流義立処、一々不暇数尽御座候。（井伊家文書）

このように、仏洲は近代曹洞宗の代表的尊宿たちの家風を寸評している。もとよりそれぞれの参禅接化の実際を把えることはできないが、当代曹洞禅の宗風をうかがう一応の手がかりとなるであろう。

ちなみに、仏州は瑩山の著述とされる『伝光録』をはじめて上梓した人としてもしられている。

3 臨済禅の進展

五山派の衰頽 江戸初頭の臨済宗諸派も振わなかったが、五山派もその例にもれず、とくにきわだった存在は家康に重用された以心崇伝ぐらいのものであった。

以心（一五六九〜一六三三）、諱は崇伝。一色秀勝の子で、南禅の玄圃に参じ、のちに法を金地院の靖叔につぎ、南禅に住した。相国寺の鹿苑僧録西笑に親炙していたところから、家康に接近する機会をえて、慶長十三年駿府にまねかれて、板倉勝重とともに公武や寺院の諸法度の立案にあたり、またキリスト教禁制や寺院関係の諸政策を司った。なお、大坂の陣には家康の側近にあって参謀をつとめ、これを補佐している。こうして元和五年九月、鹿苑僧録や蔭凉職にかわってあらたに設けられた僧録に任ぜられ、寺社行政の実権をその掌中におさめ、駿府、ついで江戸の芝に金地院をひらいて、黒衣の宰相として天下の政柄にも参画し、声望一世を圧するの観があった。しかし、将軍秀忠の後年には天海の勢力たかまり、さらに沢庵らが家光の帰依をうけるにおよんで、その声望もようやく衰えた。寛文十年正月二十日寂。『本光国師日記』『異国日記』などの著作がある。こうして、その寂後も金地僧録の名称はなお存続しているが、寺社行政はもっぱら寺社奉行の管轄するところとなって、僧録は単なる名称化してしまい、これにともなって五山派も全く衰微したので、寛永十二年以来景轍玄蘇らが対島以酊庵において朝鮮との外交にたずさわった以外には、この後の五山派にはほとんどみるべきものがない。

大徳寺派の復活　五山派にかわって臨済宗の主流をなすにいたったのは大徳寺・妙心寺を中心とした大応派であるが、このころ大徳寺派では春屋門下から沢庵・江月・玉室らが出た。

沢庵（一五七三〜一六四五）、諱は宗彭。但馬の人で、春屋の下で修行し、五山の宏智派の文西洞仁などにも学芸をまなび、のち一凍紹滴に投じてその法をつぎ、大徳寺に住した。たまたま寛永五年（一六二八）玉室の弟子正隠の大徳寺出世をめぐって、後水尾天皇の勅定があったにもかかわらず、幕府は元和元年七月に大徳妙心に下した法度を楯にとって、幕府の認可がないのに入寺することを停めようとしたので、沢庵は玉室や妙心寺の単伝・東源らと幕府に訴えでた。このため、ことは後水尾天皇の譲位におよび、沢庵も出羽に流されたが、のちにゆるされて、後水尾上皇はじめ将軍家光や柳生宗矩の帰依をうけ、品川に東海寺をひらいた。こうして、これまで金地僧録の支配下にあった大徳妙心はその管轄下を脱することができ、ついで寛永十三年には大徳寺方丈などの復興をみた。正保二年十二月十一日寂。柳生宗矩に剣禅一致をといた『不動智神妙録』や『明暗雙々集』『沢庵広録』などの著述が多い。

玉室（〜一六四一）、諱は宗珀。瞳眠子ともいい、春屋の甥で、その法をつぎ、大徳寺に住した。慶長十二年に後陽成天皇から直指心源の禅師号を特賜され、また加賀の前田家の帰依をうけ、大徳寺内に芳春院をひらいている。寛永十八年五月寂。

江月（一五七四～一六四三）、諱は宗玩《そうがん》。欠伸子と号す。堺の豪商津田宗及の子。春屋の弟子となり、大徳寺に住した。後水尾天皇から大梁興宗の禅師号をうけ、のち黒田長政のまねきによって博多の崇福寺に住し、また秀忠・家光の帰依もうけた。寛永二十年十月一日寂。筆蹟にすぐれ、先年玉村氏とともに発見した『墨蹟之写』数十冊は、江月が書画を鑑定したときのメモで、水墨画や墨蹟の鑑定書として、この方面の研究にはとくに貴重なものとされている。門人に小堀遠州政一の子の江雲宗竜がある。

妙心寺派の胎動　つぎに妙心寺系の関山派では、聖沢派がもっとも目立った活躍を示し、愚堂をはじめ一絲・至道・盤珪などを出し、このほか東海派の大愚・雲居、竜泉派の霊南、霊雲派の無着などがおもな人々である。

愚堂（一五七九～一六六一）、諱は東寔。美濃の人で、三度妙心に住し、後水尾上皇・後西天皇や将軍家光にめされて禅要を説き、寛永十九年の飢饉には貯蔵米を供出して、窮民の救済にあてた。その開いた寺院も多く、門弟から一絲・至道・梅天などの秀れた人物を出した。

一絲（一六〇七～一六四五）、諱は文守。久我具堯の第三子で、はじめ五山派の雪岑らにまなんだが、のち沢庵らに歴参し、愚堂の法をついだ。とくに後水尾上皇の帰依あつく、西賀茂に霊源寺をたててまねかれ、また丹波の法常寺をひらき、近江の永源寺を中興した。正保二年三月十九日寂。のち定慧明光仏頂国師と諡された。

至道（一六〇三～一六七六）、諱は無難。関ヶ原の本陣三輪道祐の子で、諸侯の帰依をうけて、江戸の麻布に東北院をはじめ、のち渋谷の東北寺の開山にまねかれたが、これをさけて、至道庵を小石川に移して隠棲した。延宝二年八月十九日寂。その門下に正受老人があり、ついで白隠が出た。生涯名利をさけて、一首座の位にとどまるなど、高潔な一生を送ったが、平易通俗な仮名文をもって庶民的な禅をといたことは、白隠の先駆をなすものとして注目される。

盤珪の不生禅　至道とほぼ同じ頃、この聖沢派からは盤珪が出た。盤珪（一六二二～一六九三）、諱は永琢、播磨の人で、赤穂の雲甫について出家し、のち妙心の了堂・愚堂らに歴参し、また長崎に赴いて明僧の道者にもまなび、啓発されるところがあった。平戸藩主松浦侯、伊予大洲藩主加藤泰興らの帰依をうけ、播磨浜田に京極高豊の請をうけて竜門寺をはじめるなど、数多くの寺をひらき、妙心寺にも住した。元禄六年九月三日寂。盤珪も禅を平易に説くことに心がけ、仮名文をもって法語をしるしている。その唱導する禅法は不生禅といわれるもので、人は生まれながらにして不生不滅の仏心をもっているもので、形式的にだけ公案を提撕し、坐禅を行なって、悟りを開こうというのは誤りで、意常住坐臥、坐禅でないものはないとし、日本人には日本人に適した平常語を自由に用いるべきで、意志表現に不便な漢語を用いる必要はないと喝破した。このように、大衆性のある易行禅をといたので、その門下は大いににぎわったという。

至道の門から出た正受老人、すなわち道鏡（一六四二〜一七二一）、諱は慧端。一名的翁というが、これは、その寂後に白隠がおくった別号である。信濃の真田信之の子で、江戸にでて、東北寺の至道の門に参じたが、虎哉らの諸師に参じたのち、信州の飯山に正受庵をはじめ、真剣な修行に専念し、家法すこぶる峻厳で、精進堅固なことは他に類をみなかった。

不断の坐禅を学ばんと欲せば、則矛戟攻戦の巷、号哭悲泣の室、相撲掉戯の場、管絃歌舞の席に入るも、安排を加えず、計較を添へず、束ねて一則の話頭と作し、一気に進んで退かざる、譬へば、阿修羅大力肘臂を捉へ、去って三千大千世界を遮る千回百匝すと雖、正念工夫片時も打失せざる者を名づけて、真正参玄の衲子と為す。十二時中面皮を冷却し、眼睛を瞠着し、毫釐も放捨することを得ざれ。

といい、かつての鈴木正三のといった禅風と相通ずるごとき、はげしい気概をのべているが、このような厳しい鉗鎚下においてこそ、臨済禅の中興祖たる白隠という稀代の大器を打出することができたのであろう。享保六年十月六日寂。

このほか、妙心寺系では東海派から、快川の玄孫である一宙下から大愚と雲居を出している。大愚（一五八四〜一六六九）、諱は宗築、美濃の人で、一宙などの門に参じ、智門玄祚の法をついだ。妙心に住し、家光の帰依をうけ、諸寺の復興につとめた。雲居（一五八三〜一六五九）、諱は希膺、土佐の人、妙心寺の一宙についてその法をつぎ、妙心寺に住し、後水尾上皇の知遇をうけ、さらに伊達忠宗に迎えられて松島の瑞巌寺に住し、復興をとげ、その門下大いに栄え、東北地方に禅化を布いた。竜泉派からは霊南が出ている。嶺南（一五八三〜一六四三）、諱は崇六、日向の人で、芳沢の法をつぎ、江戸桜田に東禅寺をひらき、妙心にも住した。なお、師の玄孫から卍元師蛮（一六二六〜一七一〇）が出ている。卍元は諸国を歩いて、史料を博捜し、禅僧の伝記集の典型をなす『延宝伝燈録』や『本朝高僧伝』を集大成した功績は逸しがたいものがある。

また霊雲派からでた無着（一六五三〜一七四四）は、諱を道忠といい、但馬の人で、諸師に歴参して、儒仏をおさめ、のち妙心に三住し、竜華院に退休した。延享元年十二月二十三日寂。師もまた禅籍をさぐり、禅宗辞典の先駆をなす『禅林象器箋』をはじめ、『正法山誌』など、註釈考証の著百八十部に及んだ学者としてしられている。

このように、江戸初期から中期にかけてはすぐれた名衲もないわけではなかったが、臨済宗全般には、かつての峻烈な禅風も、また中世五山派の学芸の伝統も萎微沈滞してしまっていたのであって、妙心寺のごときでさえ、修禅の根本道場である禅堂さえなかったという状態がつづいていたのである。したがって、たまたま道者や隠元によって明朝禅が将来されるや、その新鮮な禅風に魅せられて、これに走るものが現われたのは、曹洞宗の場合と同様であった。かの竜渓のように、妙心寺住持という地位をすてて、隠元門下に投じてしまったというものもでる有様で、およそ自主性のないものであったのである。しかし、このような外的刺戟もあって、ついに長年の偸安の夢を破るときが訪れた。すなわち、西に古月、東に白隠、とくに白隠禅師の出現によって、臨済禅は復活の気運を生じ、ついに近世的民衆禅として見事に再生されるにいたったのである。それは、もとより中世の禅への復古でもなく、さりとてまた単なる応燈関の法統そのものではなくして、白隠一流の近代化された看話禅の大成を意味するものであった。

白隠による近代禅の成立　白隠よりわずかに先んじて、東海の白隠とならんで、近世禅の雙壁をなすものと称された古月禅材（一六六七～一七五一）は、日向の人で、霊雲派の賢岩の法をついだ。行学兼備の人で、島津惟久にまねかれて日向の大光寺に住し、また久留米の有馬頼僮の請をうけて、梅林寺に玄風を振い、福聚寺などをひらいて開山となった。妙心寺住持の招聘をうけたが、一生涯黒衣に甘んじて出世しなかった。宝暦元年四月二十四日寂。その法をつぐもの一時全国に蔓延し、門下は多士済々であったが、白隠が東海で禅化を布くにおよんで、古月下の東嶺・大休・愚庵らがその門下に走ったので、古月門下は次第に衰えた。しかし、なお月船禅慧（～一七八一）などがあり、月船下からは、誠拙周樗（～一八二〇）が出て、円覚・天竜・相国などに住して、諸寺の復興につとめた。また、画僧として特異な禅風を振った博多聖福寺の仙崖義梵（一七五〇～一八三七）もこの月船の法をついだが、古月下全般としては、到底白隠下の敵ではなかった。

白隠（一六八五～一七六八）、諱は慧鶴。別に鵠林といったので、その門下を鵠林派ともいう。駿河浮島の杉山氏の出で、原町の松蔭寺に入り、単嶺についた。のち美濃の馬翁のきびしい鉗鎚をうけ、高田の性徹に参じ、ついで信州飯山の正受老人に投じて、たまたま行乞の途上に一老婆の痛棒にあって大悟した。その後諸国を歴訪して諸師に参じ、単嶺のあとをついで松蔭寺に住し、化門を張るや、たちまちにして東海の一大禅窟をなした。ついで、妙心の首座に任じたが、一生出世することなく、首座の位にとどまった。しかし、その間諸国に巡錫し、碧巖・臨済などの祖録を講じ、大いに禅風を宣揚し、伊豆の竜沢寺をひらき、明和五年十二月十一日寂した。翌年、神機独妙禅師と諡された。その門下には竜象雲集し、東嶺・遂翁・峨山・頑極・関捩・大休などの多くの逸材を出し、臨済中興の祖と仰がれる。肺結核をわずらっていたにも拘らず、きわめて精力的で、著述も多く、語録や『槐安国語』『荊叢毒蘂』のような本格的なものをはじめ、鍋島直恒侯にあたえた『遠羅天釜《おらてがま》』や、『籔柑子』『夜船閑話』『さし藻草』『於仁安佐美《おにあざみ》』『八重葎《やえむぐら》』『辺鄙以知吾《へびいちご》』、さらには『子守唄』『草取唄』『辻談義』『坐禅和讃』『寝惚之眼覚』『主心お婆々粉引歌』『おたふく女郎粉引歌』など、仮名交り文を主として、懇切鄭寧に、卑近な例を用いて平易な禅をとくことに意を用い、禅を近世社会に適応させることに成功した。

> 長く両脚を展べ、強く踏みそろへ、一身の元気をして臍輪、気海丹田、腰脚足心の間に充たしめ、時々に此観を成すべし。(中略)恁麼に単々に忘想し将ち去て、五日七日乃至二三七日を経たらむに、従来の五積之聚、気虚労役等の諸症底を払て平愈せずんば、老僧が頭を切り持ち去れ。

（夜船閑話）

などといい、坐禅など誰にでもできるもので、臍下一二寸の気海丹田に精神を集中すると、呼吸が整い、精神の安定がえられ、身体壮健、不老長寿を全うすることができると説き、坐禅は健康法としても最適のものであるといている。このように、庶民にも身近なところから出発し、『おたふく女郎粉引歌』『主心お婆々粉引歌』『草取唄』など、庶民の興味をよび起こすための因縁話やユーモアをもまじえて説法し、庶民の趣向に投合しようとした。したがって、おそらく、白隠ほど大衆に親しまれた禅者は前後にその類例をみないであろう。このようにして、白隠は民衆の間に禅をひろめることに成功したが、もとより単に平易通俗だけがその本領ではなく、一方では、大燈国師を尊崇し、その語録の著語《じゃくご》評釈をつけた『槐安国語』にみられるような高度な禅探求を行ない、

　煎茶摘むべからず、坐禅すべし。看経すべからず、坐禅すべし。掃除すべからず、坐禅すべし。馬に乗るべからず、坐禅すべし。茶の果種うべからず、坐禅すべし。是は一向に万縁を抛擲して坐禅せよとの心には侍らず。談笑戯論、動足挙手、一束に束ねて換転却し将ち去りて一枚の禅宗三昧とす。（於仁安佐美）

といい、あるいは、

　只だ肝心は行者勇猛精進の一念に在るのみ。（遠羅天釜）

と峻厳な坐禅三昧の気魄をすすめ、このようにしてこそ不断坐禅による禅の真面目が発揮されるもの

だと説いた。そこには、至道無難に似た平易な禅風と、正受老人に通ずる峻烈な鉗鎚という、一見理解しがたい矛盾が存在するようにみえるが、このような相反する両面を同時に持ちあわせているところにこそ、かえって白隠の偉大さがあり、禅の中興祖になりえたゆえんがあるといえよう。こうして、以後の臨済禅は白隠の禅風によって蔽われ、法系の上でも白隠下、すなわち妙心寺の関山派によって席巻されてしまったのである。まさに臨済禅は白隠によって宗教改革がなされたといえよう。このように白隠は近世禅を大成させた偉人であるが、なおその書画においてもみるべきものがある。これまでの五山ものなどとはかわって、大衆にかたりかけるような、いわば諷刺的戯画的な禅画が多く、大衆を対象とした人間味あふれるもので、その肉太な筆致の強靱さは隠元下の黄檗流や大燈国師の筆力に通ずるものがあるようにおもわれる。先述の門弟のほか、その門に参じた居士も多く、池大雅・山梨了徹などや、女人でその門に投じたものも少なくない。大雅堂は白隠・遂翁に参じて、画禅一味を体得した人である。

白隠の高弟の東嶺（一七二一～一七九二）、諱は円慈。はじめ古月禅材に参じたが、のち白隠下に投じ、白隠の老後は師に代わって大衆を接化した。寛政四年閏二月十九日寂。著作に『宗門無尽燈録』がある。東嶺と同門の遂翁（一七一九～一七八九）、諱は元盧、生来、奔放不羈で、書画囲碁をたしなみ、酒をこのんで悠々自適し、自ら酔翁といった。白隠も遂翁から影響をうけて、書画の道をひらいたといわれる。白隠の寂後、東嶺のすすめで松蔭寺に住したが、求法するものがあると、われ何をか知らん、去って東嶺に参ぜよといって、さらに一語をも発しなかったという。寛政元年十二月二十日寂。

しかし、何といっても鵠林派が大をなしたのは峨山の力に負っている。峨山（一七二七～一七九七）、諱は慈棹。諸師に歴参したのち、白隠に師事して、その法をついだが、白隠寂後は東嶺について禅をきわめ、大いに宗風をあげ、寛政九年正月十四日に寂した。その会下から愚渓をはじめ、隠山・卓洲・行応などを出し、なかでも隠山・卓洲の二門は大いにさかえたのであって、この後の臨済系はほとんどこの峨山下の児孫にほかならない。

隠山と卓洲　隠山《いんざん》（一七五四～一八一七）、諱は惟琰。峨山に師事し、のち妙心に住し、文化十四年十一月二十九日に寂した。門下から太元・棠林らが出ている。山岡鉄舟はこの派の星定の門人である。太元（一七六八～一八三七）、諱は孜元、隠山に参禅し、岡山の池田顕国の帰依をうけて、妙心にも住し、天保八年八月十八日に寂した。その門下から出た儀山善来は、妙心・大徳に住し、明治十一年三月二十八日に寂したが、その門人には滴水・洪川・越渓らの逸材がいる。滴水、諱は宜牧、天竜に住し、門下から峩山・竜淵・東昱らを打ち出した。峩山、諱は昌禎、天竜をつぎ、明治三十三年十月一日に寂した。今北洪川、諱は宗温、儀山に得法し、円覚に住し、明治二十五年正月十六日に寂した。著に『禅海一瀾』がある。その門からでた洪岳宗演（一八五九～一九一九）は、楞伽窟といい、円覚に住して居士禅を鼓吹し、東慶寺を再興した。そのもとから鈴木大拙博士が出ている。太元下の禅傑大拙承演は相国に住し、鬼大拙の称があり、その門下に独園《どくおん》がある。今北洪川も鬼大拙に参じた一人である。荻野独園、諱は承珠、法を大拙についで、相国寺に住し、化を一代に振った。明治二十八年八月十日寂。著書に『近世禅林僧宝伝』がある。その門からは足利紫山など多くの人材を出した。太元とともに隠山下の双璧をなした棠林は、諱を宗寿といい、妙心に住し、峻厳な宗風を布き、天保八年十一月十日に寂した。その門から出た雪潭紹璞は美濃伊深の正眼寺を再建し、門庭峻烈をきわめ、世に雷《かみなり》雪潭の称がある。明治六年九月十八日寂。

卓洲《たくじゆう》（一七六〇〜一八三三）、諱は胡僊、隠山とともに峨山下の二甘露門と称され、天保四年八月二十八日に寂した。その門下から月珊・海山・春応、妙喜ら多くの竜象を出したが、なかでも蘇山、諱は玄喬が傑出している。蘇山は尾張徳川侯のまねきで、名古屋の徳源寺を道場とし、のち妙心に住し、大いに化門を張った。明治元年十二月十四日寂す。妙喜の玄孫に毒湛がある。諱を匝三といい、南禅に住し、大正六年正月九日寂した。

このように、白隠下では峨山の法系、とくに隠山・卓洲の両門派がもっとも著しい発展を示し、近世臨済宗はほとんどこれらの派下によって占められるにいたった。したがって、五山はもとより、大徳妙心もすべて白隠下の席巻するところとなり、それがそのまま現在の臨済宗の法系につながっているわけである。ところが、この隠山・卓洲両派の間には互いに相いれないものがあって、たびたび軋轢を繰り返し、痛罵しあって今日におよんでいるのは、各宗によくみられる二派分立の傾向と同様である。すなわち、隠山下が峻厳な家風をもっているのに対し、卓洲下は温厚寛容な宗風を示し、天竜・相国・円覚が隠山系であるのに反し、南禅・建長・建仁などが卓洲系であるというように、いまにその流派がつたえられ、それぞれの派の特徴を形成している。

なお最後に、近世の臨済禅で注意しなければならないのは、禅法の印可をうけた師匠と室内の嗣法師とを区別し、後者の室内の嗣法が軽視されて、その系統が混乱して、分明でないものが多い。したがって、一般に依拠されている法系にしたがって、上述の系統も印可の印承を中心としてのべてきたわけである。

4　普化宗の抜扈

これまでのべてきた禅宗のほかに、普化宗《ふけ》という禅宗の一派がある。これは虚無僧の集団で、中国唐代の普化和尚を開祖としているところからこの名がある。普化はつねに鐸《しやく》を振って市中を歩き、明頭きたるもまた打ち、暗頭きたるもまた打すといい、親交のあった臨済でさえ、聖人か凡人かわからないと歎ぜしめたという奇行の人であったという。わが国へは、建長六年（一二五四）に法燈国師無本が帰朝したとき、弟子の宝伏・国佐・理正・僧恕ら四人をともなってきたのにはじまるといわれ、このうち宝伏は山城宇治に庵居し、尺八を吹いて、普化の鈴を振るに擬し、大いに化をあげたという。

こののち諸派にわかれたが、門下の靳全が北条経時の帰依によって、下総小金に一月寺をたてて、一派の道場とした。また文明のころ、一休の弟子朗庵は風穴道者と称し、宇治の吸江庵に住し、尺八を吹き、のちに妙安寺に住したという。なお一説によると、鎌倉時代から暮露々々《ぼろ》といって、世をすて、放逸無漸な生活をいとなむ修行者がいて、草行露宿の浮浪生活をいとなみ、薦をしいて坐臥したので薦僧《こもそう》ともいった。それが戦国時代をへて、やがて集団をなし、普化宗を公称するようになり、こも僧を虚無僧というようになったともいう。近世に入り、慶長十九年に吉野織部の本願で、これまで武蔵藤袴村にあった鈴法寺を青梅にうつし、一門の道場とした。こうして下総の一月寺、武蔵の鈴法寺はともにさかえ、横暴をほしいままにするものがでたので、延宝五年六月、幕府は普化宗の掟を下している。虚無僧は白衣編笠短刀という姿で諸国を経回し、武門でめぐまれないものの適当なかくれ場所となったり、いろいろなものが入って悪行をするものなどがでたので、幕府はしばしば禁令をだしているが、この後もさかえ、火下・靳全・寄竹・梅士・夏漂・司祖・不智・養沢・芝隣・美文・隠巴・宗和・錐南・短尺・野木などの諸派にわかれ、紀伊由良の興国寺、下総の一月寺、武蔵の鈴法寺、京都の明暗寺、常陸下妻の心月寺、京都鳴滝の妙光寺を中心に、とりわけ一月・鈴法の両寺は関東における同宗の触頭として諸派の元締をなし、関西では京都の明暗寺などによって総括された。

虚無僧には住持職・看主などの階級があって、住持職は剃髪した清僧をあて、看主は蓄髪し、僧衣はつけないで天蓋をかむり、絡子をかけて、衣服や帯など紺や黒をもちい、つねに印鑑をたずさえ、尺八を吹いて歩いた。のちには宗縁といって、普化宗の虚無僧ではなくして尺八修行をするものもあり、普化宗では、彼等の請によって、日限のある印鑑を借して、これを助吹といった。

一般に普化宗に入るには、まず入宗証文を住持職に示して、宗門帰依の趣旨をのべ、入室金や両刀などの所持金をおさめ、宗祖の霊前で師弟の約束を誓い、宗具・尺八・天蓋などをうけてはじめて門徒となり、ついで普化禅林本則などの宗旨を学ぶことになっていた。しかし、尺八を吹くことによって心息を鍛錬し、禅悦に入ることを期したもので、宗門として特定の所依の経典というものはなかったようである。明治四年十月、一宗を廃止されたので、のちに明暗・普化・法燈などの教会が設立されて今日にいたっている。

参考文献

〔著　書〕

荻野　独園　近世禅林僧宝伝（小川多左衛門）　明治二三年
西村　天囚　日本宋学史　明治四二年
上村　観光　五山詩僧伝（民友社）　明治四五年
木宮　泰彦　栄西禅師（丙午出版社）　大正　五年
辻　善之助　日本仏教史之研究（正・続）（金港堂）　大正八～昭和六年
上村　観光　禅林文芸史譚（大燈閣）　大正　八年
孤峰　智璨　禅宗史（光融館）　大正　八年
忽滑谷快天　禅学思想史（上・下）（玄黄社）　大正一二～一四年
小畠　文鼎　続（近世）禅林僧宝伝（一・二輯）　昭和三～一三年
大屋　徳城　日本仏教史の研究（一・二・三）（東方文献刊行会）　昭和　三年
足利　衍述　鎌倉室町時代之儒教（日本古典全集刊行会）　昭和　七年
木宮　泰彦　日本古印刷文化史（富山房）　昭和　七年
森大狂　編　日本禅宗年表（竜吟社）　昭和　九年
大久保道舟編　曹洞宗大系譜（仏教社）　昭和　九年

鷲尾　順敬　鎌倉武士と禅（日本学術普及会）　昭和一〇年
宇井　伯寿　禅宗史研究（一・二・三）（岩波書店）　昭和一〇〜一八年
大久保道舟編　曹洞宗大年表（仏教社）　昭和一〇年
白石　虎月　禅宗編年史　昭和一二年
同　続禅宗編年史　昭和一八年
林　岱雲　日本禅宗史（大東出版社）　昭和一三年
鈴木　大拙　禅と日本文化（岩波書店）　昭和一五年
圭室　諦成　日本仏教史概説（理想社）　昭和一五年
同　道元（楽浪書院）　昭和一六年
福場　保州　白隠（弘文堂）　昭和一六年
辻　善之助　武家時代と禅僧（創元社）　昭和一六年
北村　沢吉　五山文学史稿（富山房）　昭和一六年
雄山　閣編　禅　昭和一六〜一七年
鈴木　泰山　禅宗の地方発展（畝傍書房）　昭和一七年
鈴木　大拙　禅思想史研究（一）（岩波書店）　昭和一八年
伊藤　古鑑　栄西（雄山閣）　昭和一八年
赤松　晋明　鉄眼（雄山閣）　昭和一八年
伊藤　康安　沢庵（雄山閣）　昭和一八年

福島　俊翁　虎関（雄山閣）　昭和一九年
古田　紹欽　愚堂無難正受（弘文堂）　昭和一九年
荻須　純道　夢窓大燈（弘文堂）　昭和一九年
鷲尾　順敬　日本禅宗史の研究（教典出版社）　昭和二〇年
芳賀幸四郎　東山文化の研究（河出書房）　昭和二〇年
村上　専精　禅宗史綱　昭和二一年
宮坂　哲文　禅における人間形成—教育史的研究—（霞ヶ関書房）　昭和二二年
家永　三郎　中世仏教思想史研究（法蔵館）　昭和二二年
辻　善之助　日本仏教史 中世・近世（岩波書店）　昭和二二～三〇年
渡　辺　一　東山水墨画の研究（座右宝刊行会）　昭和二三年
川瀬　一馬　足利学校の研究（講談社）　昭和二三年
谷　　信一　日本美術史概説（東京堂）　昭和二六年
大久保道舟　道元禅師伝の研究（岩波書店）　昭和二八年
玉村　竹二　五山文学（至文堂）　昭和三〇年
木宮　泰彦　日華文化交流史（富山房）　昭和三〇年
芳賀幸四郎　中世禅林の学問及び文学に関する研究（日本学振）　昭和三一年
角川書店編　現代禅講座　昭和三一～三五年
太田博太郎　中世の建築（彰国社）　昭和三二年

大野達之助　日本仏教思想史（吉川弘文館）　昭和三二年
玉村　竹二　夢窓国師（平楽寺書店）　昭和三三年
桑田　忠親　日本茶道史（河原書店）　昭和三三年
古田　紹欽　近世の禅者たち（平楽寺書店）　昭和三六年
大久保道舟編　曹洞宗古文書（上・下）（山喜房）　昭和三六～七年
鏡島　元隆　道元禅師とその門流（誠信書房）　昭和三六年
中　村　元　東洋人の思惟方法（三）（春秋社）　昭和三七年
竹内　道雄　道元（吉川弘文館）　昭和三七年
平久保　章　隠元（吉川弘文館）　昭和三七年
榑林　皓堂　道元禅の研究（禅学研究会）　昭和三八年
陸川　堆雲　白隠和尚詳伝（山喜房）　昭和三八年
阿部　肇一　中国禅宗史の研究（誠信書房）　昭和三八年
古田　紹欽　日本仏教思想史の諸問題（春秋社）　昭和三九年
中　村　元　日本宗教の近代性（春秋社）　昭和三九年
関口　真大　禅宗思想史（山喜房）　昭和三九年
川崎庸之・笠原一男編　宗教史（体系日本史叢書一八）（山川出版社）　昭和三九年
鏡島　元隆　道元禅師の引用経典・語録の研究（木耳社）　昭和四〇年
多賀　宗隼　栄西（吉川弘文館）　昭和四〇年

荻須　純道　日本中世禅宗史（木耳社）　昭和四〇年
田中　一松　日本絵画史論集（中央公論美術出版）　昭和四一年
今枝　愛真　Japanese Zen（国際教育情報センター）　昭和四一年
古田　紹欽　禅思想史論—日本禅（春秋社）　昭和四一年

〔寺　史〕

栗山　泰音　嶽山史論（鴻盟社）　明治四四年
同　　　　　総持寺史（総持寺）　昭和一三年
横関　了胤　総持寺誌（総持寺）　昭和四〇年
川上　孤山　妙心寺史（妙心寺）　大正　六年
天岫接三編　妙心寺六百年史（妙心寺）　昭和一〇年
小畠　文鼎　万年山（相国寺）聯芳録　昭和　七年
白石　虎月　東福寺誌（東福寺）　昭和　五年
桜井　景雄　南禅寺史（南禅寺）　昭和一五年
同　　　　　続南禅寺史（南禅寺）　昭和三二年
玉村竹二・井上禅定　円覚寺史（春秋社）　昭和三九年

〔論　文〕

山本　重治　中世後期に於ける禅僧と地方文化（『歴史学研究』第七巻第一・二号）
高橋　隆三　臨済宗官寺の制度（『国史学』第二三・二四号）

玉村　竹二

教団史的に見たる宋元禅林の成立（美術研究資料『墨蹟資料集』附冊）
日本禅宗の伝来（『国民の歴史』第一巻第四号）
元末名尊宿の日本への招聘（『禅文化』六）
日本禅僧の渡海参学関係を表示する宗派図（『駒沢史学』三）
日本中世禅林に於ける臨済・曹洞両宗の異同―「林下」の問題について―（『史学雑誌』第五九編第七・八号）
五山叢林の十方住持制度に就て（『日本仏教史学』第二巻第一号）
五山叢林の塔頭に就て（『歴史地理』第七六巻第五・六号）
蔭凉軒及び蔭凉職考（『歴史地理』第七五巻第四～六号）
直末と附庸（『日本歴史』第一七六号）
禅僧称号考（『画説』第五三・五四・七〇・七一・七二号）
五山の宗派図に就て（『歴史地理』第七二巻第六号）
『碧山日録』記主考（『歴史地理』第八一巻第二号）
永平道元の臨済宗に対する感情（『日本歴史』第四七号）
初期妙心寺史の二三の疑点（『日本仏教史』第三・四号）
北条貞時の禅宗帰嚮の一断面―曹洞宗宏智派の日本禅林への導入について―（『金沢文庫研究』二六号）第一二五・一
足利直義禅宗信仰の性格について（『仏教史学』第七巻第三号）

今枝　愛真
足利義持の禅宗信仰に就て（『禅学研究』第四二号）
安国寺利生塔について（『史学雑誌』第七一編第六号）
栄西の新仏教運動―禅と天台の関係―（『歴史教育』第一五七号）
道元の越前入居の真相（『日本歴史』第二一八号）
曹洞宗宏智派の発展と朝倉氏（『日本仏教』第二一号）
曹洞宗の発展（山川出版社『宗教史』）
総持寺の宝物（峨山の生涯）（総持寺）
白隠の禅風（『日本及日本人』第一四二九号）
日本仏教の地域発展―禅宗―（『仏教史学』第九巻第三・四合併号）
中世禅林の官寺制度（『歴史地理』第八七巻第三・四合併号）
禅宗の官寺機構―五山十刹諸山の国別分布について―（『日本学士院紀要』第一九巻第三号）
鹿苑僧録の成立とその沿革（上・中・下）（『日本仏教史』第一・二・三号）
禅宗と足利初期政権―等持寺の成立をめぐって―（『日本歴史』第一七一号）
足利義満の相国寺建立について（『駒沢史学』第一三号）
斯波義将の禅林に対する態度―とくに春屋妙葩との関係について―（『歴史地理』第八六巻第二号）
清規の伝来と流布について（『日本歴史』第一四六号）
普門院蔵書目録と元亨釈書最古の写本（『田山方南華甲記念論文集』）

安良岡康作　五山学芸史における希世霊彦の歴史的地位―北山より東山へ―（『国史学』第五四号）
藤岡　大拙　五山文学（『岩波講座 日本文学史』第六巻）
五山教団の発展に関する一考察（『仏教史学』第六巻第二号）
禅院内に於ける東班衆について（『日本歴史』第一四五号）

追　補

竹貫　元勝　林下における教団経営について―大徳寺徹翁義亨を中心として―（『仏教史学』第一五巻第二号）
玉村　竹二　日本禅宗史論集上下三冊（思文閣）　昭和五一～六年
五山文学新集一～六別一・二（東京大学出版会）　昭和四八～五六年
五山禅僧伝記集成（講談社）　昭和五八年
五山禅林宗派図（思文閣）　昭和六〇年
今枝　愛真　日本仏教史 中世編（共著、法蔵館）　昭和四二年
道元―その行動と思想（評論社）　昭和四五年
新訂図説 墨蹟祖師伝（編、柏林社）　昭和四五年
中世禅宗史の研究（東京大学出版会）　昭和四五年
五燈会元（監修、琳瑯閣）　昭和四六年
アジア仏教史ⅣⅥ（共著、佼成出版社）　昭和四七年
道元とその弟子（毎日新聞社）　昭和四七年

道元―坐禅ひとすじの沙門―（NHKブックス二五五、日本放送出版協会）　昭和五一年
興禅護国論・日本仏法中興願文・興禅記考（『史学雑誌』第九四編第八号）
曹洞宗（編著、小学館）　昭和六一年

『禅宗の歴史』を読む

今泉淑夫

住んでいる町に寺があれば毎日のように御堂を訪れて仏を拝し、遠くにあってもかつて拝した仏の形容しがたい慈悲のほほ笑みが見たいと思えばふと旅に出る。堂に入る前と出てからの自分に何かの変化が生まれたことに気づくのであれば、その知らぬ間に身を浄められた悦びが信仰である。

それがどこの何仏でなければならないと思う時にはその信仰はもっと鮮明な輪郭を帯びている。大概は記憶はやがてあいまいになり、寺が天台宗・真言宗であっても浄土宗であってもよくて、最澄と空海、道元と日蓮、法然と親鸞の違いを語ることができなくなっていることを思い知らされることが多い。信仰とよぶにはあまりにあっけないがそれが普通である。

仏の教えを求める生き方は、ひとつの道筋ではなく多岐にわたり、それぞれが政治、経済、美術の歴史と深くつながっていて、寺と仏像はそれぞれの物語りを背負っている。研究者が特定の物語りの歴史をたどるのであれば、何の専門家とよばれる。研究の成果を語るのには、研究の水準によって記述される専門書と一般の人々がわかるように書かれた啓蒙書があり、これとは別に日常言語によってつづられるエッセイや観光案内書もある。水準の高い啓蒙書は専門書でもある。

仏教の救済の道筋は多様で、そのひとつに禅宗がある。日本における禅宗の普及は中国の影響により、二国交流の歴史的変化をうけて複雑な系譜をたどった。本書はその日本における禅宗の歴史を述べた啓蒙書であり、かつ専門書である。昭和四十一年十一月に初版、昭和四十三年六月に二版が出され、今日までに多くの仏教史の本が出版され続ける中にあって、長く人々に愛読されてきた。

日本の禅宗の歴史について注目すべきほとんどすべての事は、著者によって整理され、要約されている。本書の底流にあるのは、禅宗の歴史の実際は複雑な経緯をたどり、日本に伝えられた禅宗は最初から純粋な禅であったのではなく、むしろ仏教のいくつかの筋道が混合していて、混合にまかせて兼修するかたちで修学し、修道されたのであり、著者ははじめにその複雑さを強調している。日本の禅宗が兼修であったことに注目する視点は著者の独自の意見ではなく、今では禅宗史に共通する意見となっているが、はじめて日本の禅宗史を学ぼうとする人々には耳新しいことかも知れない。本書全体のあちこちで耳新しい経験をされるのであれば、それが読書の愉しみである。

小文は、本書の構成と部分の記述に従いながら、その内容を要約するもので、本文を離れて個人的な感想や思い出を語るエッセイではない。読者が全体を読み終えた時に自然に了解されることになることの案内にすぎない。

第一章「奈良平安時代禅宗の伝来」では、中国禅宗の成立と日本への影響を要約している。はじめインドに発生した坐禅を主とする修行であった禅が後漢の頃に中国に伝わり、北魏時代にインドから渡来した達磨によって禅の一派が伝わり、その後坐禅を主とする集団が組織され、六祖慧能《えのう》のときに、山中から市中に広がって世俗と接触し、唐代には南宗慧能と北宗神秀の二派に分かれた。北宗は数代でほろびたので、中国禅宗は南宗の頓悟禅が勢力をもち、南岳懐譲《なんがくえじょう》―馬祖道一《ばそどういつ》―百丈懐海《はじょうえかい》が出て、教団組織が強化された。その後臨済《りんざい》・潙仰《いぎょう》・曹洞《そうとう》・雲門・法眼《ほうげん》・黄龍《おうりょう》・楊岐《ようぎ》の七宗派がさかんになったが、これらは最初から別々の教団として誕生したものではなく、幹を同じくして時代の移りの中で勢力を得た門派と衰えた門派が出てきたのである。臨済・雲門のうち、宋以後は臨済宗がさかえ、中でも楊岐派の円悟克勤《えんごこくごん》の門人に大慧宗杲《だいえそうこう》・虎丘紹隆《くきゅうじょうりゅう》が出てからは、臨済宗が圧倒的勢力をもち、公《こう》案《あん》によって参禅工夫する禅風が定着し、中でも大慧派は中国官僚の士大夫《したいふ》に親近して貴族化した。その後、虎丘派が全盛期を迎えた。

このような中国における禅宗の展開を受けて、七世紀から遣唐使に従った僧によって日本にも断片的に禅宗が伝えられた。中国の天台宗と禅宗は密接な関係があったので、平安初期に中国に渡った日本の天台宗祖最澄や、四代天台座主の円仁、五代天台座主円珍らは、各地の禅僧と交流し、帰国時に多くの禅籍を持ち帰った。しかしこれらの唐朝禅の紹介は体系的でなかったので、禅宗として定着しなかった。

その後、北宋の時代には寺院内外の厳しい規範にもとづく集団生活と公案問答を主とする修行形態が生まれ、南宋後には臨済禅を代表とする新しい禅宗諸派が主流となり、平安末期の日本にはこの系譜をうける禅宗が移入されたが、その伝来の実態については不明な部分が多い。

第二章「鎌倉時代禅宗の興隆」ではこの時代に禅宗が定着した様子を述べる。日本に最初に禅宗を伝えたのは栄西とする説が長く通説とされたが、最近はこれを修正するのが通説となっている。ここでは天台の出身である大日房能忍や鎌倉寿福寺、京都建仁寺を開基し将軍源実朝の帰依を受けた黄《おう》龍《りよう》派《は》の明庵栄西《みようあんえいさい》、律《りつ》を中興した俊芿《しゆんじよう》や栄西の門人で禅密兼修の禅をひろめた退耕行勇《たいこうぎようゆう》・栄朝・明全などの名を挙げている。

京都東福寺開山の聖一《しよういち》国師円爾《えんに》は、入宋して多くの中国高僧に従い、無準師範《ぶしゆんしばん》の法を嗣いだ。天台の教学・密教に詳しく、無準の会下で同門の兀庵普寧《ごつたんふねい》を招いて日本に禅宗を定着させるのに努めた。無準との交流は帰国後にも持続されて、『聖一国師年譜』などに多くの関係史料が見える。帰国後九条道家・良実に帰依されて奈良東大寺と興福寺の規模をかねる大寺をひらき、開山となった。東福寺の名はそれに由来する。禅刹としての体裁をそなえた上に、真言宗八祖・天台宗六祖の像をかかげ、道家の子の前比叡山僧正を検校として伝法灌頂《でんぽうかんじよう》の道場を設けた。道家の子には仁和寺門跡、天台座主、三井寺長吏、東寺別当もいて、旧仏教系の人々と深い関係があり、円爾自身も禅教融合の思想を説き、宮廷に近づいて上皇たちに戒を授け、当時の教宗の巨匠たちも円爾に教えを乞うた。円爾は東大寺の大勧進職をつとめ、いくつもの旧仏教寺院の復興を援助した。しかし自分は中国の巨匠無準の法を嗣いで、禅を修することを中心にして真言《しんごん》・天台の三宗を兼修する宗風を明かにした。その後の円爾の門下には密教と関係の深い流れと関係の薄い流れがあったが、室町時代には禅宗に統一された。しかしこの初期の兼修的宗風は東福寺流の伝統として継承された。

このように初期の修道・教学世界の実態は複雑で、後の禅林のように禅宗専修の宗風が確立するまでには長い曲折を経た。禅宗専一の時代に入る時期の諸派については、この章の後半の「純粋禅の興隆とその系譜」に述べている。

第三章「五山派の展開」は、五山制度の整備をはじめ、最盛期に入った禅林が詩文や法語など五山文化の花を咲かせた様子を記述している。ただし、いわゆる五山文学の代表的作家の名とその作品名は紹介されているが、その作成技法の細部については割愛されている。

足利尊氏・直義兄弟は夢窓疎石《むそうそせき》のすすめによって、元弘以来の内戦の戦死者の霊を弔うために各国に一寺一塔を建立することを祈願し、康永四年（一三四五）二月の光厳上皇の院宣によって、安国寺・利生塔《りしょうとう》という称号を与えられた。安国寺は武家の御教書《みぎょうしょ》によって各国守護の菩提所である五山派の有力禅寺にかぎって設定され、五山派の地方発展の拠点となった。しかし足利義満が将軍となる頃には実質的意味を失い、義満はこれに代わるものとして五山制度を充実させるために安国寺のほとんどを十刹《じっさつ》・諸山《しょざん》として保護した。

禅寺のうち幕府が直接統括する禅寺は官寺とよばれ、その制度は鎌倉末期から採用されたが、実質的に整備されたのは室町幕府になってからであり、何度かの改定を加えて、永徳二年（一三八六）に義満によって相国寺が建立され、至徳三年（一三八六）にすでに建立された南禅寺を「五山之上」として京都・鎌倉の五山・十刹・諸山の制度を確立した。これらの諸寺には鎌倉期からの由緒を持つものなど、寺歴は多様であった。本書には各寺の寺格・寺名・開山・開基・所在地が「五山十刹諸山一覧表」に整理されている。

これらの禅宗寺院の管理権はやがて幕府の直轄を離れて禅僧が掌握し、やがて相国寺鹿苑院主が任命される鹿苑僧録《ろくおんそうろく》を頂点として、蔭涼職《いんりようしき》がこれを補佐して、将軍の決裁を求める体制が定着した。この制度によって修道を維持するには寺院の日常を管理する細かな運営規則が設定、追加されたが、室町中期には坐公文《ざくもん》などの実際に入寺しないで官銭《かんせん》を納めさせて住持の経歴を与えるなどして、幕府の仏事、新第造営費用にあてる改変が加えられるようになった。

これらの時期に五山諸派とよばれる多くの宗派が活躍したが、最も勢力をもったのが夢窓派であった。その他多くの時期に活躍した各宗派の著名な僧も輩出し、その詩文・法語などの作品については以前より知られているが、本書刊行の前後にはそれらを中心とするいわゆる五山文学や詩画軸についての詳細な研究が盛んになり、今日ますます禅林文化の実態が紹介されつつある。

第四章「林下の形成と展開」は、室町時代に幕府に管理された五山・十刹・諸山を叢林《そうりん》とよぶのに対して、林下《りんか》とよばれたそれ以外の禅院・門派の活動について述べている。臨済宗の大徳寺・妙心寺や、曹洞宗《そうとうしゅう》の越前永平寺・能登総持寺などを代表とする禅宗の流れである。

　曹洞宗は叢林では少なくなった諸地方の高僧を歴参する修行を維持し、入室参禅《にっしつさんぜん》による問答を中心に、公案《こうあん》の解答を具体的に伝授する密参《みっさん》の採用によって俗人にも参禅の道をつけた。日本の曹洞宗には、道元を宗祖として永平寺・総持寺を中心にしてさかえた一派と、延慶元年（一三〇八）に北条貞時の招きに応じて中国から来日した東明慧日《とうみんえにち》によって伝えられた一派がある。東明は中国曹洞宗の宏《わん》智《し》正覚《しょうかく》の五世法孫の直翁徳挙《じきおうとくきょ》の法を嗣いだ人で宏智派《わんしは》と呼ばれる。鎌倉の禅宗は道元下の曹洞宗を除いてはほとんどが臨済宗であったのを、貞時は臨済・曹洞を共存させる意図から東明を招き、鎌倉の円覚寺・寿福寺・建長寺・万寿寺・東勝寺の住持に任じ、円覚寺も曹洞宗の寺院であるかのような宗風を示した時期がある。

　その後、臨済宗に転派することを求めて入元して臨済宗を学んだ僧が少なくなかった。臨済宗中心の五山禅林で曹洞宗を維持した法流からすぐれた文学僧が出て、円覚寺に東明の白雲庵ほかの四庵を造立して関東五山の文学活動の中心となり、京都五山においても個性的な活動を示した。戦国時代にはこの派は朝倉氏の外護を得て天文・永禄頃まで越前宏智派として相続し、白雲庵の法系も寛永頃まで相続したが、臨済宗幻住派の密参の禅を兼修して後は臨済宗に同化した。特殊な一派である。

　本書は道元の曹洞宗については、その師弟分派の様子などを詳しく要約してあり、また道元の家風については、著者の『道元　坐禅ひとすじの沙門』（日本放送出版協会　昭和五十一年六月）に平易に述べられている。また曹洞宗は教団としての体勢が整うにつれて、葬式のための火葬や追善供養の法語などが語録に多く見られ、簡素平易な表現がなされて、五山派の中国趣味に充ちたいわゆる五山文学と趣きを異にした。教団も地方の土豪農民を広く布教の対象として中央への接近はわずかであった。

地方には旧仏教の影響が強く残っていたことから、後には禅宗以外の信仰を吸収し、密教的性格を強めるようになり、また夏冬の三ケ月は厳しい禅の修行をする江湖会《ごうこえ》や、大名から庶民に及ぶ多数の参加を認めて戒法血脈を受ける授戒会《じゅかいえ》など規模の大きな布教行事を興行するようになり、また『正法眼蔵《しょうぼうげんぞう》』『碧巌録《へきがんろく》』『禅儀外文集《ぜんぎがいぶんしゅう》』などの禅宗各派に共通する経典・語録・詩文などの講義学習などもさかんに行われるようになり、初期の参禅中心の宗風は次第に崩れて、公案の解答を伝授する「密参《みっさん》」が一般化して「切紙大事《きりがみだいじ》」の伝授などもなされるようになった。また室町末期以後は東海地方に教線をひろげた一派が今川・徳川氏の庇護を受け、尾張・三河・遠江・駿河に教団の拠点を築き、その他全国にわたる戦国大名の外護を得て他宗を圧倒するに至り、全国的規模の大教団になった。これらの動きは曹洞宗の変質を示し、著者はこの変質を強調している。

林下については臨済宗大応派の祖である大応国師南浦紹明《なんぽじょうみん》とその会下《えか》の発展の問題があり、南浦―大灯国師宗峰妙超《しゅうほうみょうちょう》―関山慧玄《かんざんえげん》の三代は「応灯関《おうとうかん》」と称されて現在の臨済宗諸派の源流のひとつとされる。その代表的拠点が大徳寺と妙心寺である。

大徳寺ははじめ官寺の十刹の位に列していたが、永享三年（一四三一）にそれは開山宗峰の素志に背くものとして、五山派を抜けて私寺となることを幕府に申し出て林下となった。宗峰の法嗣に関山・徹翁義亨《てっとうぎこう》・言外宗忠《げんがいそうちゅう》・華叟宗曇《けそうそうどん》等が出て、華叟門下の養叟宗頤《ようそうそうい》と一休宗純《いっきゅうそうじゅん》は、互いに布教の手法をめぐって対立した。養叟は大徳寺の主流となり、堺商人の帰依を受けて大徳寺の勢力を強化した。法弟の一休は、華叟の印可《いんか》を受けたが後に火中に投げ入れてその嗣法を拒否して京洛周辺の小庵を転々とし、門下にも自分の法嗣を称することを禁じた。自著『自戒集《じかいしゅう》』に見える養叟非難は過激な表現がなされた。詩才にすぐれて詩集『狂雲集』には住吉社森侍者《しんじしゃ》への愛詩その他が見え、伝説の多い個性的な生涯を送った人である。本書はその後の大徳寺が諸大名の帰依を受けたことにも触れているが、戦国期に流行した禅と茶道の関係についてはわずかにふれるにとどめている。

妙心寺は、応永六年（一三九九）に大内義弘が足利義満と敵対した時に、当時の妙心寺住持拙堂宗朴《せつどうそうぼく》が密接な関係のあった大内氏の陣中に参じたために義満の憤りをかって、寺の境内寺領を没収され、青蓮院門跡に付帯された。義満は青蓮院の門跡であった子の義円に寺領を管理させ、寺領の一部を弟の一山派廷用宗器《ていようそうき》にあずけた。廷用は南禅寺徳雲院の塔主であり、妙心寺を龍雲院と改め、徳雲院の末寺となしたので、妙心寺はある時期中絶してその門徒は諸方に流寓した。

永享四年（一四三二）に廷用は先の妙心寺領の一部を関山派《かんざんは》の根外宗利《こんがいそうり》に返し、崇光天皇の皇子明《めい》江宗叡《こうそうえい》が大内氏の庇護をうけて妙心寺に住して、この頃から再建が図られ、細川勝元の支援をうけて義天玄紹《ぎてんげんしょう》が復興に努めた。応仁の乱によって焼失し、文明九年（一四七七）に雪江宗深《せっこうそうしん》が後土御門天皇の綸旨によって再興し、妙心寺ははじめ大徳寺の末寺であったが、永正六年（一五〇九）に後柏原天皇に紫衣出世が認められて独立した。その後、雪江の門下に龍泉派《りゅうせんは》景川宗隆《けいせんそうりゅう》・東海派《とうかいは》悟渓宗頓《ごけいそうとん》・霊《れい》雲派《うんは》特芳禅傑《とくほうぜんけつ》・聖沢派《しょうたくは》東陽英朝《とうようえいちょう》の四派が出て、地方に教線を広め、戦国期には駿河今川・甲斐武田・美濃斎藤氏などの帰依を受けて多くの寺を創建し、江戸時代には臨済宗の最大勢力となって衰退しつつあった五山派の地方諸寺を吸収した。

著者は関山派が地方の布教に努め、大名・商人・医師・芸人に至る広い範囲を対象とし、各地の俗信仰を取り入れ、祈禱・仏事をさかんにおこなうなど、布教の手法が曹洞宗に共通することを強調している。

このようにして五山派は次第に衰微したが、その中で例外的に発展したのが幻住派《げんじゅうは》である。幻住派は隠逸者として名をはせた中国の僧中峰明本《ちゅうほうみんぽん》（一二六三―一三二三）の法系で、日本にその流れが紹介されたが、室町期までは夢窓派に圧倒されて目立たなかったが、戦国期になって一華碩由《いちげせきゆ》（一四四七―一五〇七）が出ると、一華は諸派に歴参して各派の印可を受け、一人で諸派の口訣《くけつ》伝授を兼有する手法を生みだし、他派の僧も自分の所属する派に重ねて幻住派の印可を受けるようになった。弟子の湖心碩鼎《こしんせきてい》は策彦周良《さくげんしゅうりょう》に従って入明し、天文十四年（一五四五）に南禅寺の公帖を受け、大内・毛利氏の外護をうけて筑前・周防に教線を拡げ、その門下嘯岳鼎虎《しょうがくていこ》は夢窓派から幻住派に転じて毛利輝元の帰依をうけて、山口洞春寺、三聖・建仁・南禅寺に住し、幻住派の本拠である丹波高源寺は勅願寺に列せられるに至った。

京都五山にも幻住派が浸透し、多くの高名な僧がこの派に参じ、鎌倉五山を中心として関東一円にも拡がり、幻住派の兼受的宗風によって禅宗は中世的な門派の対立から近世的な大門派を形成する体制へと移った。現代の臨済宗を一宗として理解するイメージにつながる注目すべき変化であった。

第五章「江戸時代禅宗の興起」は、禅が江戸時代に大衆のものとなった経由と現代の禅とのつながりを述べ、重要な役割をはたした多くの僧たちの名が挙げられている。

中国の僧隠元隆琦《いんげんりゅうき》（一五九二―一六七三）は黄檗宗《おうばくしゅう》の祖とよばれるが、黄檗宗という宗派が中国に存在したのではなく、隠元はもと中世に伝来した臨済宗破庵派《はあんは》のうち、無準《ぶしゅん》下の中峰派《ちゅうほうは》につながる人々のひとりで、承応三年（一六五三）に門徒二十余人と共に長崎に上陸し、興福寺・崇福寺に開堂《かいどう》した人で、後水尾上皇など公武の帰依をうけ、幕府にも重んじられた。寛文元年（一六六一）に幕府の許可を受けて、宇治にかつて中国で在住していた黄檗山万福寺《おうばくさんまんぷくじ》に因んで同名の寺を創建したので、後にこの隠元派下を黄檗宗を称したことによる。山内の殿堂や清規《しんぎ》などを明朝風にして、異国風の雰囲気にみちた独特の境内を生み出した。酒井忠勝・松平信綱等の幕府重臣等の崇敬をうけ、門下の木《もく》菴性瑫《あんしょうとう》（一六一一―八四）・即非如一《そくひにょいち》（一六〇六―七一）と共に黄檗三筆《さんぴつ》と呼ばれ、その力感ある書風は日本の書道に強い影響を与え、隠元が将来したという隠元豆《いんげんまめ》や普茶料理《ふちゃりょうり》なども ふくめて、明末清初の文化を伝える異境として珍重された。鉄眼道光《てつげんどうこう》（一六三〇―八二）・高泉性潡《こうせんしょうとん》（一六三三―九五）等の名も知られる。後には黄檗山歴代は日本僧が独占するにおよび、明朝流禅風の特色は薄れた。

戦国時代の三河武士の出身である曹洞宗の鈴木《すずき》正三《しょうざん》（一五七九―一六五五）は独特の禅を説き、同じく曹洞宗の月舟宗胡《げっしゅうそうこ》（一六一八―九六）・卍山道白《まんざんどうはく》（一六三六―一七一五）は黄檗派の影響を受けて、加賀大乗寺を中心に古規の復興をはかる復古運動がなされた。面山瑞方《めんざんずいほう》（一六八三―一七六九）は宗祖道元《どうげん》を慕う博学多識の人として『正法眼蔵』の注釈で知られる。それとは別に、中国の人で明末の動乱を避けて長崎に来て、明朝の曹洞宗を伝えた心越興儔《しんえつこうちゅう》（一六三九―九六）の名も知られる。

江戸初期、五山派の流れを継ぐ臨済宗大覚派《だいがくは》の以心崇伝《いしんすうでん》（一五六九―一六三三）は徳川家康に重用されて元和五年（一六一九）に南禅寺金地院の僧録に任じられ、かつての鹿苑僧録・蔭涼職に代わって幕府の寺社行政の実権を掌握し、以心の没後も金地僧録の名称は存続したが、職権は寺社奉行に移された。

五山派に代わって臨済宗の主流となったのは大徳寺・妙心寺を中心とする大応派《だいおうは》であり、大徳寺派には沢庵宗彭《たくあんそうほう》（一五七三―一六四五）、玉室宗珀《ぎょくしつそうはく》（一五七二―一六四一）や堺の豪商・茶人である津田宗《つだそう》及《ぎゅう》の子江月宗玩《こうげつそうがん》（一五七四―一六四三）が出て、妙心寺系の関山《かんざん》派では愚堂東寔《ぐどうとうしょく》（一五七九―一六六一）、愚堂の門から一絲文守《いっしぶんしゅ》（一六〇七―一六四五）、至道無難《しどうむなん》（一六〇三―一六七六）、道鏡《どうきょう》慧端《えたん》（正受老人《しょうじゅろうじん》）（一六四二―一七二一）、白隠慧鶴《はくいんえかく》（一六八五―一七六八）が続いた。

白隠は諸国を歴訪した後に駿河松蔭寺に住し、妙心寺の首座《しゅそ》位にとどまり、本格的な語録のほかに平易な禅を説き、近世民衆になじませて禅の中興の祖といわれ、白隠の個性を象徴するその書画は、今日においても人気がある。

以上、小文は、本書の構成を読者に紹介するために要点を示した。著者には『中世禅宗史の研究』（東京大学出版会、昭和四十五年八月）があり、「禅律方と鹿苑僧録」ほかの力作がふくまれているので、参看せられることを乞いたい。

（元東京大学教授）

本書の原本は、一九六四年に至文堂（現ぎょうせい）より刊行されました。
復刊にあたっては一九八一年刊行の増補改訂版を原本といたしました。

索　引

Ⅰ 人　名

あ　行

か　行

さ　行

た　行

な　行

は　行

ま　行

や　行

ら　行

わ　行

Ⅱ 事　項

あ　行

か　行

さ　行

た　行

な　行

は　行

ま　行

や　行

ら　行

わ　行

著者略歴

一九二三年　静岡県に生まれる

一九四七年　東京帝国大学文学部国史学科卒業

元東京大学史料編纂所教授　興隆寺住持

二〇一〇年三月九日　没

〔主要著書〕

『中世禅宗史の研究』（東京大学出版会、一九七〇年）、『道元―その行動と思想』（評論社、一九七〇年）、『道元とその弟子』（毎日新聞社、一九七二年）、『道元―坐禅ひとすじの沙門』（日本放送出版協会、一九七六年）

読みなおす日本史

禅宗の歴史

二〇一三年（平成二十五）二月一日　第一刷発行

著　者　今《いま》枝《えだ》愛《あい》真《しん》

発行者　前田求恭

発行所　株式会社　吉川弘文館

郵便番号一一三―〇〇三三

東京都文京区本郷七丁目二番八号

電話〇三―三八一三―九一五一〈代表〉

振替口座〇〇一〇〇―五―二四四

http://www.yoshikawa-k.co.jp/

組版＝株式会社キャップス

印刷＝藤原印刷株式会社

製本＝ナショナル製本協同組合

装幀＝清水良洋・渡邉雄哉

ISBN978-4-642-06388-3

読みなおす日本史

刊行のことば

現代社会では、膨大な数の新刊図書が日々書店に並んでいます。昨今の電子書籍を含めますと、一人の読者が書名すら目にすることができないほどとなっています。ましてや、数年以前に刊行された本は書店の店頭に並ぶことも少なく、良書でありながらめぐり会うことのできない例は、日常的なことになっています。

人文書、とりわけ小社が専門とする歴史書におきましても、広く学界共通の財産として参照されるべきものとなっているにもかかわらず、その多くが現在では市場に出回らず入手、講読に時間と手間がかかるようになってしまっています。歴史の面白さを伝える図書を、読者の手元に届けることができないことは、歴史書出版の一翼を担う小社としても遺憾とするところです。

そこで、良書の発掘を通して、読者と図書をめぐる豊かな関係に寄与すべく、シリーズ「読みなおす日本史」を刊行いたします。本シリーズは、既刊の日本史関係書のなかから、研究の進展に今も寄与し続けているとともに、現在も広く読者に訴える力を有している良書を精選し順次定期的に刊行するものです。これらの知の文化遺産が、ゆるぎない視点からことの本質を説き続ける、確かな水先案内として迎えられることを切に願ってやみません。

二〇一二年四月

吉川弘文館

読みなおす日本史

飛　鳥　その古代史と風土　門脇禎二著　二六二五円

犬の日本史　人間とともに歩んだ一万年の物語　谷口研語著　二二〇五円

鉄砲とその時代　三鬼清一郎著　二二〇五円

苗字の歴史　豊田　武著　二二〇五円

謙信と信玄　井上鋭夫著　二四一五円

環境先進国・江戸　鬼頭　宏著　二二〇五円

料理の起源　中尾佐助著　二二〇五円

禅宗の歴史　今枝愛真著　二七三〇円

漢字の社会史　東洋文明を支えた文字の三千年　阿辻哲次著　二二〇五円

暦の語る日本の歴史　内田正男著　二二〇五円

江戸の刑罰　石井良助著　（続　刊）

吉川弘文館